BIBLE
WORD SEARCHES

Published by Christian Art Publishers
PO Box 1599, Vereeniging, 1930, RSA

First edition 2023

Designed by Christian Art Publishers

Cover designed by Christian Art Publishers

Printed in China

ISBN 978-0-638-00035-1

23 24 25 26 27 28 29 30 31 32 – 10 9 8 7 6 5 4 3 2 1

BIBLE
WORD SEARCHES

100 FUN AND FAITH-FILLED WORD SEARCHES

								D	C	P	A	T	I	E	N	T	Q	Z	L
E	U	O	L	B	R	T	N	R	G	F	D	I	Y	R	V	K	J	X	F
Y	I	A	M	S	O	M	P	T	E	S	M	L	T	F	M	A	I	R	S
I	E	M	C	T	E	R	K	I	N	D	O	O	G	H	S	E	H	C	P
N	S	S	E	N	L	U	F	H	T	I	A	F	S	L	F	W	R	T	O
R	O	G	E	N	T	L	E	N	L	S	N	K	E	C	P	U	A	M	H
D	E	R	S	L	F	R	T	Y	E	M	T	H	C	N	G	T	L	R	Y
L	M	K	Y	Z	F	A	E	C	N	E	I	T	A	P	E	R	P	U	S
A	D	R	I	E	S	C	R	H	E	Y	T	M	E	U	Y	K	E	Y	R
R	I	E	W	N	R	T	O	W	S	X	Z	V	P	C	A	P	I	G	N
D	F	L	N	G	D	U	M	N	S	Q	O	T	N	L	C	H	K	F	O
P	A	R	E	T	H	N	G	B	T	L	Y	H	P	M	E	F	O	C	L
S	T	U	Y	O	J	A	E	X	I	R	T	F	D	O	F	R	C	W	D
D	U	K	C	A	T	C	I	S	N	P	O	I	N	I	M	S	E	L	F
N	L	Y	B	Y	E	G	V	E	S	U	C	L	B	E	T	N	M	I	N
R	D	C	O	N	T	R	O	L	Y	L	N	D	T	F	L	S	E	T	U
P	O	M	E	D	C	G	O	O	D	N	E	S	S	U	N	T	R	S	E
B	U	G	M	O	S	B	R	G	F	O	M	K	C	E	D	S	U	O	E

"Rest time is not waste time.
It is economy to gather fresh strength …
It is wisdom to take occasional furlough.
In the long run, we shall do more by sometimes doing less."
CHARLES SPURGEON

INTRODUCTION

We all know that times of rest and relaxation can do wonders for our energy levels and overall well-being. While a vacation to a tropical island paradise might be out of reach, it is possible to escape the daily grind and gather fresh strength right where you are. Just take 15 minutes (put your phone on silent – you don't want to be disturbed!) and enter the fascinating world of the Bible by picking a word search that tickles your interest.

Each of these faith-filled and Bible-based word searches has words or phrases arranged vertically, horizontally, diagonally, forward and backward. As you find the words or phrases, you can tick them off in the handy tick box next to every word. Some searches are trickier than others so watch out! (If you get stuck, don't worry – the answers are at the back.) Where you see **words in bold** you only search for those words.

Specially selected Scripture verses accompany the word searches, and here and there are trivia questions that are sure to be interesting to solve.

So grab a pen or pencil and see what words you can find!

CONTENTS

BOOKS IN THE OLD TESTAMENT

The Old Testament has 39 books. Find all the books in the word search below.

H	L	E	L	C	H	A	I	N	A	H	P	E	Z	A	L	J	H	G	L
A	E	J	E	N	E	A	B	O	S	Q	P	E	O	G	E	H	O	Y	E
B	U	E	X	Y	S	M	V	N	A	H	U	M	W	U	O	T	E	B	V
A	M	R	O	E	T	O	I	N	G	S	B	T	G	H	J	U	S	L	I
K	A	E	D	G	H	S	G	C	Q	C	O	M	A	Z	A	R	Z	E	T
K	S	M	U	U	E	F	X	L	A	E	P	R	O	T	Y	P	O	S	I
U	S	I	S	A	R	N	R	T	H	H	W	B	K	E	H	R	V	E	C
K	G	A	S	E	I	P	E	S	U	R	A	H	A	S	A	O	T	L	U
H	N	H	E	G	N	C	I	S	E	D	O	U	F	H	R	V	U	C	S
A	I	G	G	L	T	W	M	N	I	T	H	M	S	T	B	E	E	I	S
G	K	E	D	H	L	E	C	A	L	S	S	M	A	N	E	R	T	N	B
G	S	H	U	A	T	M	H	R	O	E	I	A	G	L	T	B	C	O	N
A	H	M	J	I	V	R	A	J	D	M	T	H	I	G	A	S	W	R	I
I	A	L	L	R	P	N	T	S	O	R	P	B	L	S	R	C	C	H	K
D	I	E	I	A	T	Y	H	J	O	N	A	H	R	Z	E	B	H	C	A
A	M	I	S	H	S	N	O	I	T	A	T	N	E	M	A	L	I	I	N
N	E	K	A	C	Z	P	T	W	L	R	P	A	R	G	S	X	C	D	O
I	H	E	I	E	S	O	N	G	O	F	S	O	L	O	M	O	N	C	B
E	E	Z	A	Z	T	D	E	U	T	E	R	O	N	O	M	Y	I	Z	E
L	N	E	H	H	O	S	E	A	S	R	E	B	M	U	N	V	E	B	S

Genesis ☐	1 & 2 Kings ☐	Song of Solomon ☐	Obadiah ☐
Exodus ☐	1 & 2 Chronicles ☐	Isaiah ☐	Jonah ☐
Leviticus ☐	Ezra ☐	Jeremiah ☐	Micah ☐
Numbers ☐	Nehemiah ☐	Lamentations ☐	Nahum ☐
Deuteronomy ☐	Esther ☐	Ezekiel ☐	Habakkuk ☐
Joshua ☐	Job ☐	Daniel ☐	Zephaniah ☐
Judges ☐	Psalms ☐	Hosea ☐	Haggai ☐
Ruth ☐	Proverbs ☐	Joel ☐	Zechariah ☐
1 & 2 Samuel ☐	Ecclesiastes ☐	Amos ☐	Malachi ☐

For the word of God is alive and powerful. It is sharper than the sharpest two-edged sword, cutting between soul and spirit, between joint and marrow. It exposes our innermost thoughts and desires. HEBREWS 4:12 NLT

BOOKS IN THE NEW TESTAMENT

There are 27 books in the New Testament. Find the books in the word search below.

M	T	N	I	R	N	E	S	Y	T	B	D	I	W	H	R	E	D	O	A
A	S	Y	H	W	H	T	N	H	F	I	T	E	S	I	D	R	M	C	P
T	L	E	T	O	O	I	A	D	V	I	T	S	N	F	T	U	T	R	E
T	O	V	C	P	J	R	M	F	T	M	L	U	T	E	A	S	F	L	X
H	A	S	I	O	D	B	O	L	E	M	V	E	S	F	U	R	N	D	U
E	T	N	L	S	N	T	R	M	S	N	A	I	P	P	I	L	I	H	P
W	H	A	I	P	O	N	D	H	T	S	O	F	T	J	H	E	R	L	F
P	C	I	T	U	C	R	T	E	M	D	C	N	A	U	R	Y	S	M	D
N	A	H	R	A	E	L	I	H	F	N	I	M	S	H	E	N	W	E	I
V	Y	T	S	I	P	W	M	K	E	G	E	N	K	R	A	M	T	H	R
S	U	N	W	T	H	R	O	F	L	S	H	M	Y	I	E	I	N	V	E
N	V	I	E	M	E	H	T	C	B	G	S	W	T	N	D	W	S	O	T
A	F	R	R	L	S	N	H	G	C	H	R	A	I	H	T	G	O	N	E
I	L	O	B	U	I	N	Y	P	N	T	L	Y	L	S	D	E	I	R	P
S	W	C	E	L	A	E	I	D	S	A	H	E	R	O	T	W	L	A	D
S	E	T	H	P	N	Y	O	R	G	O	F	C	I	C	N	P	R	T	N
O	R	S	A	H	S	S	N	G	H	U	N	O	M	E	L	I	H	P	O
L	N	R	E	V	E	L	A	T	I	O	N	T	R	B	D	T	A	W	C
O	S	I	T	F	R	O	S	A	R	D	W	O	H	L	W	U	Y	N	S
C	T	M	R	C	K	A	L	U	K	E	T	H	I	O	U	S	J	E	S

Matthew ☐
Mark ☐
Luke ☐
John ☐
Acts ☐
Romans ☐
1 & 2 Corinthians ☐

Galatians ☐
Ephesians ☐
Philippians ☐
Colossians ☐
1 & 2 Thessalonians ☐
1 & 2 Timothy ☐
Titus ☐

Philemon ☐
Hebrews ☐
James ☐
1 & 2 Peter ☐
1, 2 & 3 John ☐
Jude ☐
Revelation ☐

The law of the Lord is perfect, refreshing the soul.
The statutes of the Lord are trustworthy, making wise the simple.
The precepts of the Lord are right, giving joy to the heart. PSALM 19:7-8 NIV

3

WRITERS OF THE BIBLE

Find the names of some of the men who were inspired by God to write the books of the Bible.

S	W	T	D	B	P	S	C	Y	H	O	C	S	R	U	E	R	P	S	H
P	N	I	A	P	L	Y	A	N	O	S	Y	E	M	G	I	N	H	O	J
O	H	S	V	R	H	G	T	U	D	N	W	S	L	K	A	W	Y	E	M
S	K	N	I	C	S	U	R	G	A	C	T	O	H	D	Q	M	N	D	I
R	G	H	D	T	R	Z	Y	U	N	L	Z	M	W	J	S	T	C	R	X
P	E	T	N	R	P	M	D	O	Y	K	T	H	E	P	N	A	I	P	S
O	U	F	M	Y	A	A	N	I	B	Y	Z	S	H	N	D	S	Z	M	E
W	I	D	E	R	V	R	U	C	R	J	E	R	E	M	I	E	K	R	Z
C	R	P	N	U	C	K	Z	L	L	T	P	Y	D	S	C	N	T	Y	N
F	Z	S	D	G	R	L	S	E	R	G	H	O	U	H	H	V	Y	E	C
R	E	L	Y	N	I	S	I	G	O	N	A	J	A	F	L	R	O	A	G
I	P	B	O	Z	O	K	W	Y	B	R	N	R	U	G	T	Y	E	A	R
E	H	A	I	M	E	R	E	J	D	T	I	Y	I	C	P	I	K	N	C
P	N	Q	Z	Z	E	C	H	A	R	A	A	F	N	A	L	R	U	A	N
R	O	X	E	M	N	S	T	E	H	M	H	S	R	I	G	E	K	U	L
N	M	F	R	I	U	D	T	P	Z	A	A	Q	J	K	Z	G	K	X	E
I	O	M	S	E	O	S	A	J	H	N	B	T	O	V	E	B	A	N	S
C	L	U	K	C	Z	R	M	N	G	A	U	A	H	D	G	O	B	H	F
E	O	W	T	R	A	E	D	G	H	U	K	W	K	W	T	R	A	Y	Z
I	S	A	I	A	H	P	T	H	A	W	A	H	R	K	E	B	H	T	O

David ☐	Haggai ☐	Luke ☐	Paul ☐
Ezekiel ☐	Isaiah ☐	Mark ☐	Solomon ☐
Ezra ☐	John ☐	Matthew ☐	Zechariah ☐
Habakkuk ☐	Jeremiah ☐	Moses ☐	Zephaniah ☐

All Scripture is God-breathed and is useful for teaching, rebuking, correcting and training in righteousness, so that the servant of God may be thoroughly equipped for every good work. 2 TIMOTHY 3:16-17 NIV

Did you know? The Bible was written by God. He used approximately 40 men of diverse backgrounds over the course of 1,500 years to write His inspired Word.

NAMES FOR THE BIBLE

Find the following words that describe the Bible.

P	M	O	S	N	E	N	Y	W	A	L	E	H	T	F	O	K	O	O	B
L	V	E	I	W	T	H	O	U	E	T	A	P	R	E	C	T	F	S	M
S	H	D	W	L	A	M	B	S	M	R	W	N	A	B	S	M	L	I	V
A	L	Z	I	S	L	O	P	F	H	S	U	Z	D	X	Q	W	T	R	E
O	K	G	N	E	R	I	C	K	R	M	E	T	B	R	H	E	N	M	S
U	H	T	M	I	A	G	V	E	J	S	T	O	P	L	W	Y	T	H	Y
T	I	F	N	O	K	N	W	I	T	H	N	W	Y	I	O	I	Q	W	M
U	N	D	R	H	S	T	D	S	N	L	P	O	A	Y	R	N	L	E	T
V	S	V	T	B	O	O	K	O	F	G	Z	W	H	R	D	C	G	O	I
L	A	E	M	C	P	L	A	M	P	I	W	C	F	I	O	N	S	L	Y
N	K	N	E	E	W	T	Y	E	H	N	H	O	A	T	F	I	W	K	N
I	O	W	N	R	B	T	R	W	M	E	T	M	R	U	G	Q	E	X	Z
O	A	L	Y	P	C	A	S	A	R	N	D	P	C	D	O	K	N	Q	S
C	W	R	K	S	O	E	N	G	H	I	C	A	M	E	D	E	D	W	J
E	C	O	M	M	A	N	D	M	E	N	T	S	N	G	H	B	O	Y	E
S	V	O	E	U	S	E	T	U	T	A	T	S	L	F	I	R	O	B	A
L	R	C	K	O	W	B	Y	A	I	M	O	N	A	R	D	E	G	S	H
I	D	N	T	U	O	C	S	T	P	E	C	E	R	P	Y	H	W	Y	A
N	A	Y	O	B	D	T	A	C	L	S	E	M	O	S	T	D	I	L	W
C	W	R	G	O	O	D	B	O	O	K	D	Y	M	T	E	R	S	K	E

- Book of the Law ☐
- Commandments ☐
- Compass ☐
- Decrees ☐
- Good Book ☐
- Good News ☐
- Holy Writ ☐
- Lamp ☐
- Light ☐
- Living Word ☐
- Precepts ☐
- Scripture ☐
- Statutes ☐
- Sword ☐
- Word of God ☐

Your word is a lamp to my feet and a light to my path. PSALM 119:105 NKJV

5

DIFFERENT BIBLE VERSIONS

The Bible has been translated from the original languages into many versions and translations. Find the words in **bold** in the word search below. Then find the word BIBLE hidden 6 times in the word search.

B	N	B	R	N	O	I	T	A	L	S	N	A	R	T	S	W	E	N	D	O	O	G	S	M
D	A	H	B	E	V	N	G	K	I	N	G	J	A	M	E	S	V	E	R	S	I	O	N	L
R	W	W	S	S	V	O	L	O	U	T	D	H	P	F	Y	L	T	W	E	T	Q	R	E	E
A	L	A	N	H	R	I	I	M	F	H	E	C	T	B	W	E	Z	L	X	H	N	Z	W	I
D	I	N	E	G	D	S	S	H	C	E	F	S	I	I	E	L	B	I	B	E	O	X	A	W
N	V	O	R	E	N	R	E	E	T	M	N	B	G	B	S	B	R	V	Q	L	I	Y	M	H
A	I	A	D	O	F	E	G	N	D	E	L	D	A	L	R	I	E	I	A	I	S	U	E	L
T	N	M	L	T	P	V	F	L	U	S	S	M	I	E	N	B	D	N	O	V	R	A	R	N
S	G	P	I	A	B	L	K	O	E	S	T	R	L	T	F	G	L	G	I	I	E	B	I	O
N	T	L	H	G	O	A	U	F	C	A	V	A	D	I	J	S	T	T	N	N	V	H	C	I
A	R	I	C	I	T	N	L	S	T	G	I	N	N	O	P	N	U	R	F	G	D	C	A	S
I	A	F	L	S	R	O	R	K	N	E	N	C	G	D	D	G	Q	A	A	B	R	W	N	R
T	N	I	A	N	I	I	I	M	N	I	H	L	B	B	A	M	N	N	E	I	A	X	S	E
S	S	E	N	E	T	T	M	T	L	B	Y	L	F	E	I	R	W	S	B	B	D	Y	T	V
I	L	D	O	O	K	A	R	N	S	H	M	A	W	T	R	U	D	L	X	L	N	L	A	Y
R	A	L	I	A	T	N	G	B	I	B	L	E	L	A	X	W	H	A	N	E	A	Z	N	R
H	T	L	T	I	B	R	C	T	E	J	E	U	T	E	T	B	S	T	W	B	T	P	D	U
C	I	V	A	M	N	E	A	V	N	L	H	R	U	C	P	L	C	I	T	C	S	Y	A	T
N	O	R	N	D	E	T	L	D	B	P	G	R	L	I	F	B	S	O	N	R	H	H	R	N
A	E	A	R	T	S	N	R	I	W	T	H	M	C	W	E	L	B	N	B	P	S	A	D	E
M	G	T	E	E	B	I	B	D	R	A	D	N	A	T	S	N	A	I	T	S	I	R	H	C
L	Z	L	T	Q	Y	W	H	N	O	N	W	D	N	K	R	F	C	X	M	K	L	V	I	W
O	V	M	N	X	P	E	T	G	R	T	B	I	B	L	E	T	H	W	R	J	G	F	S	E
H	J	K	I	R	S	N	A	S	H	S	E	M	A	J	G	N	I	K	W	E	N	Y	H	N
C	O	N	T	E	M	P	O	R	A	R	Y	E	N	G	L	I	S	H	U	H	E	P	L	O

- **Amplified** Bible ☐
- **Contemporary English** Version ☐
- **Christian Standard** Version ☐
- **English Standard Version** ☐
- **Good News Translation** ☐
- **Holman Christian Standard** Bible ☐
- **International Children's** Bible ☐
- **King James Version** ☐
- **New American Standard** Version ☐
- **New Century Version** ☐
- **New International Version** ☐
- **New King James** Version ☐
- **New Living Translation** ☐
- **Revised Standard** Version ☐
- **The Living Bible** ☐
- **The Message** ☐

COMMON SAYINGS FROM THE KJV

Many common sayings we use today originated from the King James Bible. Find the following phrases in the word search below.

Y	N	T	R	E	P	E	E	K	S	R	E	H	T	O	R	B	Y	M	N
V	B	H	Y	C	S	Z	T	R	F	E	U	I	N	H	J	K	M	E	T
S	S	E	W	Q	V	A	H	W	R	A	P	P	E	L	B	G	F	V	H
W	Y	A	F	A	S	G	E	Q	S	T	T	U	V	O	K	G	E	O	E
A	L	P	T	Q	A	D	P	E	O	N	P	O	W	R	S	O	E	L	R
L	D	P	E	Y	E	F	O	R	A	N	E	Y	E	O	N	T	D	F	O
W	A	L	M	G	H	J	W	Q	K	U	X	Z	C	W	D	H	F	O	O
I	L	E	W	Q	D	Z	E	R	H	G	Y	D	O	H	E	E	N	R	T
N	G	O	D	I	F	T	R	E	M	S	I	E	O	W	B	E	R	O	O
G	S	F	J	T	G	A	S	H	V	B	W	Y	Z	R	Q	X	L	B	F
T	L	M	F	B	O	T	T	O	M	L	E	S	S	P	I	T	U	A	T
H	O	Y	Q	X	T	Z	H	O	H	Y	T	J	A	X	O	R	K	L	H
U	O	E	W	S	H	O	A	F	F	T	S	W	E	Q	A	A	Y	L	E
D	F	Y	F	L	E	S	T	E	S	T	A	H	X	C	R	M	I	S	M
R	R	E	A	L	E	Y	B	T	E	E	H	O	R	B	N	I	I	U	A
N	E	Z	R	U	X	I	E	Y	O	P	Q	E	B	E	T	L	D	W	T
C	F	R	E	H	Z	H	O	D	R	I	Z	U	L	O	S	E	R	O	T
R	F	H	A	V	R	E	N	M	O	P	Q	R	S	A	G	O	A	V	E
I	U	E	E	B	A	U	I	F	H	J	Q	L	D	U	N	Y	M	A	R
Y	S	O	B	I	T	E	T	H	E	D	U	S	T	B	D	D	R	O	P

- Bottomless pit ☐
- Bite the dust ☐
- Eye for an eye ☐
- Fat of the land ☐
- Go the extra mile ☐
- Labor of love ☐
- My brother's keeper ☐
- Suffer fools gladly ☐
- The apple of my eye ☐
- The powers that be ☐
- The root of the matter ☐
- Woe is me ☐

Did you know? The King James Bible was first published in 1611 and it is estimated that over 1 billion copies have been printed to date.

NAMES OF GOD

Find the names of God in **bold** in the word search below. The meaning of the Hebrew name is given and a reference to where it is found in the Bible.

Y	A	W	E	H	O	P	Q	Y	A	H	W	E	H	E	L	O	H	I	M
I	K	J	T	U	B	Y	A	H	U	K	L	Z	I	M	W	E	H	Y	L
M	E	Y	A	H	W	E	H	R	I	M	B	D	C	Z	Q	W	A	Y	Y
I	E	H	H	Y	B	G	F	W	I	L	P	O	N	Y	Q	S	T	X	A
H	E	Y	A	W	A	H	Y	A	H	W	E	H	S	A	B	A	O	T	H
O	A	H	W	U	Y	H	L	A	O	M	N	P	R	Q	S	Z	V	X	W
R	O	B	Q	D	K	H	W	G	H	X	Z	A	Y	R	I	T	F	O	E
H	P	E	I	L	O	N	S	E	B	W	E	H	A	H	Q	X	Z	R	H
E	H	M	E	H	M	P	O	E	H	R	E	L	V	O	Y	I	L	X	T
W	P	O	N	J	K	Y	E	W	D	S	A	H	E	W	T	Y	U	I	S
H	A	L	C	E	D	A	U	K	I	D	H	L	J	M	Z	X	Q	A	I
A	B	A	D	Y	I	H	O	P	X	Z	A	A	R	I	P	M	V	B	D
Y	E	H	B	P	O	W	D	F	G	S	J	K	M	K	R	L	W	A	K
S	B	S	Y	L	A	E	W	B	A	I	O	L	M	M	J	E	K	T	E
A	H	H	P	O	W	H	Z	Q	S	B	I	E	H	H	A	Y	H	U	N
O	Y	E	H	W	E	N	P	S	Z	X	H	B	R	C	E	H	F	D	U
I	L	W	N	M	Y	I	I	B	G	E	O	E	A	W	E	W	T	H	E
B	I	H	N	Y	T	S	A	E	F	L	R	M	P	Q	Z	D	H	X	R
U	A	A	W	E	H	S	K	J	S	A	H	W	B	H	J	M	N	A	O
N	B	Y	E	E	A	I	T	H	A	H	P	A	R	H	E	W	H	A	Y

YAHWEH ☐
"Lord" (Deuteronomy 6:4; Daniel 9:14)

YAHWEH-JIREH ☐
"The Lord Will Provide" (Genesis 22:14)

YAHWEH-RAPHA ☐
"The Lord Who Heals" (Exodus 15:26)

YAHWEH-NISSI ☐
"The Lord Our Banner" (Exodus 17:15)

YAHWEH-M'KADDESH ☐
"The Lord Who Sanctifies" (Ezekiel 37:28)

YAHWEH-SHALOM ☐
"The Lord Our Peace" (Judges 6:24)

YAHWEH-ELOHIM ☐
"Lord God" (Genesis 2:4; Psalm 59:5)

YAHWEH-TSIDKENU ☐
"The Lord Our Righteousness" (Jeremiah 23:6; 33:16)

YAHWEH-ROHI ☐
"The Lord Is My Shepherd" (Psalm 23:1)

YAHWEH-SHAMMAH ☐
"The Lord Is There" (Ezekiel 48:35)

YAHWEH-SABAOTH ☐
"The Lord of Hosts" (Psalm 46:7)

Before the mountains were brought forth, or ever You had formed the earth and the world, from everlasting to everlasting You are God. PSALM 90:2 ESV

NAMES OF JESUS

Find the names of Jesus in the word search below.

Z	F	M	B	N	C	V	E	M	O	O	R	G	E	D	I	R	B	Q	S
O	J	L	K	D	Y	I	L	I	V	E	D	M	N	D	B	C	L	E	R
O	D	A	R	E	T	U	V	A	L	O	V	P	I	K	W	A	I	K	E
P	L	L	Y	L	F	W	I	T	J	C	W	B	E	O	X	O	V	P	S
Q	R	B	N	I	A	I	S	A	Q	D	Z	V	R	J	L	P	I	U	U
R	O	C	K	V	P	O	L	R	D	E	W	D	A	P	V	K	N	D	R
E	W	A	W	E	G	H	K	F	L	M	S	T	F	S	G	H	G	J	R
C	E	C	P	R	W	T	O	G	O	D	Y	U	X	I	Z	H	W	D	E
A	H	V	J	E	H	Y	P	I	L	D	X	A	Z	E	D	A	A	R	C
E	T	W	T	R	U	E	V	I	N	E	A	I	R	L	W	M	T	E	T
P	F	S	F	A	D	V	E	L	Y	O	Q	E	D	O	E	Y	E	H	I
F	O	M	T	V	S	O	S	A	B	K	J	T	R	L	I	Q	R	P	O
O	T	E	B	Y	O	E	T	P	T	S	L	B	Y	B	O	V	I	E	N
E	H	D	A	L	W	P	E	A	W	V	T	S	M	Y	A	V	A	H	A
C	G	R	M	O	M	E	D	I	A	T	O	R	Q	S	T	B	Y	S	N
N	I	Y	U	P	A	O	N	H	R	E	L	Q	W	F	G	J	K	D	D
I	L	A	M	B	O	F	G	O	D	P	A	B	D	O	L	P	C	O	L
R	F	D	S	A	E	L	P	Y	I	L	I	N	M	C	X	E	Z	O	I
P	E	S	W	I	T	E	Y	Q	R	E	B	C	L	Z	I	X	N	G	F
W	A	Y	T	R	U	T	H	L	I	F	E	J	Q	X	O	M	G	F	E

- Bread of Life ☐
- Bridegroom ☐
- Deliverer ☐
- Good Shepherd ☐
- Lamb of God ☐
- Light of the World ☐
- Living Water ☐
- Mediator ☐
- Prince of Peace ☐
- Rock ☐
- Savior ☐
- Resurrection and Life ☐
- Way, Truth, Life ☐
- True Vine ☐
- Word ☐

In the beginning was the Word, and the Word was with God, and the Word was God. . . .
In Him was life, and the life was the light of men. JOHN 1:1, 4 NKJV

NAMES OF THE HOLY SPIRIT

Find these names for the Holy Spirit. Then find the words HOLY SPIRIT 3 times in the word search.

H	E	B	T	A	W	O	E	I	L	R	O	U	R	Z	C	B	A	M	Y
I	K	L	W	Q	Z	D	A	R	E	P	X	E	Y	E	S	M	W	H	T
D	P	T	N	G	T	G	E	W	B	N	T	H	T	G	C	Y	T	R	Y
I	N	T	E	R	C	E	S	S	O	R	R	M	I	A	O	A	V	G	S
Y	U	I	Y	A	E	O	X	G	O	B	C	X	R	D	N	Z	T	I	P
K	T	J	I	L	C	M	E	F	P	W	R	S	I	N	V	D	N	P	H
R	S	B	W	S	K	H	M	O	S	E	H	N	P	E	I	T	R	S	P
K	E	L	H	T	K	O	E	L	Y	B	T	W	S	N	C	O	L	T	R
T	H	A	P	W	C	E	T	R	B	K	U	I	Y	W	T	Y	U	R	T
S	R	E	V	E	I	L	E	B	F	O	R	E	L	L	E	W	D	N	I
I	D	S	O	T	R	T	R	N	O	Y	T	A	O	T	R	I	M	N	R
P	T	G	L	K	N	G	N	K	A	R	F	D	H	H	O	T	O	N	I
Y	S	U	F	Y	L	O	H	E	U	M	O	F	C	E	F	N	S	U	P
S	P	I	R	X	Q	T	C	H	S	V	T	U	O	X	S	S	Q	A	S
G	F	D	T	L	R	K	B	N	G	S	I	S	T	U	I	S	B	E	Y
H	O	E	D	E	U	V	R	H	W	Q	R	X	V	C	N	U	T	I	L
A	J	O	H	T	T	A	Y	U	C	N	I	O	D	U	E	D	I	M	O
O	H	P	E	O	T	H	O	L	Y	S	P	I	R	I	T	U	K	A	H
S	H	A	W	A	H	N	G	S	H	A	S	M	O	N	T	J	U	F	A
F	Y	E	R	U	T	P	I	R	C	S	F	O	R	O	H	T	U	A	B

- Author of Scripture ☐
- Comforter ☐
- Convicter of Sin ☐
- Guide ☐
- Indweller of Believers ☐
- Intercessor ☐
- Spirit of Truth ☐
- Seal ☐
- Teacher ☐
- Witness ☐

Now hope does not disappoint, because the love of God has been poured out in our hearts by the Holy Spirit who was given to us. ROMANS 5:5 NKJV

A SOURCE OF HOPE

The Word of God provides encouragement and hope. Find the words in **bold** in the word search below. Then find the word HOPE 5 more times.

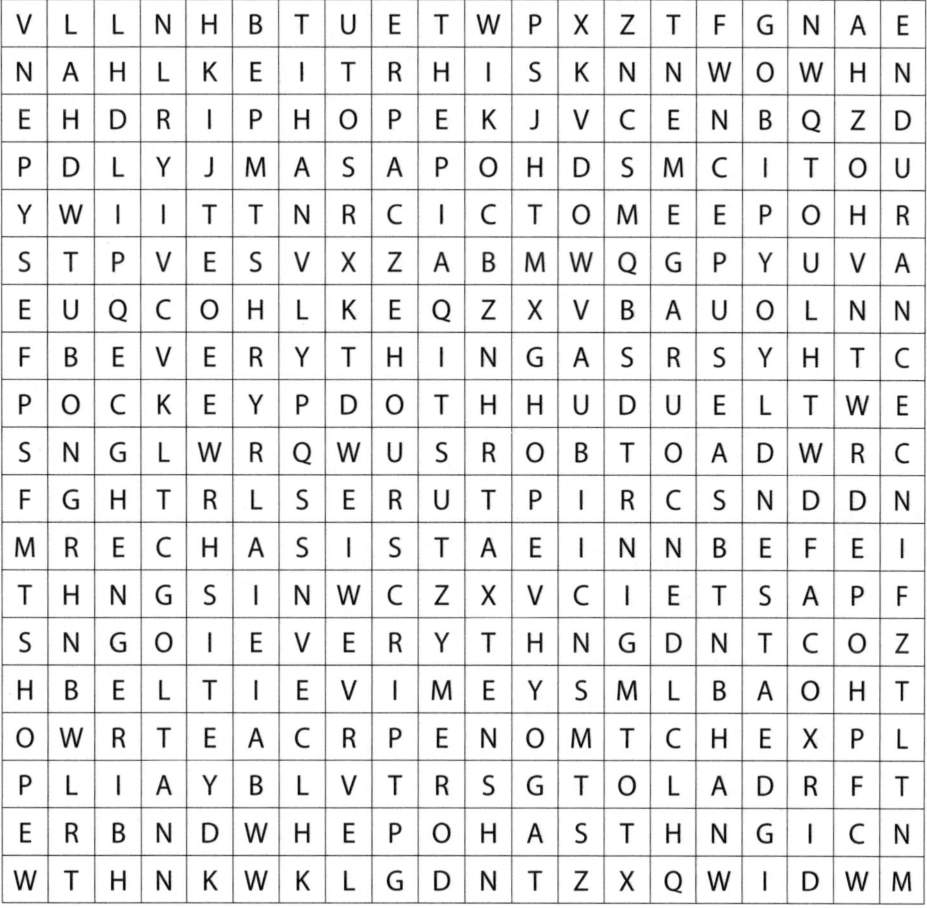

V	L	L	N	H	B	T	U	E	T	W	P	X	Z	T	F	G	N	A	E
N	A	H	L	K	E	I	T	R	H	I	S	K	N	N	W	O	W	H	N
E	H	D	R	I	P	H	O	P	E	K	J	V	C	E	N	B	Q	Z	D
P	D	L	Y	J	M	A	S	A	P	O	H	D	S	M	C	I	T	O	U
Y	W	I	I	T	T	N	R	C	I	C	T	O	M	E	E	P	O	H	R
S	T	P	V	E	S	V	X	Z	A	B	M	W	Q	G	P	Y	U	V	A
E	U	Q	C	O	H	L	K	E	Q	Z	X	V	B	A	U	O	L	N	N
F	B	E	V	E	R	Y	T	H	I	N	G	A	S	R	S	Y	H	T	C
P	O	C	K	E	Y	P	D	O	T	H	H	U	D	U	E	L	T	W	E
S	N	G	L	W	R	Q	W	U	S	R	O	B	T	O	A	D	W	R	C
F	G	H	T	R	L	S	E	R	U	T	P	I	R	C	S	N	D	D	N
M	R	E	C	H	A	S	I	S	T	A	E	I	N	N	B	E	F	E	I
T	H	N	G	S	I	N	W	C	Z	X	V	C	I	E	T	S	A	P	F
S	N	G	O	I	E	V	E	R	Y	T	H	N	G	D	N	T	C	O	Z
H	B	E	L	T	I	E	V	I	M	E	Y	S	M	L	B	A	O	H	T
O	W	R	T	E	A	C	R	P	E	N	O	M	T	C	H	E	X	P	L
P	L	I	A	Y	B	L	V	T	R	S	G	T	O	L	A	D	R	F	T
E	R	B	N	D	W	H	E	P	O	H	A	S	T	H	N	G	I	C	N
W	T	H	N	K	W	K	L	G	D	N	T	Z	X	Q	W	I	D	W	M

*For **everything** that was **written** in the **past** was written to **teach** us, so that through the **endurance** taught in the **Scriptures** and the **encouragement** they **provide** we might have **hope**.* ROMANS 15:4 NIV

IN THE BEGINNING

11

God made the world in six days and rested on the seventh day.
Find these words that highlight each of the days of creation.

S	Y	N	M	I	A	T	E	N	A	H	T	L	G	H	T	I	M	I	P
E	H	E	F	R	E	I	S	W	G	S	E	F	I	L	F	E	S	L	D
A	K	Y	S	N	G	O	H	S	T	H	G	I	L	Z	X	I	A	W	N
S	I	E	S	T	R	Y	I	D	A	R	H	C	T	Y	P	N	C	N	F
D	M	D	B	T	V	I	C	R	T	N	E	H	G	O	T	R	A	F	O
T	A	N	I	M	L	S	R	I	L	N	G	W	H	S	P	R	I	N	R
H	M	Y	K	J	N	D	T	B	E	S	R	P	S	E	D	M	D	A	S
O	F	I	T	H	D	A	K	N	W	O	Q	C	K	U	I	L	A	N	D
V	R	U	C	I	T	R	C	L	N	M	G	T	A	M	W	U	T	O	N
H	S	I	T	L	I	K	N	Z	A	X	C	D	N	V	S	R	A	Q	T
E	P	R	B	D	C	G	H	T	U	A	R	M	I	G	T	A	T	B	Z
A	X	I	A	U	M	A	S	G	L	Y	D	F	M	R	H	E	L	V	O
V	U	O	E	T	H	A	R	U	X	O	E	K	A	J	G	R	V	N	G
E	S	N	O	N	S	E	O	H	N	C	G	H	L	T	I	G	H	A	R
N	O	R	Q	V	I	R	T	C	L	E	Y	A	S	C	N	K	J	Z	X
S	V	N	M	O	O	N	C	G	H	T	N	B	Y	U	W	T	E	R	Y
H	K	R	F	F	R	A	H	T	F	B	X	V	M	N	M	I	L	C	P
S	I	Y	T	E	U	S	C	N	D	S	I	P	O	K	R	E	R	O	M
M	A	R	G	U	I	B	R	F	E	A	R	T	H	R	W	A	G	U	G
N	D	S	N	F	S	P	E	D	S	M	S	I	F	T	N	A	M	T	W

Animals ☐ Birds ☐ Day ☐ Earth ☐
Fish ☐ Heavens ☐ Land ☐ Light ☐
Man ☐ Moon ☐ Night ☐ Plants ☐
Seas ☐ Sky ☐ Stars ☐ Sun ☐

In the beginning God created the heavens and the earth.
The earth was without form, and void; and darkness was on the face of the deep.
And the Spirit of God was hovering over the face of the waters. GENESIS 1:1-2 NKJV

OUTER SPACE

The Bible not only speaks of the earth but also space with its stars and constellations.
Find these words in the word search below. Then find the word SPACE 5 times.

S	C	N	D	E	O	B	D	Y	S	T	A	N	G	I	H	L	T	H	Y
H	L	V	A	U	R	H	I	O	P	Q	L	U	A	T	Y	B	T	E	R
E	K	S	M	L	E	R	A	P	A	C	S	E	C	S	L	I	O	R	M
A	G	E	T	I	M	L	Z	A	C	T	L	U	A	S	Y	S	T	O	D
V	H	L	G	D	H	P	Y	T	E	D	Y	A	R	E	E	I	O	T	H
E	N	J	S	D	S	N	X	T	E	P	S	D	N	N	X	N	V	D	O
N	T	N	Z	P	T	B	S	Y	U	T	G	H	K	K	S	T	M	E	I
S	V	E	E	T	A	Y	H	L	F	R	O	U	V	R	Z	D	B	L	C
V	P	R	L	G	R	C	O	N	S	T	E	L	L	A	T	I	O	N	S
B	S	L	Y	F	S	Q	E	F	L	I	N	G	M	D	B	R	G	A	N
T	E	I	N	D	V	I	U	A	L	S	R	E	Y	R	D	C	U	E	C
W	D	S	F	R	K	N	H	P	Y	W	K	T	H	S	I	G	S	U	Y
F	A	G	N	L	D	Y	A	E	S	U	N	C	A	V	G	N	T	R	L
R	I	Z	I	C	E	A	R	T	H	O	Y	O	C	L	N	O	I	R	O
O	E	R	D	U	B	R	G	A	I	N	C	H	E	E	H	T	M	S	H
F	L	T	A	Z	H	S	T	H	G	E	E	N	C	G	A	L	K	G	R
S	P	A	C	E	S	P	A	G	T	C	I	M	A	L	D	L	D	S	N
N	C	H	I	O	B	F	R	S	P	A	Y	H	P	N	T	B	R	C	L
P	S	T	A	X	E	L	Y	A	R	P	U	E	S	O	Q	C	K	U	I
J	N	T	E	F	O	R	T	L	K	S	T	L	R	N	E	D	L	V	A

Bear ☐
Constellations ☐
Darkness ☐
Earth ☐
Heavens ☐

Moon ☐
Orion ☐
Pleiades ☐
Stars ☐
Sun ☐

Lift up your eyes and look to the heavens: Who created all these?
He who brings out the starry host one by one and calls forth each of them by name.
Because of His great power and mighty strength, not one of them is missing. ISAIAH 40:26 NIV

BIRDS

Find the following birds that are mentioned in the Bible in the word search below.

L	L	U	G	B	R	E	G	M	L	K	T	C	H	U	P	E	M	Y	L
C	S	T	O	E	N	M	L	T	H	R	M	D	N	L	D	S	C	H	Z
A	H	C	I	R	T	S	O	A	S	N	G	I	M	K	S	B	R	V	D
B	R	K	T	H	E	P	C	N	T	E	T	A	B	R	D	W	U	O	W
G	S	W	H	Q	L	E	R	U	T	L	U	V	T	H	V	D	V	L	E
Q	U	A	L	T	Y	R	E	T	H	N	K	U	F	R	W	E	H	T	A
U	C	P	E	W	K	N	S	B	A	K	C	T	H	S	G	D	O	U	L
A	B	Y	U	H	A	W	C	K	F	D	S	V	N	E	A	G	L	E	P
L	W	K	N	R	T	R	I	B	A	V	U	E	A	B	D	Y	C	Y	R
I	P	O	C	S	E	V	A	T	L	R	E	G	D	I	R	T	R	A	P
N	T	D	L	W	T	H	I	G	R	W	T	E	W	L	N	T	H	N	G
S	T	R	N	E	A	M	S	R	S	T	O	R	K	P	L	A	Q	T	R
T	S	C	E	V	L	A	U	E	P	R	T	E	I	O	B	N	U	E	A
Q	L	I	V	Y	C	N	T	O	A	F	I	Y	T	S	X	O	A	P	N
T	O	L	A	O	F	S	P	E	R	U	M	A	I	V	E	S	I	B	R
S	W	C	R	D	W	R	I	D	R	N	H	R	E	D	O	A	L	N	L
D	N	T	K	N	H	T	W	U	O	A	B	N	T	L	P	T	C	E	A
X	W	O	L	L	A	W	S	Z	W	T	E	O	H	Y	O	W	R	D	O
N	R	L	X	J	S	O	U	K	M	R	G	L	I	A	O	B	T	W	I
B	E	T	S	N	O	H	I	C	R	M	H	O	C	G	H	D	K	S	O

Crane ☐
Dove ☐
Eagle ☐
Gull ☐
Hawk ☐

Hoopoe ☐
Ostrich ☐
Owl ☐
Partridge ☐
Quail ☐

Raven ☐
Sparrow ☐
Stork ☐
Swallow ☐
Vulture ☐

Look at the birds of the air: they neither sow nor reap nor gather into barns, and yet your heavenly Father feeds them. Are you not of more value than they? MATTHEW 6:26 ESV

Did you know? Which birds were sent by God to feed Elijah by the Kerith ravine?
Clue: 1 Kings 17:2-6

SMALL CRITTERS

Find the following insects, reptiles and arachnids mentioned in the Bible.

M	N	H	V	I	F	N	O	T	H	R	E	N	R	G	C	L	M	B	V
W	H	D	R	O	L	B	R	K	B	T	H	D	S	U	R	T	R	H	N
B	L	A	N	T	Y	R	P	R	C	K	N	I	C	L	D	B	Z	C	K
T	M	E	V	R	Y	O	O	T	I	E	F	N	F	X	S	E	U	R	T
D	S	C	L	S	E	R	N	C	A	E	G	T	I	G	H	T	J	T	S
O	K	U	I	N	D	Y	T	O	N	A	N	D	E	T	W	C	H	C	A
H	A	L	C	H	A	S	U	L	I	Z	A	A	N	D	R	N	O	B	R
L	D	T	H	O	M	P	H	P	R	S	T	U	B	N	O	R	E	C	H
A	N	G	A	E	L	I	Z	A	R	D	S	T	R	N	P	G	O	F	D
L	S	B	M	D	H	N	T	M	B	E	R	F	Y	I	E	G	L	R	O
C	H	B	E	A	K	V	A	L	H	L	A	C	O	P	L	C	K	B	O
E	D	A	L	C	S	E	T	M	F	R	E	N	W	V	E	S	A	E	R
K	G	M	E	T	L	I	A	N	S	E	T	R	N	I	T	Y	V	E	H
A	V	G	O	S	W	A	Z	C	X	G	Q	N	K	J	P	L	E	S	Y
N	T	C	N	P	H	J	E	W	F	R	E	M	O	T	H	Q	D	S	H
S	H	Y	G	I	F	H	L	D	M	U	M	A	G	R	O	S	H	T	N
M	P	R	Y	D	G	O	S	M	E	I	N	O	M	A	Z	G	Q	V	F
T	S	O	A	E	L	F	D	U	Q	B	C	T	C	H	I	O	G	Q	J
D	I	T	F	R	N	W	P	H	A	T	R	W	R	G	H	T	N	A	W
N	E	A	P	M	S	C	O	P	I	S	A	E	O	D	W	L	E	G	M

- Ant ☐
- Bee ☐
- Chameleon ☐
- Flea ☐
- Fly ☐
- Gecko ☐
- Gnat ☐
- Lizard ☐
- Locust ☐
- Maggot ☐
- Moth ☐
- Scorpion ☐
- Snail ☐
- Snake ☐
- Spider ☐

Go to the ant, you sluggard; consider its ways and be wise!
It has no commander, no overseer or ruler, yet it stores its provisions
in summer and gathers its food at harvest. PROVERBS 6:6-8 NIV

ANIMALS

In the word search below find these animals mentioned in the Bible.

O	N	V	B	D	F	R	N	T	B	K	E	S	I	N	T	H	S	K	E
H	L	D	E	C	H	W	D	R	V	S	E	T	P	F	R	A	M	N	T
R	M	B	A	B	T	L	E	F	D	P	W	R	D	M	O	L	E	S	H
Y	S	T	R	C	H	N	G	I	O	A	L	M	T	E	N	T	H	B	L
A	G	N	T	N	A	I	T	L	R	N	G	Y	N	G	R	A	S	N	I
D	R	K	S	T	N	G	E	P	A	H	T	I	C	H	O	E	S	S	O
C	H	N	G	E	A	T	I	L	M	T	E	O	N	B	T	A	L	E	N
X	R	M	J	F	N	G	H	T	I	C	A	M	E	L	F	F	R	M	N
T	F	E	S	A	F	R	E	X	A	R	Y	H	I	N	Y	A	L	Y	S
P	C	I	T	H	C	S	T	R	N	G	I	N	M	H	R	T	Y	A	L
B	R	T	L	E	S	K	C	L	D	H	V	A	I	T	H	N	D	P	F
T	H	N	K	D	E	P	A	T	H	S	D	N	P	R	A	R	M	L	M
R	L	N	G	I	N	E	D	L	C	L	U	E	H	R	T	E	O	P	Y
C	O	T	U	N	S	R	W	O	E	N	S	Y	V	L	O	W	A	L	H
E	L	I	N	H	Q	I	N	S	D	O	O	H	U	R	H	N	D	B	T
I	V	E	A	B	N	S	T	R	N	G	P	W	T	E	R	A	N	V	E
B	T	R	E	E	D	P	T	H	I	T	K	A	S	L	G	H	T	I	W
S	E	L	I	A	G	O	I	F	H	W	F	L	R	I	L	S	R	B	D
M	N	E	S	T	I	S	F	D	P	L	U	Y	A	D	B	I	A	N	I
S	K	C	L	M	E	F	A	R	S	T	E	A	Y	G	O	J	T	A	B

Antelope ☐
Ape ☐
Bat ☐
Bear ☐
Camel ☐
Deer ☐
Hare ☐
Hyena ☐
Hyrax ☐
Jackal ☐
Leopard ☐
Lion ☐
Mole ☐
Rat ☐
Wolf ☐

"But ask the animals, and they will teach you, or the birds in the sky, and they will tell you; or speak to the earth, and it will teach you, or let the fish in the sea inform you. Which of all these does not know that the hand of the Lord has done this? In His hand is the life of every creature and the breath of all mankind." JOB 12:7-10 NIV

DOMESTICATED ANIMALS

In the word search below find the following farm animals mentioned in the Bible.

L	W	B	E	R	D	E	I	S	A	E	G	S	L	C	M	E	P	N	W
E	O	S	R	T	E	Y	R	U	N	I	V	N	E	K	C	I	H	C	Z
C	B	T	N	I	O	N	O	L	H	K	E	U	P	M	B	O	Z	U	N
D	U	C	M	E	Y	M	O	R	E	X	C	T	H	I	R	V	L	Y	H
N	G	E	G	O	A	T	S	A	N	V	R	I	N	S	V	T	E	D	B
K	B	R	N	U	I	E	T	H	R	F	T	Y	E	H	G	L	N	G	I
G	A	K	T	H	T	Z	W	N	E	W	G	R	N	K	L	E	S	O	Z
I	M	D	N	E	R	O	Q	R	H	E	I	M	T	O	S	R	P	T	V
R	O	I	S	T	C	X	F	N	X	T	P	B	F	Z	V	Y	A	I	N
T	E	R	U	K	D	I	N	B	R	U	G	H	R	P	Q	B	M	A	L
D	I	M	A	Y	Q	J	S	M	I	N	A	U	T	O	S	P	R	H	M
E	S	T	R	E	F	B	U	L	E	L	U	M	U	V	O	L	O	S	R
D	P	R	F	K	C	T	W	T	G	H	E	R	A	P	Z	S	H	E	A
A	N	E	C	N	B	S	P	N	O	S	N	G	B	V	N	P	T	D	A
U	R	H	L	O	S	T	Y	V	W	E	I	C	N	Y	C	H	R	E	M
H	T	E	R	D	K	N	H	D	S	T	O	R	F	L	E	E	D	T	R
E	U	F	A	L	G	H	T	Z	H	R	E	I	N	W	K	S	A	K	L
R	O	W	D	T	O	F	V	N	T	A	G	S	J	H	A	O	R	D	E
E	A	I	R	V	A	E	S	P	C	Y	B	D	K	O	M	I	A	B	N
K	L	M	B	A	L	M	C	E	N	I	D	O	G	Y	T	R	K	N	D

- Chicken ☐
- Cow ☐
- Dog ☐
- Donkey ☐
- Goat ☐
- Horse ☐
- Lamb ☐
- Mule ☐
- Ox ☐
- Pig ☐
- Ram ☐
- Rooster ☐
- Sheep ☐

"For every animal of the forest is mine, and the cattle on a thousand hills.
I know every bird in the mountains, and the insects in the fields are Mine." PSALM 50:10-11 NIV

Can you think of two stories in the Old Testament that mention donkeys?
Clue: Numbers 22:28-31, Genesis 22:3

TREES

In the word search below find these trees mentioned in the Bible. Then find the word TREE hidden 10 times.

T	L	N	O	P	Q	S	C	R	A	F	S	T	S	P	D	E	N	A	O	L	E	E	R	T
T	R	G	M	E	O	Y	U	N	D	O	N	C	I	R	S	N	A	C	I	M	K	H	R	I
L	K	E	O	G	F	C	R	T	N	N	D	G	N	E	O	R	U	A	P	W	R	E	S	C
R	T	Y	E	P	D	A	M	O	O	R	B	Y	I	T	F	M	E	C	O	P	E	E	A	R
U	C	H	A	S	R	M	V	D	M	L	F	R	Y	A	E	R	C	I	V	H	N	C	K	W
W	I	L	L	O	W	O	U	B	L	I	T	K	S	I	R	A	M	A	T	F	U	O	N	S
V	M	E	R	S	T	R	N	D	A	S	L	O	G	Y	C	H	R	T	O	R	G	H	T	L
R	G	I	H	T	S	E	O	U	D	O	S	C	I	N	E	C	E	X	Z	B	T	T	A	U
P	R	I	K	N	G	G	C	H	R	M	A	Y	T	G	M	T	C	H	B	S	R	N	E	L
N	E	E	R	T	N	L	R	P	O	F	L	I	C	P	E	Y	G	I	F	P	O	I	F	Y
H	Y	P	C	R	T	P	O	A	L	G	U	M	D	C	T	S	R	T	Y	E	V	B	L	S
N	O	T	H	N	K	T	Y	U	P	T	L	K	W	M	A	E	U	C	H	S	M	E	R	O
C	D	N	T	D	A	E	R	S	L	E	K	J	S	G	N	M	W	I	E	L	T	R	Y	M
Y	P	S	A	B	S	L	U	E	T	E	V	I	L	O	A	N	V	M	E	M	S	E	D	H
P	U	E	R	P	I	O	R	P	E	R	W	I	T	J	R	C	T	R	E	E	R	T	L	E
R	R	N	I	D	P	S	B	L	M	Y	I	P	N	R	G	S	N	T	O	E	C	N	R	P
E	Y	P	O	E	Q	L	W	H	Y	P	L	A	N	E	E	J	K	M	E	V	B	E	I	Q
S	N	M	V	R	S	C	E	D	A	R	L	S	H	R	M	K	Y	N	O	I	P	A	P	C
S	K	I	P	A	M	N	V	O	P	E	I	M	Q	S	O	U	P	B	A	C	T	R	D	E
N	L	A	P	W	R	U	C	E	D	S	W	B	T	T	P	H	D	Y	K	A	H	E	S	E
T	W	C	L	R	S	O	P	B	R	D	C	R	D	Y	C	L	N	E	Y	T	R	E	E	R
V	L	V	E	T	Y	B	L	O	C	K	E	R	W	N	O	R	T	D	M	U	S	F	E	T
C	T	R	E	E	N	G	I	N	L	E	A	F	H	T	N	G	S	R	E	G	L	A	P	R
W	N	T	R	P	I	N	C	Y	E	S	R	O	U	I	G	N	A	L	P	M	U	G	L	A
P	C	K	E	T	S	O	A	N	G	L	N	S	L	S	T	N	O	M	E	S	P	N	I	Y

- Acacia ☐
- Algum ☐
- Almond ☐
- Apple ☐
- Broom ☐
- Cedar ☐
- Cypress ☐
- Ebony ☐
- Fig ☐
- Grapevine ☐
- Lotus ☐
- Myrtle ☐
- Oak ☐
- Olive ☐
- Palm ☐
- Pine ☐
- Pomegranate ☐
- Sycamore ☐
- Tamarisk ☐
- Terebinth ☐
- Willow ☐

Blessed is the one whose delight is in the law of the LORD ... That person is like a tree planted by streams of water, which yields its fruit in season and whose leaf does not wither. PSALM 1:1-3

FLOWERS, HERBS AND SPICES

In the word search below find these flowers, herbs and spices mentioned in the Bible.

A	L	O	E	A	N	D	M	F	D	C	H	O	U	L	I	S	A	W	T
O	B	U	L	B	A	E	F	I	U	J	R	G	S	T	R	Y	I	E	D
J	R	B	D	G	A	R	L	S	V	E	L	T	R	A	L	S	U	B	C
Y	U	O	S	L	F	L	I	E	X	C	T	C	R	O	C	U	S	N	G
C	A	F	H	W	C	U	M	I	N	R	U	Y	F	B	M	K	E	S	U
N	D	S	Y	R	L	E	A	V	J	Q	W	E	K	A	R	D	N	A	M
A	B	H	A	I	N	E	Y	B	L	V	E	F	R	N	P	C	E	U	O
S	Q	A	Z	F	X	A	L	S	N	I	O	X	T	O	W	R	K	D	Y
I	T	R	A	M	F	Z	O	N	T	L	E	M	S	M	N	T	L	V	E
C	R	O	E	T	V	R	I	M	G	T	P	S	D	A	S	I	G	U	D
L	G	N	F	V	C	E	O	I	C	K	Y	S	O	N	B	Q	M	S	H
R	H	P	R	S	Y	O	B	N	L	H	M	A	F	N	V	Z	X	P	Q
M	U	E	D	L	S	B	R	T	H	R	E	T	T	I	B	L	K	S	N
Z	N	G	S	H	L	V	E	I	S	P	R	B	L	C	M	I	N	M	C
S	T	M	Y	R	R	H	Y	N	A	D	C	O	R	S	L	T	U	R	Q
V	L	G	R	C	D	P	O	D	C	N	S	T	A	H	Z	S	X	J	K
Y	C	T	M	S	G	T	R	N	G	T	D	H	G	D	T	A	U	L	V
L	D	S	U	T	D	A	M	P	Y	C	K	E	R	A	S	M	L	E	R
I	G	N	E	S	N	E	C	N	I	K	N	A	R	F	I	R	D	Y	T
L	N	T	D	Y	T	I	O	E	H	N	R	D	E	P	R	N	T	N	G

Aloe ☐
Cinnamon ☐
Coriander ☐
Crocus ☐
Cumin ☐
Dill ☐
Frankincense ☐
Hyssop ☐
Lily ☐
Mandrake ☐
Mint ☐
Mustard ☐
Myrrh ☐
Nard ☐
Rue ☐
Saffron ☐

The grass withers and the flowers fade,
but the word of our God stands forever. ISAIAH 40:8

One of the herbs listed above was used in ceremonial cleansing in the Old Testament. It was also used at Jesus' crucifixion. Do you know what it is?
Clue: Leviticus 14:1-4, John 19:29

METALS AND PRECIOUS STONES

In the word search below find these metals and precious stones mentioned in the Bible.

E	R	I	H	P	P	A	S	G	C	M	E	S	R	K	E	T	Q	U	A
D	S	D	Y	A	X	Y	N	O	I	R	Y	C	T	C	H	M	Y	G	M
N	P	T	S	O	I	N	P	G	F	D	R	N	K	F	S	I	A	V	E
C	N	L	A	C	M	P	L	E	R	A	W	K	E	N	D	T	F	R	T
I	R	F	C	H	E	S	I	O	N	S	T	H	F	R	E	W	O	N	H
V	Y	D	B	R	L	U	T	Y	E	H	A	D	N	T	Z	K	L	W	Y
T	N	O	F	Y	M	N	E	I	B	X	O	S	W	O	C	A	A	Z	S
I	R	E	P	S	A	J	F	W	D	F	R	N	D	D	P	V	P	X	T
I	D	S	A	E	A	S	N	E	I	T	I	H	L	E	S	M	I	O	Q
L	S	T	Y	C	X	R	I	D	A	C	H	O	A	T	N	G	S	P	T
C	O	L	I	Z	E	M	S	N	M	U	G	R	R	C	H	K	L	C	L
G	A	N	T	H	D	A	M	D	O	E	L	C	E	O	A	S	A	T	R
P	T	R	I	N	O	N	L	C	N	U	W	O	M	D	E	N	Z	P	N
H	L	A	E	S	T	G	Y	X	D	B	X	T	E	L	A	D	U	O	S
Y	C	S	N	O	R	I	R	V	E	I	M	S	T	E	N	P	L	N	K
A	E	C	L	L	N	U	E	R	A	L	Y	F	N	I	H	S	I	B	F
S	D	Y	A	U	E	D	B	T	R	E	V	L	I	S	R	V	E	A	H
I	H	G	N	M	A	Y	M	Y	A	L	R	D	G	A	N	M	Q	J	Z
T	J	L	S	I	T	W	K	E	S	C	B	F	O	E	R	V	R	Y	O
A	O	B	V	E	Y	O	U	S	L	N	W	N	T	E	Z	N	O	R	B

- Agate ☐
- Amethyst ☐
- Beryl ☐
- Bronze ☐
- Copper ☐
- Diamond ☐
- Emerald ☐
- Gold ☐
- Iron ☐
- Jacinth ☐
- Jasper ☐
- Onyx ☐
- Pearl ☐
- Ruby ☐
- Sapphire ☐
- Silver ☐
- Topaz ☐

Wisdom is more profitable than silver, and her wages are better than gold.
Wisdom is more precious than rubies; nothing you desire can compare with her. PROVERBS 3:14-15 NLT

RIVERS, LAKES AND SEAS

In the word search below find the following bodies of water mentioned in the Bible.

E	F	D	G	U	C	K	A	E	M	R	I	N	A	E	S	D	A	E	D
G	A	L	I	M	J	Z	P	L	S	E	L	V	E	U	M	A	L	M	E
K	E	O	F	L	Y	U	D	S	T	R	C	T	I	P	G	N	H	V	O
O	I	A	G	D	U	I	E	C	N	F	I	N	O	H	S	I	K	N	K
B	D	C	H	N	I	D	S	H	E	D	C	U	L	R	P	T	N	E	D
B	A	L	Y	T	E	R	O	S	E	A	O	F	G	A	L	I	L	E	E
A	Y	I	A	W	S	G	T	G	R	T	A	E	S	T	R	P	I	O	D
J	O	R	D	A	N	R	T	U	E	R	L	O	A	E	I	L	N	A	B
M	A	S	O	T	R	I	U	H	E	H	P	E	Y	S	W	G	T	H	I
P	U	A	E	S	T	U	E	S	T	R	S	B	X	O	B	T	E	J	S
K	E	A	S	N	M	K	A	H	N	D	G	C	P	L	E	O	Y	R	T
I	L	E	I	O	B	X	S	A	E	T	N	K	W	O	N	O	H	I	G
F	S	J	K	R	C	L	R	R	O	I	L	T	E	T	J	U	E	Q	Z
H	A	T	I	D	A	N	B	A	N	T	F	L	N	I	I	W	R	K	T
D	T	O	P	I	O	T	G	M	T	H	O	R	P	G	T	N	A	G	E
O	Q	H	Z	K	X	N	K	J	U	E	G	A	M	R	S	O	G	H	T
C	E	O	R	E	S	O	P	E	L	S	I	L	Y	I	L	H	R	T	H
Y	S	A	G	T	L	H	V	I	B	O	A	J	X	S	Z	S	F	G	Q
F	Y	T	O	R	L	C	N	A	E	N	A	R	R	E	T	I	D	E	M
R	F	S	F	T	P	I	R	I	L	T	O	E	D	S	M	P	G	A	E

Dead Sea ☐
Euphrates ☐
Gihon ☐
Jabbok ☐
Jordan ☐
Kidron ☐
Kishon ☐
Marah ☐
Mediterranean ☐
Nile ☐
Pishon ☐
Red Sea ☐
Sea of Galilee ☐
Tigris ☐
Yarkon ☐

"Remember not the former things, nor consider the things of old. Behold, I am doing a new thing; now it springs forth, do you not perceive it? I will make a way in the wilderness and rivers in the desert." ISAIAH 43:18-19 ESV

21

MOUNTAINS

In the word search below find the following mountains mentioned in the Bible. Then find the word ZION 6 times.

C	L	R	O	N	I	G	T	H	Z	I	O	N	H	R	E	S	K	T	Z
B	K	A	L	T	X	E	C	H	L	Y	P	A	E	C	L	P	I	I	A
G	T	D	I	S	R	T	E	D	B	E	X	C	S	U	V	E	O	T	Y
S	N	M	P	L	H	A	I	R	O	M	E	W	L	C	M	N	T	M	D
Z	B	I	K	W	T	R	Y	S	V	N	T	R	H	E	W	T	H	C	N
I	M	A	C	L	E	A	S	C	R	O	U	E	S	T	H	L	R	A	O
O	T	N	D	H	I	R	W	H	T	A	I	F	A	L	T	S	Y	S	I
N	N	W	Y	R	D	A	E	L	I	G	H	B	E	B	O	J	K	Z	Z
T	M	E	I	Y	E	S	N	Q	D	H	O	R	K	N	I	D	A	C	L
M	K	A	S	U	R	T	A	I	B	R	Y	U	S	E	A	G	L	V	E
P	N	T	O	I	F	V	E	D	S	M	T	H	U	O	R	S	N	D	A
N	H	R	W	L	D	B	N	C	I	E	S	T	B	U	P	T	H	E	S
O	C	L	R	S	T	H	P	A	T	C	S	L	H	Y	L	A	L	R	G
M	S	T	N	G	O	R	D	E	G	M	I	Z	I	R	E	G	P	U	L
R	F	L	S	K	N	G	U	A	N	G	U	M	C	L	M	D	N	T	S
E	K	I	E	O	P	C	T	R	U	N	I	F	G	C	R	M	P	Z	I
H	Z	X	I	J	V	S	I	P	O	R	E	T	C	H	A	K	M	I	T
P	R	Z	L	Y	A	O	G	B	L	G	H	T	B	L	C	E	U	O	M
T	X	T	U	E	R	N	E	T	S	R	E	U	O	N	L	K	H	N	B
G	L	V	M	O	U	N	T	O	F	O	L	I	V	E	S	B	R	N	U

Ararat ☐
Carmel ☐
Gerizim ☐
Gilboa ☐
Gilead ☐
Hermon ☐
Hor ☐
Moriah ☐
Mount of Olives ☐
Nebo ☐
Sinai ☐
Tabor ☐

"Though the mountains be shaken and the hills be removed, yet My unfailing love for you will not be shaken nor My covenant of peace be removed," says the Lord, who has compassion on you. ISAIAH 54:10 NIV

Do you know on which mountain Noah's ark rested? This is also the tallest mountain in the Bible at 12,782 feet.
Clue: Genesis 8:4

VALLEYS

In the word search below find these valleys mentioned in the Bible.

R	C	G	N	E	T	H	S	K	W	N	D	O	M	D	E	W	A	U	H
T	O	R	P	S	R	C	T	V	I	E	S	W	L	K	B	L	U	I	T
B	K	H	W	A	H	R	S	L	N	S	C	M	O	V	R	W	H	K	O
P	Y	N	C	G	M	T	H	R	E	P	H	A	I	M	U	N	L	G	C
B	D	U	Y	A	L	B	R	S	H	U	A	O	D	O	T	A	V	B	C
W	H	T	A	W	D	N	D	V	R	O	C	S	N	Y	B	N	G	C	U
S	O	R	E	K	N	E	G	E	A	S	A	H	K	N	G	E	B	T	S
T	Y	A	G	N	R	I	A	B	D	Y	R	T	R	S	O	L	Z	G	K
Q	Z	R	O	E	F	S	H	I	O	N	E	S	K	T	I	R	B	Y	N
C	T	U	Z	A	G	E	D	T	R	M	B	I	N	H	A	T	K	N	W
T	H	M	B	U	N	L	A	I	F	K	I	D	R	O	N	L	R	S	T
M	I	D	D	I	S	O	F	W	N	D	W	S	H	A	V	E	H	C	H
R	D	S	N	W	T	B	L	C	X	G	E	R	C	S	C	E	V	R	A
C	H	K	E	D	C	O	N	O	L	A	J	A	E	R	N	R	U	N	H
P	E	R	S	N	H	R	E	M	Y	B	B	C	T	A	O	Z	N	S	T
T	N	G	O	E	M	T	O	I	N	S	P	L	M	N	T	E	Y	E	A
O	U	D	T	R	O	W	N	D	W	C	H	R	S	T	H	J	M	S	H
R	F	H	A	L	E	A	T	R	S	R	F	O	O	E	D	R	K	C	P
L	B	A	S	W	A	C	E	H	D	T	A	I	G	L	B	R	C	I	E
N	T	H	M	D	L	S	O	F	N	G	H	T	J	S	T	C	L	A	Z

Achor ☐
Ajalon ☐
Baca ☐
Beracah ☐
Elah ☐
Gehenna ☐

Jezreel ☐
Kidron ☐
Kishon ☐
Rephaim ☐
Salt ☐
Shaveh ☐

Siddim ☐
Sorek ☐
Succoth ☐
Zered ☐
Zeboim ☐
Zephathah ☐

Even though I walk through the darkest valley, I will fear no evil, for You are with me; Your rod and Your staff, they comfort me. PSALM 23:4 NIV

Do you know in which valley David fought Goliath?
Clue: 1 Samuel 17:1-2

23

THE FIRST PEOPLE

Find the names of the first people mentioned in Genesis 1-5.

P	N	C	L	D	W	N	O	K	L	A	T	I	A	G	N	I	O	H	S
V	T	S	O	M	A	D	A	N	G	V	E	N	R	Y	C	H	T	R	D
D	R	W	T	B	G	T	H	R	T	I	L	T	E	D	L	U	D	K	T
S	L	O	E	D	W	N	C	H	A	S	V	N	V	H	U	N	E	R	P
E	N	L	B	L	A	S	L	W	M	D	E	O	E	H	V	Y	R	S	K
R	I	N	S	T	L	L	K	E	Y	R	U	T	H	A	K	C	A	I	N
Q	T	Y	U	E	N	O	S	H	L	I	E	C	D	L	N	T	J	K	W
B	S	C	A	I	P	E	O	F	S	K	O	R	T	E	M	S	O	U	M
V	D	I	S	O	E	S	T	R	M	N	E	N	D	S	W	H	T	H	A
W	H	Y	H	I	T	S	H	T	E	S	D	T	H	U	S	T	R	T	H
P	R	T	E	C	O	O	T	W	N	T	Y	S	O	H	C	L	S	E	A
D	N	G	H	B	E	I	B	U	O	R	B	D	A	T	M	D	B	W	L
A	S	M	T	H	G	M	L	K	E	J	S	Q	L	E	C	T	E	U	A
R	J	E	V	R	L	E	A	H	S	U	H	T	E	M	B	N	C	S	L
I	N	T	P	E	T	A	I	L	X	B	A	G	A	E	R	T	E	D	E
B	R	O	I	N	G	W	F	A	S	A	E	L	J	T	N	H	R	I	L
S	T	C	K	I	M	Y	H	D	E	L	B	A	U	N	D	A	L	C	M
Y	H	A	O	N	W	N	G	I	S	M	B	W	H	S	M	O	N	S	A
K	N	G	E	W	Y	R	K	O	C	A	L	D	E	N	T	C	R	E	L
J	H	L	V	P	N	Y	M	K	L	E	S	N	M	S	E	H	B	R	K

Abel ☐
Adam ☐
Cain ☐
Enoch ☐
Enosh ☐
Eve ☐
Irad ☐
Jabal ☐
Jared ☐
Jubal ☐
Kenan ☐
Lamech ☐
Mahalalel ☐
Mehujael ☐
Methuselah ☐
Methushael ☐
Noah ☐
Seth ☐

Did you know? Enoch was one of two people recorded in the Bible who did not die. Genesis 5:24 says that Enoch walked with God and God took him away.
Do you know who else did not die but was taken in a whirlwind to heaven?
Clue: 2 Kings 2:11

ALL ABOUT ADAM

Find these words in the word search below.

N	A	P	R	N	O	R	L	Z	E	A	B	N	T	Y	L	W	P	D	A
P	E	A	I	P	K	N	G	R	Y	T	O	D	W	N	M	N	A	C	H
T	M	D	T	K	E	S	A	E	W	N	E	Y	E	C	T	L	R	Y	T
N	C	L	E	B	L	D	G	Z	Q	I	B	T	A	R	N	U	O	G	R
Z	V	V	P	F	S	R	S	H	D	A	R	H	S	I	E	L	F	Y	E
X	E	T	X	T	O	U	C	R	E	C	E	L	O	R	P	G	T	O	A
M	Y	A	B	E	T	N	H	O	M	N	A	M	T	S	R	I	F	C	H
C	N	T	R	A	S	T	E	H	R	E	T	W	E	G	E	O	B	A	C
B	T	C	K	G	R	N	R	D	N	O	H	P	N	T	S	R	L	Y	O
T	S	R	P	E	S	I	U	C	R	Z	O	Q	E	V	N	S	P	C	D
D	O	W	T	R	C	L	B	L	L	A	F	P	A	L	T	E	F	R	T
S	L	I	Y	W	S	H	I	E	S	D	G	N	T	W	N	L	K	O	C
T	E	D	L	R	Y	T	M	H	B	R	O	S	U	H	T	H	S	T	M
R	S	X	P	C	E	I	N	G	T	M	D	R	E	R	A	C	N	P	A
C	I	N	T	H	R	L	K	S	R	L	Y	G	T	O	H	T	A	E	D
T	D	G	O	O	D	A	N	D	E	V	I	L	Q	E	J	R	D	O	R
F	A	N	E	D	S	L	P	O	F	R	D	A	R	N	D	O	A	N	G
M	R	G	R	E	N	I	S	W	M	P	W	U	M	C	L	B	U	E	K
O	A	I	T	S	W	T	N	C	L	O	D	P	A	P	R	C	S	T	U
T	P	R	G	D	L	A	T	S	U	D	O	T	T	S	U	D	Y	R	B

Breath of God ☐
Cherubim ☐
Death ☐
Dust to dust ☐
Eve ☐
Fall ☐
First man ☐
Garden of Eden ☐
Paradise lost ☐
Serpent ☐
Sin ☐
Toil ☐
Good and Evil ☐

Just as everyone dies because we all belong to Adam,
everyone who belongs to Christ will be given new life. 1 CORINTHIANS 15:22 NLT

MOMS ...

Find the names of well-known mothers in the Bible.
Then find the words: MOM, MOMMY, MAMA, MOTHER, MA.

M	N	E	A	R	M	O	M	E	H	J	A	B	E	H	S	H	T	A	B
O	T	L	I	C	N	G	T	O	N	Q	X	C	L	T	E	V	Q	K	E
M	V	R	Y	W	H	R	E	N	D	E	W	R	I	K	N	G	R	G	H
M	T	H	N	K	M	A	M	A	R	I	O	T	Z	C	I	L	T	P	R
Y	R	E	C	L	R	M	G	H	T	R	B	M	A	M	A	O	A	T	E
Z	C	L	Y	M	M	O	M	Q	J	X	E	P	B	N	F	U	W	E	H
L	K	S	C	L	R	N	W	L	E	S	T	H	E	K	T	H	S	I	T
W	R	D	E	I	D	R	O	N	W	H	R	A	T	V	S	O	N	Y	O
D	L	I	C	O	U	S	V	I	G	F	L	U	H	O	E	W	F	L	M
H	E	O	L	N	E	N	L	H	A	L	J	P	A	N	M	H	L	W	N
Z	N	R	B	S	P	G	A	T	P	O	L	K	H	S	N	I	V	H	Y
J	M	T	A	H	U	K	J	F	I	N	S	D	M	A	G	E	N	R	L
O	C	I	R	G	E	C	T	B	E	R	B	X	D	F	R	K	N	D	P
B	A	G	N	B	A	N	V	M	R	Y	F	M	L	R	O	A	R	S	M
T	H	D	E	B	E	H	C	O	J	A	E	X	C	T	N	Y	S	L	Y
E	S	R	M	I	S	M	E	M	Y	B	X	G	R	N	G	T	R	M	D
D	C	O	U	R	T	E	M	C	R	O	P	H	O	C	L	P	O	I	Y
R	S	E	R	T	I	N	K	N	T	H	W	T	N	E	O	H	R	J	R
A	K	C	T	U	H	H	W	L	E	H	C	A	R	W	L	Z	N	S	A
M	O	I	T	M	E	I	G	T	P	N	B	M	G	C	I	S	O	T	M

Bathsheba ☐
Elizabeth ☐
Eve ☐
Jochebed ☐
Hagar ☐
Mary ☐
Rachel ☐
Rebekah ☐
Ruth ☐
Sarah ☐

Can you match the mothers with their sons?
Clues: Gen. 4:1-3, Gen. 4:25, Gen. 21:1-3, Gen. 25:21-26, Gen. 35:24, Exod. 6:20, Gen 16:16, 2 Sam. 12:24, Ruth 4:13-17, Luke 1:13, Luke 1:30-31

AND THEIR SONS

Find the names of these sons in the Bible.

P	N	T	A	I	M	K	E	W	A	Z	O	U	S	K	Y	B	G	R	I
S	T	D	O	U	T	P	M	K	I	N	T	W	H	D	P	H	N	O	E
B	H	M	G	H	E	R	S	E	A	S	M	L	E	R	A	M	T	H	U
T	T	S	L	C	K	N	G	Y	E	G	H	S	T	Y	I	E	S	R	E
S	E	F	R	T	S	R	I	S	O	U	B	T	H	S	T	P	D	G	L
I	S	A	A	C	C	M	O	V	R	T	B	M	G	K	P	I	C	T	D
Q	Z	F	A	S	X	P	C	K	C	H	O	N	S	M	L	A	P	E	R
J	X	K	R	G	T	E	R	D	O	F	C	H	K	E	I	B	N	Y	O
V	N	H	O	J	H	A	M	T	G	H	A	N	T	N	A	Y	S	M	S
W	E	S	N	H	L	D	O	N	E	W	J	B	H	F	L	W	E	R	C
C	R	W	N	K	N	A	F	N	Y	S	U	S	E	J	U	G	D	O	O
S	T	C	I	A	O	H	T	E	R	N	I	H	R	L	X	E	S	T	A
T	H	E	R	L	N	I	P	L	T	E	F	R	K	N	B	Y	J	U	I
C	Y	M	A	K	R	S	M	E	C	H	U	B	T	O	E	R	O	I	N
L	F	T	A	N	D	M	U	A	S	E	V	O	R	M	G	H	T	S	P
S	M	E	O	T	M	I	S	M	K	O	S	T	K	O	E	S	G	I	G
T	R	N	U	H	S	W	Y	A	S	M	J	P	I	L	C	O	O	D	Z
Q	A	L	O	N	T	P	D	N	G	O	S	E	S	O	M	D	M	R	S
D	C	I	D	B	E	N	J	A	M	I	N	S	P	S	C	A	E	T	O
I	S	H	M	A	E	L	D	R	W	H	M	K	E	I	L	K	N	G	D

Aaron ☐	Isaac ☐	Joseph ☐
Abel ☐	Ishmael ☐	Moses ☐
Benjamin ☐	Jacob ☐	Obed ☐
Cain ☐	Jesus ☐	Seth ☐
Esau ☐	John ☐	Solomon ☐

Children are a gift from the LORD; they are a reward from Him. PSALM 127:3 NLT

27

DADS ...

Find these dads in the word search below.
Then find the words: FATHER, DAD, DADDY, POP, PAPA, PA.

F	N	U	C	L	R	S	C	H	M	E	G	R	Y	S	I	N	T	I	D
B	U	Y	N	N	S	N	D	F	L	W	S	T	L	D	M	E	B	F	C
J	S	T	O	U	C	L	R	H	S	I	L	K	E	N	C	L	S	E	O
S	W	E	H	A	T	H	T	R	P	O	F	M	Y	B	D	I	O	Y	L
Q	B	L	U	L	R	O	H	O	O	D	Y	I	D	L	B	S	E	A	H
T	R	X	E	M	K	N	W	F	S	H	B	L	U	B	T	M	R	E	I
O	U	N	E	B	D	A	D	Y	M	R	E	D	T	A	I	E	B	C	K
B	L	U	P	H	O	B	T	S	N	O	H	E	A	N	O	T	Y	E	S
J	R	A	C	R	P	A	R	K	M	R	T	I	C	L	B	O	J	R	D
E	V	R	Y	T	C	L	I	D	N	G	B	P	C	H	E	A	C	E	S
H	P	E	F	L	U	D	A	H	E	H	P	O	L	E	Z	R	J	G	D
P	O	C	R	N	P	D	M	N	Z	X	Y	P	A	P	A	V	H	T	A
R	M	K	E	B	E	T	H	U	E	L	T	S	H	E	F	N	B	U	N
N	Y	G	R	N	D	S	A	T	I	U	R	T	Y	L	W	F	O	R	T
W	R	O	Y	L	T	E	I	D	R	D	E	I	A	M	N	D	F	M	X
X	A	C	L	T	Y	R	E	H	T	A	F	W	H	T	I	M	L	K	G
G	O	F	T	V	E	S	M	O	C	V	S	O	P	O	N	T	S	W	H
L	K	S	O	G	D	R	K	M	L	I	B	R	W	N	S	P	O	G	R
N	D	A	I	E	A	L	F	D	A	D	D	Y	S	H	P	A	E	V	Y
P	C	E	L	S	K	T	C	I	R	L	K	N	G	F	R	C	T	A	Q

Bethuel
David
Job
Laban
Zelophehad

Can you match the dads with their daughters?
Clues: Num. 27:1, 2 Sam. 13:1, Gen. 29:16, Gen. 28:5, Job 42:12-15

AND THEIR DAUGHTERS

Find these daughters in the Bible.

O	H	B	V	S	I	O	L	U	Y	T	S	I	E	D	G	R	L	Y	S
B	G	A	R	C	T	N	A	G	L	E	H	B	G	S	Q	U	H	S	E
C	K	L	Z	G	B	T	L	I	S	F	R	A	Y	A	B	O	P	U	L
M	T	H	O	R	U	W	O	T	R	H	N	K	E	Z	G	D	F	R	N
I	P	R	F	E	I	M	C	E	T	A	U	R	T	L	R	C	H	E	L
C	R	T	A	S	M	T	B	H	O	O	C	Y	A	P	N	O	I	S	A
K	P	U	N	D	R	E	A	L	Y	S	M	H	L	I	C	T	R	O	P
L	R	G	A	I	K	I	L	M	N	G	A	T	E	K	N	G	H	D	R
R	E	F	J	A	Z	E	R	N	A	C	E	I	E	L	S	D	O	U	A
A	D	Y	H	E	T	O	A	D	S	R	M	R	L	N	I	A	R	T	C
T	R	N	K	D	M	N	S	R	I	L	E	F	T	O	E	S	H	O	O
I	G	O	N	R	E	I	T	H	A	N	T	B	S	A	W	T	C	L	R
C	H	N	U	D	A	T	M	H	H	E	R	A	D	C	N	A	M	N	T
L	G	H	T	P	R	L	X	A	Z	U	K	N	O	F	U	C	F	H	E
B	U	E	L	I	S	H	P	J	H	L	H	P	H	C	T	E	A	O	D
S	T	A	D	T	N	P	Y	B	T	A	S	F	O	A	U	C	G	T	R
B	G	L	N	G	U	S	K	N	I	N	O	Y	R	N	L	D	P	H	A
L	K	O	O	C	L	K	E	A	T	U	R	N	P	I	C	H	T	R	K
D	F	R	H	N	T	G	I	B	L	E	I	G	M	T	L	G	A	L	S
W	H	T	E	I	G	E	L	P	N	V	R	M	G	H	I	S	D	M	T

- Hoglah ☐
- Jemimah ☐
- Keren-happuch ☐
- Keziah ☐
- Leah ☐
- Mahlah ☐
- Milcah ☐
- Noah ☐
- Tamar ☐
- Tirzah ☐
- Rachel ☐
- Rebekah ☐

Fathers, do not exasperate your children; instead, bring them up in the training and instruction of the Lord. EPHESIANS 6:4 NIV

29

THE FLOOD BY NUMBERS

Find the following numbers in **bold** in the word search below.

D	N	T	O	K	W	I	F	D	S	O	W	L	E	T	R	B	L	E	A
Y	B	V	N	W	F	L	S	E	W	H	T	A	S	I	P	L	N	F	R
T	J	X	E	T	N	M	I	U	T	E	S	Q	C	S	K	Y	H	P	N
F	W	Q	H	L	P	E	A	D	R	K	T	H	G	I	E	P	N	T	S
I	Z	O	U	S	E	C	I	L	P	F	R	S	T	V	O	V	X	T	O
F	S	Q	N	U	A	R	E	B	D	Y	O	R	I	W	R	D	E	A	S
D	N	T	D	S	Y	I	N	G	A	N	T	F	O	R	T	Y	J	N	G
N	S	H	R	P	E	A	S	O	N	H	Y	E	R	E	D	N	K	E	Y
A	L	U	E	O	D	I	T	M	P	T	R	V	E	T	H	A	S	W	L
D	G	O	D	L	M	N	U	E	R	L	F	T	W	H	R	M	U	N	G
E	A	T	A	I	N	A	R	O	T	D	S	M	P	L	I	F	C	A	T
R	O	R	N	E	V	I	F	Y	T	N	E	V	E	S	P	R	B	L	M
D	S	E	D	S	T	H	S	I	U	A	T	R	I	O	N	F	R	S	T
N	O	X	F	C	U	A	P	H	O	W	Y	B	D	T	R	E	M	U	B
U	T	R	I	N	Q	T	E	R	G	I	A	R	V	N	A	E	R	K	J
H	B	D	F	O	U	R	Y	B	C	K	L	G	E	S	U	R	N	Y	E
R	S	E	T	M	C	H	D	T	A	I	E	R	C	T	N	H	G	L	S
U	F	O	Y	R	O	L	U	O	W	T	Y	T	N	E	W	T	X	R	N
O	W	R	T	E	I	N	X	T	A	N	M	L	I	A	M	B	E	I	A
F	E	Y	N	S	O	S	M	L	E	B	G	R	H	A	I	F	R	U	S

Noah was **six hundred** years old when God told him to build the ark.

The ark was **four-hundred and fifty** feet long, **seventy-five** feet wide and **forty-five** feet high. There were **three** decks.

Eight people were on board the ark and **two** of every kind of animal.

It rained for **forty** days and nights. The rain rose more than **twenty-two** feet above the highest mountain peaks.

The floodwaters covered the earth for **one-hundred and fifty** days. Noah sent a bird out **four** times before he knew the water had dried up.

The sign of God's promise to never flood the earth again is a rainbow, which has **seven** colors.

But God remembered Noah and all the wild animals and the livestock that were with him in the ark, and He sent a wind over the earth, and the waters receded. GENESIS 8:1 NIV

ALL ABOUT NOAH

Find the following words in the word search below.

N	E	W	B	E	G	I	N	N	I	N	G	M	S	C	M	N	T	H	N
B	S	C	L	Y	B	S	M	L	I	R	T	L	T	W	E	P	N	Y	O
S	H	P	E	E	L	G	H	T	Y	P	N	K	S	I	H	A	D	R	C
L	S	T	A	T	M	P	T	D	N	L	V	E	A	C	N	Y	S	P	A
A	R	F	O	T	N	A	N	E	V	O	C	H	X	K	P	R	O	T	I
M	L	K	E	I	T	H	S	W	L	H	V	A	Q	E	T	B	E	H	L
I	X	T	U	P	W	M	B	A	T	N	E	M	G	D	U	J	Y	C	N
N	W	H	O	U	J	R	S	G	N	A	L	K	I	P	N	O	L	N	A
A	D	E	R	A	S	A	L	T	L	Y	A	P	M	E	H	S	M	A	T
F	B	T	M	Y	C	Y	P	R	E	S	S	W	O	O	D	R	B	R	S
O	W	E	C	N	D	O	T	H	S	L	F	T	E	P	R	C	S	B	L
S	N	X	T	T	L	A	I	W	E	K	S	O	O	L	P	O	L	E	V
R	A	V	E	N	M	L	N	T	O	T	S	Y	D	E	W	R	H	V	I
I	B	G	C	H	K	E	S	R	S	B	H	C	R	B	Q	D	W	I	T
A	S	M	P	L	I	F	D	E	O	D	N	H	G	A	P	O	K	L	C
P	B	V	E	R	A	K	L	V	D	H	W	I	D	R	F	R	N	O	H
O	N	G	U	L	R	T	E	D	C	N	O	P	A	A	C	E	T	L	K
P	G	Y	N	A	M	S	U	O	E	T	H	G	I	R	T	R	N	D	E
D	C	N	T	I	M	R	L	V	Y	F	N	R	E	A	L	T	A	R	N
F	L	O	O	D	W	A	T	E	R	S	I	M	C	T	N	X	T	K	W

Altar ☐
Ararat ☐
Ark ☐
Covenant ☐
Cypress wood ☐
Dove ☐

Floodwaters ☐
Ham ☐
Japheth ☐
Judgment ☐
New Beginning ☐
Olive branch ☐

Pairs of animals ☐
Rainbow ☐
Raven ☐
Righteous man ☐
Shem ☐
Wicked people ☐

By faith Noah, when warned about things not yet seen,
in holy fear built an ark to save his family.
By his faith he condemned the world and became heir of
the righteousness that is in keeping with faith. HEBREWS 11:7 NIV

31

TRIBES OF ISRAEL

Find the 12 tribes of Israel in the word search below.

C	N	T	S	E	L	S	A	M	T	H	N	G	I	F	T	W	S	N	T
E	P	H	R	A	I	M	B	R	G	H	T	A	B	L	D	O	U	H	E
H	R	D	I	T	F	S	T	H	E	R	W	R	E	H	S	A	D	R	A
D	O	W	R	E	A	C	L	M	D	W	N	S	N	R	P	I	S	E	D
T	K	L	S	T	W	E	X	M	A	S	E	R	J	N	A	L	Y	R	T
L	N	I	K	S	R	W	S	N	T	H	N	K	A	B	E	H	W	H	A
H	V	T	O	M	E	B	R	T	H	R	E	D	M	N	P	L	C	E	S
T	B	I	N	T	L	N	G	E	N	G	N	H	I	O	U	S	T	U	P
S	E	L	V	R	A	E	L	D	S	A	U	Y	N	E	R	A	L	Y	W
Q	J	A	O	F	C	I	R	E	O	N	L	R	D	B	Y	E	V	N	L
Y	R	T	E	N	R	G	Y	I	O	S	U	O	I	N	V	S	T	G	V
T	I	H	S	O	F	L	O	E	D	U	B	T	R	N	I	P	W	T	H
C	N	P	E	I	S	D	M	R	O	N	E	B	U	E	R	T	R	P	E
E	O	A	M	S	U	I	C	P	L	Y	Z	L	S	T	A	E	V	B	Y
M	R	N	A	I	S	D	O	J	T	F	T	S	I	P	H	C	T	U	R
P	B	L	C	B	E	A	T	U	C	H	W	H	P	N	C	G	I	T	K
U	M	B	R	L	A	D	N	D	W	N	R	L	Y	E	A	P	R	F	O
F	N	D	R	S	K	P	D	A	G	E	A	S	I	T	S	U	A	J	Z
L	R	E	A	H	W	C	T	H	M	C	F	S	H	D	S	I	N	G	Y
P	C	K	L	E	I	L	V	E	O	P	T	Y	A	L	I	O	J	S	T

- Asher ☐
- Benjamin ☐
- Dan ☐
- Ephraim ☐
- Gad ☐
- Issachar ☐
- Judah ☐
- Manasseh ☐
- Naphtali ☐
- Reuben ☐
- Simeon ☐
- Zebulun ☐

Did you know? Israel's twelve tribes were named for Jacob's children or, in the case of Ephraim and Manasseh, his grandchildren. These two were Joseph's sons born in Egypt.

ALL ABOUT JOSEPH

Find the following words in the word search below.

B	R	F	S	T	I	S	U	O	E	P	R	A	Q	C	H	N	E	S	D
S	B	T	E	A	M	L	K	H	R	Y	U	C	N	T	A	S	K	P	E
U	S	C	N	O	T	D	H	L	A	U	S	F	R	C	I	D	F	C	A
W	T	E	H	L	R	N	G	T	B	O	C	A	J	I	N	F	R	M	T
H	L	O	N	W	N	B	I	N	L	S	E	V	R	T	L	R	D	O	L
G	R	L	C	E	P	R	V	D	E	J	P	O	T	I	P	H	A	R	E
A	M	X	Y	O	V	S	T	L	P	H	A	R	O	A	H	W	T	E	M
R	E	S	A	U	R	I	R	W	A	G	R	I	C	E	L	P	H	C	N
C	G	N	I	T	V	E	G	L	V	E	S	T	L	Y	A	B	L	O	D
B	Y	A	M	O	H	D	C	R	S	M	A	E	R	D	P	G	H	N	B
A	T	N	S	T	I	O	N	W	O	Q	P	D	S	Z	E	X	V	C	E
P	R	H	U	N	G	T	K	P	N	F	G	M	L	K	N	W	O	I	L
A	S	U	O	A	P	L	P	R	B	L	E	O	U	D	T	E	N	L	K
B	E	Q	L	I	U	E	T	B	R	D	Z	L	I	A	S	G	M	I	E
G	R	T	A	O	C	L	U	F	R	O	L	O	C	E	I	Y	S	A	T
I	N	L	E	V	W	T	H	H	S	B	N	D	C	L	W	P	O	T	H
W	H	S	J	I	N	R	G	I	A	L	K	E	T	L	F	T	M	I	A
T	R	N	W	R	C	K	E	B	Z	F	A	M	I	N	E	U	B	O	S
B	L	Y	U	H	T	M	S	F	R	N	D	S	A	Y	N	W	H	N	M
A	W	S	R	E	H	T	O	R	B	H	N	E	S	T	O	G	D	A	T

- Brothers ☐
- Colorful Coat ☐
- Cup ☐
- Dreams ☐
- Egypt ☐
- Famine ☐
- Favorite ☐
- Forgiveness ☐
- Jacob ☐
- Jail ☐
- Jealous ☐
- Pharoah ☐
- Potiphar ☐
- Reconciliation ☐
- Sold ☐

"I am your brother Joseph, the one you sold into Egypt! And now, do not be distressed and do not be angry with yourselves for selling me here, because it was to save lives that God sent me ahead of you." GENESIS 45:4-5 NIV

ALL ABOUT MOSES

Find the following words in the word search below.

T	M	O	E	I	T	S	N	D	U	L	K	E	W	R	E	L	A	T	H
D	N	S	V	L	E	Y	C	R	K	O	D	L	I	F	R	M	U	L	A
R	V	W	N	G	T	K	O	I	B	R	N	F	D	S	P	R	O	D	C
H	R	E	D	T	A	R	Y	H	N	D	E	L	L	A	R	S	C	H	A
I	T	M	O	F	B	T	E	A	U	Y	R	A	Y	T	W	T	H	O	U
S	N	D	U	O	L	C	P	R	T	D	E	C	N	C	V	O	R	G	E
C	O	L	N	E	R	I	A	N	I	S	T	N	U	O	M	P	W	D	M
R	M	B	U	L	S	H	E	S	L	R	A	E	M	R	C	I	E	S	A
L	U	N	A	S	M	D	E	I	N	C	N	D	A	O	H	V	R	Y	P
N	C	E	H	T	R	E	L	D	G	H	Z	L	M	S	C	A	R	A	E
P	R	C	I	E	S	N	M	X	S	E	D	O	O	P	I	N	A	O	R
F	A	N	T	L	T	C	I	U	P	L	A	G	U	E	S	E	D	S	I
L	K	E	M	B	I	P	B	C	E	T	A	H	R	O	S	T	A	F	F
C	R	S	D	A	E	G	Y	L	D	M	Q	V	J	D	I	M	P	R	S
W	H	T	E	T	N	V	R	T	H	E	A	Z	E	K	N	S	T	O	U
I	Q	U	A	I	L	N	C	A	P	T	B	R	X	S	M	B	C	A	F
N	S	T	N	E	I	N	A	E	C	M	P	U	A	F	T	N	G	S	H
T	E	R	I	V	G	T	O	S	M	E	B	D	N	H	W	S	P	R	N
S	U	D	O	X	E	P	U	M	T	I	P	L	M	S	P	N	I	Z	X
B	E	L	A	N	H	A	O	R	A	H	P	I	Y	T	R	A	T	I	O

- Burning Bush ☐
- Pharoah ☐
- Slaves ☐
- Plagues ☐
- Exodus ☐
- Red Sea ☐
- Marah ☐
- Staff ☐
- Manna ☐
- Quail ☐
- Cloud ☐
- Fire ☐
- Tablets ☐
- Golden calf ☐
- Mount Sinai ☐

There has never been another prophet in Israel like Moses, whom the L*ORD knew face to face.* DEUTERONOMY 34:10 NLT

10 PLAGUES

Find the 10 plagues in the word search below. Then find the word PLAGUE 10 times.

P	G	P	E	R	O	N	Y	F	X	E	U	G	A	L	P	A	T	R	P
L	L	F	U	P	E	L	P	C	I	F	O	A	D	V	C	E	D	N	L
A	Z	A	O	S	C	I	S	Z	R	S	C	T	F	N	G	R	O	F	A
G	B	C	M	E	N	T	A	B	T	O	U	I	B	B	D	T	H	I	G
U	E	N	L	K	S	N	O	C	L	K	G	D	O	W	R	E	A	K	U
E	U	S	P	U	R	E	U	G	A	L	P	I	M	S	Y	G	O	C	E
S	G	O	C	M	G	B	T	F	E	U	L	H	R	C	H	N	E	O	H
P	A	O	D	G	R	M	N	F	G	S	A	K	T	I	S	M	L	T	C
I	L	A	R	S	P	H	A	I	L	E	G	C	L	T	K	E	N	S	N
R	P	L	A	G	U	E	O	F	A	I	U	B	V	E	L	S	T	E	F
Z	Y	E	S	O	N	G	F	R	I	T	E	U	G	A	L	P	Q	V	I
A	H	W	R	Y	U	D	N	T	O	D	H	S	X	N	I	S	J	I	D
R	T	C	H	N	I	Q	U	E	S	P	R	W	R	D	A	G	Z	L	N
D	E	A	T	H	O	F	F	I	R	S	T	B	O	R	N	T	D	F	C
N	S	C	I	E	N	R	N	T	G	O	B	C	K	D	A	I	S	O	E
G	T	X	T	R	U	O	S	B	D	A	R	K	N	E	S	S	X	H	D
B	P	R	L	Y	C	G	U	E	P	L	T	F	P	R	T	A	F	T	G
S	T	A	O	N	B	S	A	M	L	N	G	H	E	F	I	L	S	A	I
C	G	D	N	S	D	O	O	L	B	T	Y	D	G	R	E	S	Z	E	R
L	C	P	T	A	R	U	L	T	P	L	A	G	U	E	P	R	E	D	W

Blood ☐
Boils ☐
Darkness ☐
Death of Firstborn ☐
Death of Livestock ☐
Flies ☐
Frogs ☐
Gnats ☐
Hail ☐
Locusts ☐

And the L*ORD spoke to Moses, "Go to Pharaoh and say to him, 'Thus says the* L*ORD: "Let My people go, that they may serve Me."'* EXODUS 8:1 NKJV

10 COMMANDMENTS

Find the 10 commandments in the word search below.
Then find the word COMMANDMENTS 4 times.

L	T	E	B	T	I	T	H	R	E	G	T	A	O	R	M	E	B	R	H	S	T	Y	L	S
P	H	S	M	H	W	I	S	L	W	R	K	E	D	I	N	L	V	E	W	I	M	S	E	F
C	O	Q	Y	R	E	T	L	U	D	A	T	I	M	M	O	C	T	O	N	O	D	Z	X	C
I	N	U	C	N	U	S	R	T	M	E	L	V	E	Y	T	X	R	A	L	F	E	N	O	J
E	O	B	G	M	E	Y	N	O	P	O	I	C	F	L	A	I	S	T	D	O	Y	M	A	G
S	R	H	L	C	O	M	M	A	N	D	M	E	N	T	S	T	C	H	E	C	M	N	F	R
T	T	M	P	J	N	I	G	F	T	I	F	R	Y	U	O	D	Y	A	B	A	T	H	L	T
C	H	O	N	O	R	Y	O	U	R	P	A	R	E	N	T	S	W	T	N	C	N	G	P	E
K	E	X	P	I	C	E	N	S	E	T	U	S	R	Y	W	L	A	D	E	B	L	C	H	S
O	S	L	A	E	T	S	T	O	N	O	D	M	K	E	O	T	M	U	I	N	M	A	L	N
U	A	R	K	O	S	M	T	E	L	M	B	U	F	N	S	E	D	O	K	F	U	O	Y	D
T	B	I	L	G	H	T	E	N	R	T	O	O	S	F	N	R	N	T	B	M	D	U	N	R
H	B	C	T	N	G	M	Y	H	E	A	I	R	I	T	N	C	L	D	D	I	B	E	F	S
S	A	F	L	D	T	F	O	I	L	M	L	K	S	H	E	A	T	R	O	T	S	D	N	L
T	T	Y	E	W	O	L	N	D	T	U	D	R	L	Y	M	T	K	N	N	I	O	U	H	T
N	H	E	M	A	N	S	D	O	G	R	O	N	O	H	D	J	E	K	O	D	B	T	I	U
E	D	S	C	N	D	R	O	N	U	N	D	O	A	Q	N	V	F	B	T	L	C	H	E	C
M	A	L	G	H	T	I	E	O	G	H	U	T	S	M	A	Y	Z	X	L	F	R	N	T	T
D	Y	N	T	A	S	R	H	T	D	S	C	L	R	H	M	E	D	N	I	T	D	O	E	Q
N	W	H	L	E	D	O	R	M	C	L	M	D	W	N	M	O	R	A	E	N	M	D	R	U
A	O	B	V	S	I	U	L	U	Y	T	R	H	E	E	O	I	C	D	S	C	T	I	Y	A
M	U	N	N	E	V	A	N	R	C	R	Z	Y	A	I	C	A	I	N	T	N	O	W	R	L
M	F	R	K	I	N	G	V	D	O	N	O	T	C	O	V	E	T	G	R	E	A	H	M	T
O	S	G	N	W	T	F	O	E	R	T	P	A	E	R	N	S	H	R	Z	T	I	L	S	Y
C	V	R	T	A	C	E	L	R	H	S	D	O	G	R	E	H	T	O	O	N	E	V	A	H

Have no other gods ☐
Have no idols ☐
Honor God's name ☐
Honor the Sabbath Day ☐
Honor your parents ☐

Do not murder ☐
Do not commit adultery ☐
Do not steal ☐
Do not lie ☐
Do not covet ☐

When Moses went up on the mountain, the cloud covered it, and the glory of the Lord settled on Mount Sinai. EXODUS 24:15-16 NIV

WORDS OF HEBREW LAW

Find the 16 **bold** words in the word search. The meanings of the words are given in brackets.

L	T	S	R	Y	A	N	H	A	R	O	T	D	F	N	E	S	H	I	N
I	V	R	Y	E	S	W	L	E	N	W	H	A	O	G	E	D	R	E	C
C	O	F	S	D	U	F	H	O	R	Y	U	L	K	E	W	A	I	I	S
A	R	U	C	A	L	Y	A	L	H	P	R	E	C	E	P	T	S	C	W
I	A	S	T	M	S	O	W	T	I	R	D	T	N	G	O	I	C	H	T
G	C	M	O	D	S	T	S	N	G	H	T	A	S	B	S	U	N	A	G
R	L	W	H	N	A	H	T	A	D	R	E	Y	D	O	M	I	B	C	K
P	E	E	A	A	E	T	I	G	O	I	J	S	T	I	W	N	T	E	J
Q	S	Z	W	M	R	A	M	B	R	K	A	Y	Q	E	A	H	N	O	T
T	H	D	E	M	G	S	R	I	F	T	G	Q	A	U	E	D	L	K	E
D	A	W	N	O	B	L	V	E	S	I	U	R	G	T	N	W	Q	Z	S
R	M	R	I	C	E	O	W	T	R	H	D	S	C	R	H	E	S	A	T
O	E	Y	A	R	S	M	C	H	U	F	P	T	O	D	N	T	E	R	I
W	A	H	T	B	D	U	O	Y	L	K	E	A	P	Z	L	S	C	E	M
A	B	S	L	U	A	B	S	T	W	N	U	R	T	B	R	D	N	V	O
S	W	T	P	M	I	D	I	Q	Q	I	P	O	A	I	S	H	A	F	N
G	N	T	B	E	D	B	L	E	F	R	T	H	E	D	G	O	D	T	Y
E	A	F	I	H	P	E	O	L	J	U	D	G	M	E	N	T	I	K	W
W	H	A	T	I	M	G	N	A	D	G	V	A	E	M	T	O	U	T	A
T	N	I	G	E	D	U	T	H	K	R	L	S	W	L	N	B	G	F	R

Dabar (means **Word**) ☐ ☐
Dath (means Royal **edict**, public law) ☐ ☐
Eduth (means admonition, **testimony**) ☐ ☐
Huqqim (means statutes, **oracles**) ☐ ☐
Mishpat (means **judgment**, ordinance) ☐ ☐
Mitswah (means **command**) ☐ ☐
Piqqidim (means orders, **precepts**) ☐ ☐
Torah (means direction, **guidance**) ☐ ☐

The precepts of the Lord are right, giving joy to the heart.
The commands of the Lord are radiant, giving light to the eyes. PSALM 19:8 NIV

KEY TABERNACLE PIECES

Find the following items that were in the Tabernacle.

F	R	M	N	R	W	A	N	D	T	E	O	F	T	L	H	N	E	I	Y
J	S	T	W	E	O	I	H	A	S	M	P	Z	X	I	Q	T	C	O	S
S	O	C	N	V	T	E	N	B	T	R	G	H	N	O	W	R	S	T	F
C	H	L	H	O	R	G	I	R	N	M	N	T	U	G	A	I	N	S	T
A	B	V	E	C	S	L	V	E	W	N	D	P	N	N	C	K	E	D	U
P	N	T	G	T	U	T	S	A	D	V	N	T	U	I	R	E	W	H	A
R	S	O	N	N	L	A	H	D	M	J	S	F	R	T	S	M	S	I	L
S	S	W	O	E	W	R	M	O	T	H	O	H	E	N	F	A	R	E	Z
M	D	N	I	M	S	T	R	F	M	D	F	R	S	I	T	N	B	O	W
G	N	I	R	E	F	F	O	T	N	R	U	B	F	O	R	A	T	L	A
L	A	U	Y	N	I	L	V	H	S	T	N	G	B	N	T	L	G	N	D
M	T	L	S	O	E	K	T	E	N	M	H	S	L	A	O	J	I	F	A
I	S	A	E	T	R	S	R	P	W	S	E	O	I	T	U	A	N	R	T
T	P	L	B	A	T	H	F	R	T	H	R	P	C	W	T	U	J	O	L
S	M	V	R	L	E	S	N	E	C	N	I	F	O	R	A	T	L	A	T
W	A	N	T	C	E	J	B	S	U	T	B	T	U	F	R	N	M	B	O
H	L	G	S	T	L	Y	O	E	F	L	Y	C	M	T	D	P	M	M	L
T	E	N	C	O	M	M	A	N	D	M	E	N	T	S	S	E	T	D	Y
R	V	D	E	S	B	H	D	C	T	H	S	C	E	N	V	R	W	E	A
E	F	B	R	U	R	A	Y	E	D	F	I	L	T	U	C	H	K	N	L

Altar of Burnt Offering ☐
Altar of Incense ☐
Anointing Oil ☐
Ark ☐

Atonement Cover ☐
Basin ☐
Bread of the Presence ☐
Curtain ☐

Lampstands ☐
Lamps ☐
Table ☐
Ten Commandments ☐

"You must build this Tabernacle and its furnishings exactly according to the pattern I will show you." EXODUS 25:9 NLT

Did you know? During the 40 years the Israelites wandered in the desert, the Tabernacle served as a temporary place of worship that they built according to God's specific instructions.

OFFERINGS AND FEASTS

Find the following offerings and feasts observed by the Israelites.
Then find the words OFFERINGS and FEASTS 3 times each.

R	N	D	M	O	P	R	K	B	F	D	A	E	R	B	D	E	N	E	V	A	E	L	N	U
Z	N	I	O	F	R	N	I	R	U	T	W	L	Y	N	E	I	G	O	E	R	V	R	X	C
E	X	S	C	T	D	E	S	N	T	L	T	O	B	H	R	E	S	T	S	A	E	F	L	T
N	T	K	U	I	O	N	L	A	R	I	K	P	F	T	D	N	D	R	V	N	G	T	N	L
M	R	E	O	Y	C	M	P	N	S	U	G	L	S	E	T	A	T	W	N	Y	M	L	E	S
I	Q	E	I	L	G	V	E	I	T	G	O	Y	U	O	S	D	R	S	H	T	H	E	U	N
L	S	W	T	S	N	V	W	Z	X	J	N	P	R	K	T	H	G	I	P	L	A	T	V	E
M	G	H	I	C	M	E	B	C	K	T	O	I	M	W	I	E	N	D	O	T	F	W	R	L
S	H	G	T	A	D	R	M	F	L	N	I	A	R	G	U	D	S	B	E	H	R	I	M	D
O	O	B	F	M	I	S	X	R	T	Y	D	O	M	E	R	H	W	P	L	D	T	S	E	V
D	I	H	S	D	E	N	T	O	B	N	E	C	W	S	F	A	B	Y	O	N	M	A	D	F
N	T	R	I	G	W	R	Y	R	A	L	I	T	S	E	T	F	N	T	S	H	A	N	Y	B
U	P	T	N	R	U	B	S	D	W	N	S	X	A	M	S	N	O	H	E	T	S	O	V	A
M	N	H	S	M	X	T	O	M	N	T	H	S	T	W	R	L	F	V	L	E	L	F	M	L
E	P	I	P	C	L	E	A	W	Y	O	T	M	N	G	I	R	F	O	C	N	B	G	E	T
X	Y	E	H	W	T	F	N	D	V	S	P	F	R	N	F	C	E	M	A	D	E	M	R	H
T	T	F	R	C	M	P	S	T	E	I	D	T	N	E	T	V	R	D	N	W	B	C	K	A
S	M	O	N	T	N	A	C	E	H	N	W	K	S	A	L	N	I	L	R	E	O	S	C	I
R	E	G	D	L	R	E	L	S	F	E	I	H	R	D	C	P	N	Y	E	W	T	H	D	I
O	T	H	E	N	D	B	W	V	E	S	C	N	T	M	E	A	G	P	B	V	N	L	F	S
L	M	S	L	T	H	O	A	N	L	F	E	S	R	E	V	O	S	S	A	P	T	Y	E	T
D	S	T	N	C	L	E	F	R	M	L	F	I	S	T	L	Y	E	T	T	A	H	O	W	S
A	K	E	T	L	A	O	L	T	G	H	A	U	A	N	L	C	R	W	E	S	M	T	H	A
M	T	P	E	O	N	T	H	R	D	T	N	E	M	E	N	O	T	A	F	O	Y	A	D	E
O	F	F	E	R	I	N	G	S	G	O	S	P	L	A	T	I	G	H	D	P	I	M	I	F

Offerings:

- Grain ☐
- Fellowship ☐
- Sin ☐
- Guilt ☐
- Burnt ☐

Feasts:

- Passover ☐
- Firstfruits ☐
- Unleavened Bread ☐
- Weeks ☐
- Trumpets ☐
- Day of Atonement ☐
- Tabernacles ☐

"This is a day you are to commemorate; for the generations to come you shall celebrate it as a festival to the L*ORD—a lasting ordinance."* EXODUS 12:14 NIV

WEIGHTS AND MEASURES

Find the following weights and measures as mentioned in the Bible.
Then find the words WEIGHTS and MEASURES 3 times each.

W	S	N	T	H	K	E	I	P	L	O	N	I	H	S	M	I	P	K	Y	P	C	K	F	H
E	M	L	W	T	R	P	S	C	R	N	B	R	D	E	E	S	Y	L	N	G	E	T	Y	A
I	H	G	O	N	P	H	L	R	S	I	L	E	A	R	P	B	R	N	U	D	W	N	R	N
G	U	R	I	C	N	A	E	C	T	D	A	L	D	W	A	N	A	B	J	S	T	A	T	D
H	A	L	M	S	T	H	H	N	K	N	T	M	I	N	T	W	R	I	E	D	O	B	W	B
T	P	T	Y	V	C	M	O	R	U	P	E	U	P	R	D	L	U	L	K	I	F	Q	Z	R
S	R	U	S	T	C	K	S	M	K	A	T	L	K	E	C	O	M	P	E	L	M	N	T	E
M	L	F	E	I	S	B	C	X	S	N	E	E	A	K	N	G	A	N	T	T	S	O	V	A
V	D	O	P	R	D	C	T	U	I	N	O	H	W	T	L	R	N	E	A	L	E	K	E	D
W	N	D	R	F	L	U	R	P	B	L	T	F	R	M	N	V	I	G	T	E	A	K	A	T
C	T	U	S	A	F	E	R	S	M	I	N	A	T	O	W	K	E	U	P	G	T	R	Y	H
A	A	U	N	V	S	F	N	D	S	H	T	R	E	B	D	Y	O	S	F	W	T	V	E	R
B	E	C	I	M	P	A	R	V	N	R	E	G	N	I	F	B	R	E	A	D	F	G	L	S
I	M	N	D	B	N	E	G	L	S	T	P	L	E	S	A	N	T	R	L	Y	S	U	R	P
S	P	T	F	W	H	R	S	H	O	U	H	R	F	L	N	G	V	U	N	F	M	O	M	N
F	E	L	C	R	L	E	T	Y	A	R	I	S	T	E	R	A	L	S	T	H	G	I	E	W
G	R	A	E	K	O	R	S	E	C	R	B	L	D	H	M	E	F	A	R	O	V	R	A	M
N	M	A	H	H	N	X	G	M	N	T	E	I	R	T	Y	R	N	E	G	U	W	T	E	R
C	L	D	V	I	S	D	E	O	F	X	C	G	L	V	E	I	T	M	H	I	S	A	T	E
S	R	V	C	Y	T	R	A	F	N	L	A	Y	H	P	N	D	E	G	V	A	U	P	O	M
B	L	E	K	E	H	S	O	E	V	E	N	G	I	X	T	O	M	E	R	I	P	T	B	O
A	S	C	T	O	G	W	L	D	I	V	C	M	P	F	R	E	B	K	L	N	S	J	O	H
T	T	K	A	W	I	C	U	T	V	A	T	E	N	W	S	H	P	S	A	H	T	E	A	R
H	A	L	T	D	E	E	R	L	S	F	X	N	G	F	U	L	E	P	L	N	E	F	T	U
D	B	G	D	A	W	G	D	B	Y	E	D	R	W	N	X	T	S	E	R	U	S	A	E	M

Linear Measures & Weights:
- Cubit ☐
- Finger ☐
- Handbreadth ☐
- Reed ☐
- Span ☐

Weights:
- Beca ☐
- Gerah ☐
- Mina ☐
- Pim ☐
- Shekel ☐
- Talent ☐

Dry Measures:
- Cab ☐
- Ephah ☐
- Kor ☐
- Letek ☐
- Omer ☐
- Seah ☐

Liquid Measures:
- Bath ☐
- Homer ☐
- Hin ☐
- Log ☐

ITEMS WEIGHED

Find the following words in the word search below.
Then find the words in **bold** in the verse below.

W	H	T	A	G	N	S	N	G	O	R	G	Z	X	F	S	H	I	Q	R
B	T	E	R	U	B	H	I	C	L	K	P	I	H	B	R	T	S	D	S
Y	Z	C	V	X	T	E	U	L	I	V	R	E	K	Y	I	E	X	F	V
S	D	N	M	O	I	F	G	R	V	N	L	M	P	G	H	Q	T	H	S
R	N	U	F	C	G	D	H	O	E	E	U	D	N	C	O	E	W	A	I
B	A	R	L	E	Y	L	X	Q	O	W	R	S	P	L	N	K	T	R	W
Y	L	G	O	H	A	S	Z	T	I	Y	U	F	A	U	E	I	F	S	H
K	N	I	U	L	T	E	G	O	L	D	A	E	L	V	S	N	M	Y	T
O	R	Y	R	A	F	G	S	T	W	D	M	E	T	Q	T	X	Z	V	S
H	O	N	E	S	T	W	E	I	G	H	T	S	F	H	E	G	U	P	E
S	H	P	D	R	W	B	N	A	F	U	F	H	I	B	P	Z	Q	Y	L
I	K	O	M	G	I	Y	E	N	I	W	S	O	B	T	H	U	J	I	A
D	T	T	N	S	R	J	G	O	F	S	H	I	Q	X	A	R	Z	V	C
R	K	H	N	E	H	M	W	T	H	J	Y	G	S	I	H	E	K	N	S
N	O	R	H	E	S	A	R	W	S	E	I	N	L	O	R	Z	E	I	T
K	I	L	M	F	M	T	N	D	N	K	V	R	J	P	T	N	A	M	S
J	C	S	P	R	R	T	H	N	E	C	P	S	K	C	B	O	R	N	E
L	O	I	D	W	A	C	N	I	A	R	G	D	E	H	C	R	A	P	N
K	H	E	U	D	O	H	R	I	N	M	N	V	R	U	Z	B	X	Y	O
T	A	L	B	N	W	S	N	U	O	B	T	R	W	E	N	O	R	W	H

Barley ☐
Bronze ☐
Flour ☐
Gold ☐
Manna ☐
Meal ☐
Ointment ☐
Olive oil ☐
Parched grain ☐
Quail ☐
Silver ☐
Water ☐
Wine ☐

*"Use **honest scales** and **honest weights**, an **honest ephah** and an **honest hin**.
I am the Lord your God, who brought you out of Egypt."* LEVITICUS 19:36 NIV

41

ALL ABOUT JOSHUA AND THE PROMISED LAND

Find the following words in the word search below.

S	S	T	E	L	H	A	S	L	L	A	W	E	M	S	M	R	E	S	V
Y	R	O	N	S	C	H	W	I	N	P	O	S	C	N	F	I	D	N	T
A	W	S	E	L	R	F	E	S	T	M	S	L	O	U	D	C	H	Q	Z
D	R	D	O	F	A	T	R	A	P	E	H	D	P	N	G	L	O	S	R
N	I	C	T	I	M	O	N	S	T	R	A	I	B	R	N	V	G	C	M
E	K	A	M	E	D	V	I	G	N	T	O	M	Y	O	I	W	N	I	S
V	H	S	B	U	L	S	O	H	B	Y	S	H	R	C	J	E	S	E	U
E	L	E	C	H	R	A	C	A	N	A	A	N	T	N	D	Y	S	H	R
S	P	R	K	N	E	C	K	L	C	E	C	O	O	K	A	B	G	T	W
C	L	O	U	R	P	N	K	H	R	A	R	I	H	P	U	R	P	L	S
S	T	E	P	M	U	R	T	S	R	Y	P	E	C	S	L	V	E	S	A
M	A	P	C	L	R	O	L	U	N	G	A	N	I	D	F	N	U	M	S
I	L	H	O	E	U	T	F	C	O	P	C	K	R	A	L	O	N	G	O
T	R	U	M	P	W	R	K	N	G	H	W	T	E	N	T	S	W	H	L
A	D	N	C	L	R	S	D	A	R	Y	S	B	J	L	R	U	E	L	D
S	P	I	E	S	E	Y	B	R	W	B	L	A	C	A	K	H	R	B	I
B	D	S	H	T	I	N	T	R	V	D	A	U	H	S	O	J	S	Y	E
T	N	E	W	O	C	N	W	O	D	L	L	A	F	S	L	L	A	W	R
S	P	B	G	U	S	F	R	M	G	T	B	N	G	I	N	Y	R	S	S
F	L	E	K	E	I	H	D	A	R	S	N	E	A	Q	S	E	O	H	K

Ark ☐	Priests ☐	Spies ☐
Canaan ☐	Rahab ☐	Trumpets ☐
Jericho ☐	Seven days ☐	Victory ☐
Joshua ☐	Shout ☐	Walls ☐
March ☐	Soldiers ☐	Walls fall down ☐

Joshua commanded the people, "Shout! For the Lord has given you the town! Jericho and everything in it must be completely destroyed as an offering to the Lord." JOSHUA 6:16-17 NLT

JUDGES IN THE BIBLE

Find the judges of Israel in the word search below.

P	N	T	O	I	H	Z	E	R	T	H	E	I	L	E	F	V	E	P	O
J	O	S	H	U	A	A	S	M	L	R	W	H	A	I	S	T	W	I	T
N	C	H	E	S	I	W	H	D	I	C	S	F	S	H	C	K	J	R	H
C	N	V	A	R	O	P	R	T	W	T	D	B	D	A	F	N	E	A	N
B	R	W	N	P	S	C	M	U	H	R	U	X	T	R	C	T	U	L	I
F	I	N	L	A	R	S	T	P	L	P	H	Y	U	G	L	D	E	S	E
O	N	R	E	Z	I	M	T	H	O	O	E	T	I	O	P	Q	G	A	L
F	T	O	P	B	W	O	I	B	S	L	D	J	O	S	H	E	U	P	N
N	U	L	Z	L	K	S	E	K	E	C	O	P	C	D	R	S	I	E	B
R	I	A	J	W	H	T	I	B	L	S	A	M	S	O	N	D	T	H	R
P	N	N	E	O	P	L	S	C	A	P	R	W	B	R	N	Y	E	I	C
B	R	K	G	I	S	R	O	H	Z	F	E	V	I	T	O	E	N	Y	T
C	L	R	S	C	H	E	S	M	E	D	R	W	R	L	E	H	U	F	N
T	H	M	B	N	A	H	A	R	O	B	E	D	A	B	D	O	N	I	L
W	E	A	L	S	H	V	M	E	H	C	E	L	E	M	I	B	A	S	W
L	K	S	Q	R	U	A	U	P	N	D	R	O	O	B	G	D	L	E	C
J	T	J	O	T	B	D	E	S	H	A	I	D	Z	N	T	H	M	J	O
N	O	L	E	R	I	T	L	Y	N	L	T	A	M	I	L	U	S	T	R
J	L	S	B	U	B	C	E	A	F	S	M	H	R	A	G	M	A	H	S
X	A	W	H	L	E	D	L	P	I	N	K	L	S	E	T	U	R	T	L

Abdon ☐
Abimelech ☐
Deborah ☐
Ehud ☐
Eli ☐
Elon ☐

Gideon ☐
Ibzan ☐
Jair ☐
Jephthah ☐
Joshua ☐

Othniel ☐
Samson ☐
Samuel ☐
Shamgar ☐
Tola ☐

In those days there was no king in Israel. Everyone did what was right in his own eyes. JUDGES 17:6 ESV

43

ALL ABOUT RUTH

Find the following words in the word search below.

S	M	E	C	T	H	R	E	S	H	I	N	G	F	L	O	O	R	N	Q
R	L	S	G	I	L	Y	R	M	A	T	H	W	V	N	G	A	T	U	S
B	M	U	B	R	E	M	E	E	D	E	R	N	A	M	S	N	I	K	L
D	W	A	N	M	O	H	G	R	T	W	H	I	S	A	F	S	H	I	E
N	O	S	H	Q	E	J	A	D	S	H	R	K	W	H	O	B	N	U	S
F	D	I	R	L	N	T	X	R	T	U	E	S	R	L	M	T	O	H	U
A	I	X	H	Z	O	R	A	S	V	N	I	G	P	N	T	U	R	I	A
N	G	T	F	N	U	N	L	E	T	E	H	M	A	S	C	N	D	Y	T
L	E	S	M	L	A	T	S	H	A	W	S	L	D	O	I	F	R	N	I
B	T	N	B	U	L	M	G	F	E	G	H	T	S	B	R	M	E	F	D
S	Q	D	U	I	A	D	S	L	Q	C	R	A	U	R	O	E	M	R	C
R	C	K	O	S	H	P	R	O	E	T	H	E	E	A	U	A	G	L	Y
B	A	S	C	L	Y	V	A	L	V	A	R	Y	B	T	H	N	Z	G	O
L	U	F	R	S	I	H	E	T	O	L	N	I	K	D	P	T	H	A	B
E	T	Y	A	D	P	M	N	K	I	J	T	P	R	O	B	N	L	I	E
L	S	R	I	T	I	O	O	L	F	E	M	H	A	P	R	O	U	T	D
T	I	S	M	L	E	S	K	A	S	Y	C	L	O	U	T	I	P	A	L
F	B	C	E	K	G	R	N	S	N	D	W	T	E	R	A	L	V	T	O
T	P	A	L	J	T	E	H	W	M	H	C	U	A	D	J	I	S	L	I
Z	X	W	A	C	T	U	L	A	K	E	B	L	P	O	D	K	M	R	E

Bethlehem ☐
Boaz ☐
David ☐
Elimelech ☐
Glean ☐
Harvest ☐
Jesse ☐
Kilion ☐
Kinsman-redeemer ☐
Mahlon ☐
Moabitess ☐
Naomi ☐
Obed ☐
Orpah ☐
Threshing floor ☐

But Ruth replied, "Don't urge me to leave you or to turn back from you. Where you go I will go, and where you stay I will stay. Your people will be my people and your God my God." RUTH 1:16 NIV

HANNAH'S PRAYER

Find the words in **bold** in the word search below.

I	F	T	Y	A	G	O	V	R	B	E	T	A	N	Y	D	G	R	N	E
P	R	C	F	T	T	R	A	E	H	I	D	W	R	M	B	T	L	K	S
M	S	H	R	M	B	O	P	J	R	O	N	S	K	I	S	L	V	E	R
F	R	V	S	K	N	T	I	O	C	T	L	I	M	W	T	N	R	T	D
P	S	C	A	D	W	H	T	I	U	L	K	Y	P	O	N	D	V	B	E
D	T	O	R	S	H	R	D	C	W	D	O	U	L	R	E	N	X	P	R
E	I	M	N	T	P	E	V	E	E	F	W	R	K	L	F	N	L	C	A
L	L	V	E	W	H	I	G	S	L	R	N	E	I	T	S	G	D	O	O
I	D	S	A	U	R	A	T	D	T	I	W	V	O	N	R	L	Y	K	W
G	A	L	T	I	F	S	E	T	G	H	E	G	N	A	U	H	C	L	R
H	C	M	P	E	T	O	W	Y	Q	R	D	F	R	T	S	O	E	W	K
T	Y	E	H	I	A	H	U	J	A	C	N	S	I	A	R	R	N	L	S
R	F	L	U	T	D	O	G	N	X	T	L	Y	C	H	L	N	A	R	T
P	T	C	H	P	C	K	C	E	D	S	W	N	D	B	G	R	E	G	N
C	W	E	X	S	T	E	E	F	T	A	U	M	P	G	O	I	U	N	A
M	D	O	D	R	C	L	Y	C	N	C	T	D	E	A	R	T	H	O	V
B	T	C	R	V	R	Y	I	T	R	S	T	I	P	U	N	G	L	E	R
L	V	E	A	L	X	C	P	E	A	V	E	S	O	L	R	S	I	A	E
N	T	I	U	Z	D	X	B	S	D	R	W	B	E	N	T	O	V	R	S
T	C	L	G	F	A	I	T	H	F	U	L	H	L	I	S	N	G	O	D

*Then Hannah prayed and said: "My **heart rejoices** in the LORD; in the LORD my **horn** is lifted **high**. My mouth boasts over my enemies, for I **delight** in Your **deliverance**. There is no one **holy** like the LORD; there is no one besides You; there is no **Rock** like our **God**. For the **foundations** of the **earth** are the LORD's; on them He has set the **world**. He will **guard** the **feet** of His **faithful servants**, but the wicked will be silenced in the place of darkness."* 1 SAMUEL 2:1-2, 8-9 NIV

And in due time she gave birth to a son. She named him Samuel, for she said, "I asked the LORD for him." 1 SAMUEL 1:20 NLT

ALL ABOUT SAMUEL

Find the words listed below in the word search.
Then find the following phrase 3 times: SPEAK LORD.

P	M	O	R	E	A	P	R	A	Y	E	R	F	U	L	H	R	E	N	C
C	H	S	T	H	G	S	K	N	G	H	T	I	S	P	T	S	D	F	E
W	R	F	A	I	N	D	W	H	D	S	Y	H	K	E	E	H	S	P	N
I	F	L	S	U	P	E	U	D	P	R	E	X	U	A	H	S	P	T	D
S	V	E	M	F	R	O	M	J	Y	S	L	F	B	C	U	T	E	D	I
G	D	Q	Z	X	J	M	R	I	A	B	G	T	O	L	E	I	A	V	Y
O	I	N	S	T	A	H	A	N	N	A	H	Y	U	F	T	V	K	M	L
K	P	W	R	K	N	G	J	S	T	U	S	W	M	N	I	G	L	G	O
D	J	X	S	W	Y	S	O	M	N	Y	J	U	G	D	S	P	O	S	B
R	Z	A	N	M	F	C	E	A	I	M	S	O	T	R	E	D	R	F	E
O	U	C	L	E	A	U	P	U	R	K	A	C	D	M	N	A	D	N	D
L	W	R	D	S	C	T	R	T	S	E	I	R	P	H	S	E	G	R	I
K	I	Y	C	R	K	E	N	G	A	E	O	N	C	I	T	A	H	I	E
A	L	S	T	N	G	H	O	N	U	L	R	G	B	N	C	N	B	R	N
E	F	A	Y	M	T	P	H	W	K	K	Q	J	I	O	H	L	V	E	T
P	G	M	N	D	I	O	K	A	X	A	Z	O	S	G	N	I	B	L	N
S	L	S	A	E	D	R	E	T	Y	N	N	W	A	I	L	E	S	V	E
I	F	E	I	N	A	P	S	Y	A	A	B	T	U	W	E	M	K	E	L
T	R	O	H	G	S	U	J	S	T	H	R	S	I	V	N	F	T	H	R
G	N	I	K	H	E	W	L	C	R	Y	A	U	W	E	H	W	L	K	N

- Anointed ☐
- David ☐
- Eli ☐
- Elkanah ☐
- Hannah ☐
- Judge ☐
- King ☐
- Obedient ☐
- Prayerful ☐
- Priest ☐
- Prophet ☐
- Saul ☐

And Samuel grew, and the Lord was with him and let none of his words fall to the ground. And all Israel from Dan to Beersheba knew that Samuel was established as a prophet of the Lord. 1 SAMUEL 3:19-20 ESV

Did you know? Samuel was a prophet. He anointed the first two kings of Israel and he was the last in the line of Israel's judges.

SING TO THE LORD

46

Find the words in **bold** in the word search below.

K	L	N	I	K	D	R	E	T	H	S	D	C	M	B	R	P	O	S	C
A	P	E	F	N	U	T	X	U	R	E	A	R	Y	C	L	I	N	F	R
Q	U	A	E	G	R	N	L	V	N	D	C	O	L	A	K	D	A	L	G
X	E	P	N	S	V	E	M	R	K	A	S	B	C	R	H	U	B	N	A
R	T	Y	W	L	C	O	T	N	A	I	N	D	O	L	D	N	I	G	S
M	G	I	R	A	L	M	N	S	T	E	R	C	L	R	S	S	E	A	B
L	N	D	T	E	H	Y	L	S	A	Y	T	H	I	D	B	T	I	F	N
U	S	L	Y	U	J	R	P	W	R	K	I	N	G	C	H	E	Y	B	E
T	M	I	A	L	C	O	R	P	D	W	S	T	P	O	F	P	N	C	L
S	W	T	E	A	R	L	I	L	N	G	E	R	D	L	E	A	W	I	H
I	R	A	S	C	M	G	P	C	X	T	A	Y	E	N	I	R	S	M	D
D	G	P	N	L	C	R	T	O	E	N	C	L	U	O	T	C	L	D	H
N	E	R	V	S	O	S	U	T	A	D	I	N	T	S	E	R	O	F	C
F	I	N	L	Y	N	D	T	E	L	K	E	H	A	G	D	C	H	O	I
Y	V	A	R	E	A	I	O	S	N	P	R	F	C	Y	T	S	R	A	J
U	T	I	V	S	D	L	E	I	F	T	L	N	E	T	H	E	G	N	S
O	A	A	Q	B	L	C	K	A	O	U	S	K	N	I	M	T	A	Y	B
S	E	E	R	T	P	U	L	R	E	H	R	D	E	C	L	A	R	E	H
H	R	P	O	B	A	B	Y	P	T	I	C	K	R	L	I	B	J	O	Y
Z	G	X	Q	S	U	O	L	E	V	R	A	M	S	H	N	E	G	T	W

***Sing** to the LORD, all the earth; **proclaim** His salvation day after day. **Declare** His **glory** among the nations, His **marvelous** deeds among all peoples. For **great** is the LORD and most **worthy** of praise; He is to be feared above all gods. Let the **heavens** be **glad**, and the earth **rejoice**! Tell all the nations, "The LORD reigns!" Let the **sea** and everything in it shout His **praise**! Let the **fields** and their **crops** burst out with **joy**! Let the **trees** of the **forest** sing for joy before the LORD, for He is coming to judge the earth.* 1 CHRONICLES 16:25, 31-33

47

KINGS OF ISRAEL

The kings of Israel are listed below. Find the names in the word search. Then find the word KING 10 times.

K	L	C	M	E	J	B	C	K	J	S	T	H	I	Q	U	A	R	T	R	M	L	I	O	N
I	R	T	P	I	E	T	O	F	I	D	G	L	R	G	H	T	C	B	L	T	U	N	C	G
N	H	S	T	Y	R	U	M	E	T	L	N	F	N	T	E	L	Y	G	E	C	V	D	F	N
G	D	G	I	H	O	S	H	A	A	Y	I	P	C	B	W	M	N	S	K	T	C	H	E	I
H	U	E	V	M	B	M	E	H	N	U	K	R	D	W	L	N	A	I	R	B	A	Y	R	K
P	R	W	D	T	O	H	R	M	R	A	E	T	R	L	C	G	N	F	O	U	B	W	N	I
Q	E	O	H	U	A	U	K	I	N	L	D	Y	A	S	N	G	H	B	E	S	F	N	E	L
X	J	K	Z	E	M	R	O	P	T	H	I	H	N	T	F	V	E	A	Z	B	A	D	A	N
R	B	I	A	S	R	H	T	I	Z	P	S	N	B	T	R	A	N	H	A	S	P	R	E	T
Z	N	N	R	H	Z	O	U	A	R	L	C	A	H	U	P	T	E	A	E	H	S	A	R	P
W	R	G	T	O	I	N	H	S	F	I	T	R	O	S	W	C	S	T	C	L	D	O	Y	A
U	S	P	A	P	G	A	D	R	W	O	N	W	L	J	E	H	O	A	H	A	Z	B	F	E
F	V	T	Y	S	N	E	H	A	K	E	P	V	N	H	A	I	Z	A	H	A	K	P	S	H
R	M	N	I	A	I	N	H	P	E	F	L	U	O	A	M	T	R	W	T	H	P	N	D	S
N	B	A	O	R	K	I	N	G	A	L	W	U	J	H	D	N	K	O	U	S	E	M	C	O
A	U	M	T	N	V	B	S	I	R	E	S	T	E	C	R	O	I	W	T	H	I	S	O	H
S	L	P	U	E	I	N	G	B	M	A	R	O	H	E	J	E	N	U	Y	T	N	D	L	E
C	A	S	L	L	A	C	I	M	S	U	C	I	U	Z	L	S	G	N	C	R	A	F	U	Y
L	M	N	G	T	L	R	L	E	X	A	H	R	E	A	T	B	V	E	R	I	B	E	R	A
G	E	T	H	R	U	A	N	T	H	O	G	N	G	N	P	V	R	G	I	R	V	U	P	N
N	H	R	A	E	L	A	H	G	E	M	N	P	H	M	E	H	A	N	E	M	I	D	L	E
I	N	G	I	R	S	I	T	S	R	S	I	O	P	E	K	O	P	L	R	I	N	B	I	T
K	M	E	D	Y	A	I	Q	U	T	J	K	E	U	P	A	W	T	H	G	Z	U	Y	S	H
I	O	R	E	T	N	A	J	S	A	N	M	B	R	M	H	R	E	C	M	I	O	C	G	V
Z	E	C	H	A	R	I	A	H	S	T	R	N	G	O	Y	D	N	T	L	E	G	N	I	K

Ahab ☐
Ahaziah ☐
Baasha ☐
Elah ☐
Hoshea ☐
Jehoahaz ☐
Jehoram ☐
Jehu ☐
Jeroboam ☐
Joash ☐
Menahem ☐
Nadab ☐
Omri ☐
Pekah ☐
Pekahiah ☐
Shallum ☐
Tibni ☐
Zechariah ☐
Zimri ☐

"We want a king over us. Then we will be like all the other nations." 1 SAMUEL 8:19-20 NIV

KINGS OF JUDAH

The kings of Judah are listed below. Find the names in the word search.

A	N	G	S	I	F	J	U	D	A	B	G	T	P	I	W	R	O	K	H
S	W	R	N	T	A	T	H	M	O	H	E	J	A	S	O	U	D	E	M
A	R	O	S	W	R	E	A	N	V	M	A	O	B	O	H	E	R	Z	Q
Y	U	T	H	M	T	N	S	W	H	E	R	Z	C	J	A	N	T	R	L
N	D	N	T	F	A	R	G	T	O	I	G	T	P	O	I	W	A	T	F
I	H	E	Y	S	H	W	A	S	D	N	J	S	T	A	K	F	N	E	Z
H	T	L	S	J	P	U	R	F	I	E	N	R	D	S	E	M	V	O	E
C	A	E	Z	X	A	N	T	S	P	O	L	U	M	H	Z	N	L	S	D
A	H	Q	J	E	H	O	R	A	M	A	T	O	B	L	E	A	D	R	E
I	R	M	A	T	S	B	C	K	H	B	L	D	E	R	H	O	E	V	K
O	L	K	A	S	O	G	D	A	S	A	D	Y	I	M	T	H	U	Z	I
H	E	Z	E	K	H	I	A	H	B	R	Z	K	S	E	A	E	F	A	A
E	H	T	O	L	E	B	R	M	I	K	A	I	O	H	E	J	I	H	H
J	E	V	R	G	J	H	T	N	G	O	L	E	A	D	R	G	N	A	T
H	W	A	N	T	A	I	B	C	H	A	I	L	A	H	T	A	S	O	A
M	T	R	S	I	E	W	V	G	T	N	G	O	E	R	Z	X	A	H	B
Q	U	Z	Z	I	A	H	Z	S	O	C	A	U	B	N	G	Z	T	E	I
J	K	A	B	T	R	M	T	H	F	I	R	O	L	I	S	H	E	J	J
D	M	R	E	V	Y	A	O	V	Y	E	A	J	O	S	I	A	H	A	A
A	R	A	M	H	F	S	H	N	L	F	I	J	O	T	H	A	M	Y	H

- Abijah ☐
- Ahaz ☐
- Ahaziah ☐
- Amaziah ☐
- Amon ☐
- Asa ☐
- Athaliah ☐
- Hezekiah ☐
- Jehoahaz ☐
- Jehoiachin ☐
- Jehoiakim ☐
- Jehoram ☐
- Jehoshaphat ☐
- Joash ☐
- Josiah ☐
- Jotham ☐
- Manasseh ☐
- Rehoboam ☐
- Uzziah ☐
- Zedekiah ☐

At just the right time Christ will be revealed from heaven by the blessed and only almighty God, the King of all kings and Lord of all lords. He alone can never die, and He lives in light so brilliant that no human can approach Him. 1 TIMOTHY 6:15-16 NLT

KINGS OF OTHER NATIONS

Find these kings mentioned in the Bible.

S	V	N	E	M	N	L	D	X	A	I	E	S	F	R	S	R	U	G	W
R	L	E	U	W	R	E	S	E	N	L	I	P	H	T	A	G	L	I	T
N	I	T	O	F	V	D	C	R	R	M	E	A	P	R	T	Y	H	U	R
W	R	L	D	W	A	N	A	X	S	T	I	C	S	U	L	K	P	C	S
Q	X	E	R	X	E	S	H	E	O	J	F	S	D	H	R	U	E	L	T
T	O	R	P	H	Y	W	V	U	Y	U	O	A	E	S	L	K	P	B	Y
B	R	B	R	I	S	H	I	S	R	T	D	S	M	T	Y	H	E	L	I
L	K	E	A	E	G	E	R	L	D	A	C	L	S	H	H	D	O	A	S
S	O	T	Z	U	N	R	N	T	H	B	M	G	I	E	C	L	G	K	R
H	W	C	Z	S	D	E	S	N	E	P	U	L	U	N	D	B	R	C	R
N	T	F	E	A	L	K	E	T	A	H	S	P	R	S	U	D	A	E	H
E	D	I	N	N	S	B	K	O	R	C	N	M	A	T	B	I	S	F	Y
R	L	L	D	O	E	T	L	G	I	L	H	N	G	H	E	E	T	S	K
F	T	S	A	R	G	O	N	E	R	C	K	E	S	D	N	O	M	G	H
B	U	R	H	T	N	A	H	T	A	W	T	H	R	A	E	X	O	P	O
H	E	A	C	Y	E	N	S	O	C	Z	E	B	M	I	C	L	A	Z	X
J	L	V	U	Q	I	S	H	T	N	H	A	L	O	H	B	V	E	O	S
R	S	O	B	Z	E	P	O	P	L	E	A	H	C	M	E	H	T	A	E
Z	Q	V	E	W	H	R	S	I	V	H	K	A	H	S	I	H	S	C	H
X	J	R	N	O	V	L	E	H	S	A	O	H	K	I	A	C	H	I	N

Ben-Hadad ☐
Huram ☐
Hazael ☐
Nebuchadnezzar ☐
Neco ☐
Rezin ☐
Sargon ☐
Sennacherib ☐
Shalmaneser ☐
Shishak ☐
Tilgath-Pilneser ☐
Xerxes ☐

Did you know? Nebuchadnezzer is considered the greatest king of the Babylonian empire. It was under his reign that Judah was conquered and Jerusalem and the temple completely destroyed.

OTHER NATIONS AND PEOPLE GROUPS

The Israelites were involved in many battles with other nations.
Find these people groups mentioned in the Bible.

M	Y	A	G	U	S	H	A	M	A	L	E	K	I	T	E	S	T	P	R
O	W	T	R	C	L	O	U	R	M	B	L	C	K	I	N	E	D	S	N
A	S	R	F	U	G	R	M	B	S	T	C	H	P	A	G	S	M	E	T
B	A	C	Y	L	R	I	G	U	L	O	B	V	S	O	U	I	L	Y	O
I	S	N	A	I	T	P	S	G	S	E	N	I	T	S	I	L	I	H	P
T	B	N	C	U	H	O	F	T	K	U	F	A	N	D	N	T	U	S	E
E	A	Y	O	T	S	G	R	U	I	M	B	C	K	E	K	E	S	T	C
S	C	R	A	M	E	T	H	I	T	T	I	T	E	S	A	L	I	N	O
V	D	I	E	O	T	S	U	A	E	P	L	E	I	S	W	R	K	W	I
P	A	M	O	R	I	T	E	S	S	H	W	O	N	E	G	L	V	E	T
E	R	I	S	N	V	A	L	S	Y	N	B	U	D	T	N	I	G	O	P
S	Q	D	Y	E	I	R	S	Y	O	P	S	E	T	I	N	O	M	M	A
N	U	I	A	Q	H	U	E	R	C	A	C	I	Y	M	P	A	T	I	E
A	T	A	B	G	F	A	B	I	S	L	V	E	B	O	C	G	R	N	D
E	Y	N	G	C	A	N	A	A	N	I	T	E	S	D	T	L	E	O	P
D	S	I	O	Y	H	Q	L	N	U	Y	V	R	A	E	N	P	U	Q	M
L	B	T	R	S	E	T	I	S	U	B	E	J	F	L	S	H	T	N	E
A	U	E	H	A	T	H	K	P	E	S	P	A	I	T	N	W	E	F	D
H	L	S	D	R	Y	I	T	G	A	R	D	N	E	H	W	A	Y	U	E
C	A	C	P	E	G	Y	P	T	I	A	N	S	R	Y	B	G	R	D	S

- Amalekites ☐
- Ammonites ☐
- Amorites ☐
- Assyrians ☐
- Canaanites ☐
- Chaldeans ☐
- Edomites ☐
- Egyptians ☐
- Hittites ☐
- Hivites ☐
- Jebusites ☐
- Medes ☐
- Midianites ☐
- Moabites ☐
- Philistines ☐

"When you go out to war against your enemies, and see horses and chariots and an army larger than your own, you shall not be afraid of them, for the LORD *your God is with you, who brought you up out of the land of Egypt."* DEUTERONOMY 20:1 ESV

DAVID AND GOLIATH

In the word search below find the following key words about David and Goliath.

T	R	U	Y	S	D	F	I	N	T	R	M	E	D	M	U	S	D	T	H
F	L	M	D	A	W	E	N	S	E	N	I	T	S	I	L	I	H	P	A
S	E	P	N	C	I	L	C	O	R	O	U	A	D	G	E	C	N	V	D
T	S	W	H	M	S	Y	I	G	M	A	I	R	E	E	P	F	V	R	T
M	T	U	G	O	N	E	P	S	D	R	E	H	P	E	H	S	I	O	E
E	O	F	R	T	H	W	M	P	R	O	M	L	T	S	R	M	R	Y	A
C	N	B	A	N	R	C	E	H	S	I	N	T	I	R	N	E	T	G	D
O	E	G	R	D	E	N	B	U	R	T	E	L	T	T	A	B	M	C	H
M	S	I	T	P	O	U	C	H	A	P	D	R	O	F	E	W	H	R	E
S	A	C	W	R	K	L	E	D	O	B	E	S	M	A	Y	S	E	X	T
M	X	U	S	C	E	U	I	K	N	U	T	P	C	R	T	L	A	W	N
N	N	I	L	E	V	A	J	E	R	T	A	H	Y	B	R	I	L	A	I
G	B	L	T	Q	X	S	C	K	S	I	E	N	R	G	A	N	T	V	E
T	S	P	C	N	J	G	A	W	F	R	F	A	U	L	T	G	X	U	R
H	H	V	G	I	A	N	H	A	T	X	E	T	R	E	D	P	I	H	L
N	B	R	W	N	O	I	D	W	L	P	D	H	A	L	F	E	T	S	U
I	M	S	I	F	R	K	G	M	S	A	I	O	T	N	U	N	D	R	T
G	Q	T	U	E	P	A	T	C	N	I	H	N	F	O	C	L	U	J	S
T	H	F	D	P	T	H	L	I	R	D	A	E	H	E	R	O	F	B	R
D	R	O	W	S	R	U	X	T	E	V	R	S	R	P	L	B	T	S	C

Battle ☐
Brothers ☐
Defeated ☐
Forehead ☐
Giant ☐

Israelites ☐
Javelin ☐
King Saul ☐
Philistines ☐
Pouch ☐

Shepherd ☐
Sling ☐
Spear ☐
Stones ☐
Sword ☐

"All those gathered here will know that it is not by sword or spear that the Lord saves; for the battle is the Lord's, and He will give all of you into our hands." 1 SAMUEL 17:47 NIV

MIGHTY MEN OF DAVID

Find some of the names of David's mighty men in the word search below.

S	H	A	M	M	A	H	U	R	I	S	Q	C	I	A	R	A	A	P	T
U	K	S	N	W	O	E	T	H	W	K	E	N	V	E	L	Y	E	R	J
B	N	A	I	S	U	L	B	F	R	O	S	G	N	O	I	P	I	A	N
M	A	R	K	R	I	E	R	U	H	S	P	E	F	C	T	V	S	E	L
S	L	G	H	T	L	A	D	I	N	A	Y	E	D	L	E	H	F	T	R
A	D	B	T	O	F	H	R	E	P	D	T	H	L	C	O	K	E	M	G
C	H	N	G	E	T	Z	I	A	H	N	G	S	U	B	P	A	L	I	T
T	A	H	P	A	H	S	O	J	H	X	H	Q	E	U	M	P	H	M	K
W	R	N	G	T	P	A	H	E	A	A	R	A	Z	A	E	L	E	S	A
B	G	R	O	U	J	C	L	K	I	Z	M	J	N	D	C	O	A	D	W
N	V	E	A	R	T	E	N	C	R	J	T	Q	U	A	P	N	T	M	E
A	C	R	Y	L	D	L	I	S	U	O	L	F	E	S	N	B	R	S	K
N	N	J	T	E	Y	O	X	E	I	S	B	C	K	O	T	U	P	E	E
A	H	I	C	B	T	U	S	M	L	H	L	I	R	E	A	S	O	R	L
H	A	U	M	E	B	L	J	O	N	A	T	H	A	N	W	T	I	H	E
L	V	T	R	N	K	S	T	C	R	V	U	A	D	H	I	N	K	P	Z
E	Y	B	N	A	M	P	R	O	N	I	T	H	A	U	S	L	S	W	K
I	A	H	T	I	I	V	A	R	I	A	E	Y	L	E	A	I	D	E	J
U	P	L	D	A	O	N	G	O	R	H	I	N	S	T	G	R	B	M	A
U	R	I	E	H	C	B	S	U	A	D	N	E	K	L	T	N	C	A	C

Abishai ☐
Adina ☐
Benaiah ☐
Eleazar ☐
Elhanan ☐
Hanan ☐
Heled ☐

Hurai ☐
Ira ☐
Ithai ☐
Jashobeam ☐
Jediael ☐
Jeiel ☐
Jonathan ☐

Joshaphat ☐
Joshaviah ☐
Maharai ☐
Paarai ☐
Shammah ☐
Uriah ☐
Zelek ☐

Did you know? King David had a group of men known as "the thirty chiefs" or "the Thirty". They were the toughest warriors he had in his army and they accomplished mighty feats.

DAVID'S CHILDREN

David had many wives, concubines and children.
Find the names of David's children mentioned in the Bible.

A	K	R	N	M	A	R	E	K	S	B	T	H	Y	N	P	E	S	I	N
S	B	A	C	W	S	E	I	D	V	N	M	O	L	O	S	W	D	H	T
B	C	S	S	H	O	B	A	F	M	H	A	J	I	N	O	D	A	W	K
U	F	O	A	K	V	L	N	G	H	R	E	P	K	M	C	L	B	N	O
Q	X	G	J	L	I	F	Y	U	V	E	A	D	I	A	S	G	M	U	I
Z	O	D	F	N	O	M	O	L	O	S	F	N	O	N	K	A	T	C	E
N	U	T	A	S	Y	M	R	G	A	L	A	N	G	A	E	M	I	H	S
A	E	V	R	Y	T	H	N	A	S	T	G	S	T	R	B	D	O	U	T
T	C	L	B	O	S	U	T	E	H	K	L	I	H	L	W	S	Y	L	R
H	L	S	T	P	R	S	O	A	I	B	N	T	A	Y	D	R	A	K	E
H	W	I	E	D	K	D	N	A	M	W	I	T	H	R	E	M	N	L	I
A	R	E	V	L	S	C	K	L	A	B	N	O	L	U	F	T	I	F	O
I	T	K	A	G	N	I	O	V	T	R	C	M	I	O	N	P	G	P	N
T	E	L	E	P	I	E	R	A	T	E	E	L	I	S	H	A	M	A	T
A	W	Y	L	S	O	C	D	A	L	M	N	T	F	E	O	H	T	L	A
H	G	R	C	E	N	A	O	T	M	C	R	A	L	Y	L	W	O	S	T
P	C	H	O	I	I	C	N	D	F	A	L	E	X	I	B	T	Y	I	R
E	L	I	S	L	H	N	M	A	K	C	T	P	T	N	Y	A	R	C	S
H	M	T	E	A	C	I	A	R	D	E	S	H	O	B	A	B	T	N	E
S	G	C	P	O	N	G	A	D	R	I	E	R	W	S	W	R	B	Y	O

Absalom ☐
Adonijah ☐
Amnon ☐
Daniel ☐
Eliada ☐
Eliphelet ☐

Elishama ☐
Ibhar ☐
Ithream ☐
Nathan ☐
Nogah ☐

Solomon ☐
Shephatiah ☐
Shimea ☐
Shobab ☐
Tamar ☐

Did you know? Tamar is David's only daughter mentioned by name in the Bible.

DAVID AND JONATHAN

David and Jonathan were best friends. Find the following words that describe a good friend in the word search below. Then find the word FRIENDSHIP 3 times.

L	N	G	F	D	L	W	O	Y	L	N	I	S	E	P	S	T	I	M	A
R	S	D	N	E	I	R	F	U	T	X	R	O	M	T	B	A	L	E	G
E	N	M	V	P	M	N	T	P	D	O	A	Y	T	I	M	M	O	C	K
F	L	U	R	E	B	I	E	A	T	S	N	I	U	R	E	T	Y	V	I
R	T	A	B	N	O	C	X	I	O	U	B	T	W	H	I	S	A	T	N
I	U	E	L	D	C	V	K	B	T	E	C	J	O	D	R	P	L	K	D
E	K	T	B	A	R	T	H	G	N	I	T	P	E	C	C	A	F	N	D
N	H	E	Y	B	O	W	L	C	M	E	O	T	N	H	E	R	V	I	E
D	S	U	B	L	R	F	T	E	N	Z	T	A	M	R	G	N	T	L	O
S	F	R	I	E	N	W	S	V	D	I	S	N	V	I	G	R	O	F	T
H	P	W	L	V	P	T	E	F	M	E	T	L	A	S	N	G	D	R	P
I	I	A	T	R	D	L	N	M	E	G	B	I	H	W	I	O	N	T	C
P	H	V	Y	H	T	R	O	W	T	S	U	R	T	Z	V	D	L	I	U
I	S	A	R	M	A	C	H	V	U	L	T	P	A	T	I	E	N	T	O
P	D	I	M	N	T	Q	S	T	I	E	N	C	V	U	G	R	I	O	S
O	N	L	O	V	E	N	O	X	I	N	S	O	A	S	R	O	P	A	Q
T	E	A	G	U	S	T	R	E	D	M	G	F	I	V	O	L	E	U	G
B	I	B	W	N	A	P	I	H	S	D	N	E	I	R	F	T	P	A	I
M	R	L	M	A	N	E	K	A	T	E	L	I	A	H	W	R	E	T	W
F	F	E	A	R	O	T	I	V	B	R	A	N	B	T	S	G	U	A	C

Accepting ☐	Forgiving ☐	Loving ☐
Available ☐	Friends ☐	Loyal ☐
Committed ☐	Honest ☐	Patient ☐
Dependable ☐	Kind ☐	Trustworthy ☐

Did you know? David was Jonathan's brother-in-law because he was married to Jonathan's sister, Michal.

55

ALL ABOUT QUEEN ESTHER

Find these words in the word search below.

G	L	D	A	M	Z	I	G	N	O	R	A	G	N	E	B	L	C	R	T
S	V	N	E	C	L	R	T	H	W	L	E	T	H	G	F	R	A	B	L
N	E	W	T	R	T	P	A	F	R	P	U	S	I	N	U	O	H	T	D
P	R	T	Y	S	M	I	L	C	O	I	C	M	R	K	P	A	C	B	K
K	C	S	I	G	N	E	T	R	P	A	L	S	N	J	G	I	A	G	A
J	E	W	S	T	Y	N	D	G	U	G	N	I	R	T	E	N	G	I	S
Q	Z	O	C	H	L	O	U	H	D	A	E	F	M	O	Q	D	Y	U	O
J	X	L	N	O	R	F	I	L	O	L	P	T	N	U	R	P	L	C	M
S	N	L	G	T	J	B	O	D	N	L	E	C	E	M	O	R	D	E	C
H	B	A	N	Q	U	A	R	L	I	O	U	T	C	I	D	E	K	C	Q
W	L	G	M	L	G	H	T	F	A	D	S	O	H	R	U	H	M	R	K
H	N	D	R	A	U	D	B	L	E	N	R	P	S	U	S	V	N	T	Y
T	W	V	A	S	H	T	I	O	I	D	L	E	L	P	R	S	K	C	H
V	D	E	O	C	N	D	L	Y	A	N	X	T	P	A	E	R	G	N	M
I	N	V	I	D	U	A	V	B	C	R	C	H	B	R	S	H	U	C	H
S	L	D	A	S	T	E	M	D	E	T	N	E	L	G	I	T	S	E	T
T	K	E	L	B	O	U	A	X	D	I	R	M	A	C	R	B	L	N	D
H	W	O	F	T	N	A	I	S	R	E	P	F	T	A	H	E	R	I	G
B	G	I	S	U	E	D	P	E	O	N	D	N	E	E	U	Q	A	W	T
W	T	R	F	I	V	R	Y	S	M	U	R	P	S	T	H	M	B	N	L

Banquet ☐
Edict ☐
Gallows ☐
Haman ☐
Jews ☐
Mordecai ☐
Persia ☐
Purim ☐
Queen ☐
Signet ring ☐
Vashti ☐
Xerxes ☐

"For if you remain silent at this time, relief and deliverance for the Jews will arise from another place, but you and your father's family will perish. And who knows but that you have come to your royal position for such a time as this?" ESTHER 4:14 NIV

GOD QUESTIONS JOB

56

In Job 38 God reminds Job about His righteousness and almighty power through a series of questions. Find the words in **bold** in the word search below.

W	H	K	N	W	S	R	D	E	O	H	R	S	H	L	E	F	T	I	S
S	P	E	Y	D	B	L	S	L	I	D	O	N	F	D	I	V	S	N	T
C	L	T	H	N	G	S	C	A	L	S	E	P	R	N	A	T	O	E	D
O	H	S	U	M	R	A	K	S	R	E	T	D	S	G	I	W	R	L	V
L	V	F	R	O	Z	N	E	A	B	N	O	C	P	M	R	A	F	K	S
A	O	Y	L	E	U	B	R	K	E	S	F	L	T	Y	A	T	U	C	H
S	Q	U	I	A	T	S	H	Y	B	T	R	E	F	I	S	E	M	P	T
D	L	T	A	F	G	A	U	R	E	W	O	S	T	N	H	S	G	B	E
T	E	R	H	I	B	L	W	A	S	N	G	I	A	P	N	R	A	I	M
N	O	G	D	F	R	A	I	J	S	T	U	N	R	T	H	D	P	G	E
S	T	A	V	G	N	I	N	T	H	G	I	L	P	O	E	R	C	S	M
X	P	W	E	R	C	E	D	I	T	N	K	A	H	W	T	S	U	I	B
J	D	G	N	I	F	U	S	D	R	W	N	I	G	H	I	E	R	C	O
L	O	U	R	B	R	I	N	A	P	H	I	H	N	T	E	G	S	P	N
S	K	T	C	H	O	K	S	B	X	P	E	R	M	I	L	R	N	E	A
C	R	Z	J	T	Z	G	H	L	I	M	C	P	T	D	A	O	H	U	C
B	L	Y	N	D	E	C	I	G	C	H	S	L	E	B	U	R	L	T	N
V	R	Y	H	L	N	P	F	L	U	C	R	A	T	N	E	G	S	B	I
F	T	O	U	A	C	L	R	P	I	T	E	S	D	O	P	U	H	T	S
Q	X	Z	S	T	I	G	T	O	B	Y	U	L	O	B	A	N	B	I	W

"Have you entered the storehouses of the ***snow*** *or seen the storehouses of the* ***hail****, which I reserve for times of trouble, for days of war and battle? What is the way to the place where the* ***lightning*** *is dispersed, or the place where the east* ***winds*** *are scattered over the earth? Does the* ***rain*** *have a father? Who fathers the drops of* ***dew****? From whose womb comes the* ***ice****? Who gives birth to the* ***frost*** *from the heavens when the* ***waters*** *become hard as stone, when the surface of the deep is* ***frozen****?"* JOB 38:22-24, 28-30 NIV

57

WHO WROTE THE BOOK OF PSALMS?

In the word search below find the names of people who wrote the Psalms.
Then find the word PSALMS hidden 10 times in the word search.

P	I	N	T	P	H	R	E	S	M	L	A	S	P	Y	E	L	K	S	P
S	K	E	O	A	D	W	S	O	N	S	O	F	K	O	R	H	F	S	E
A	R	T	K	S	N	E	T	L	C	H	T	A	N	E	T	I	A	G	K
L	H	M	U	N	B	G	P	O	A	D	E	S	G	I	N	L	D	Y	O
M	A	S	A	O	S	E	C	M	P	T	L	P	N	K	M	L	W	I	H
S	J	M	D	R	K	R	V	N	S	A	U	B	L	S	U	I	O	N	T
X	E	P	O	B	A	L	Y	O	A	W	L	H	E	R	M	A	M	G	H
H	L	Z	N	H	S	T	R	G	L	I	P	M	T	N	G	P	O	T	A
B	R	W	N	A	I	R	H	B	M	A	L	G	H	S	N	U	A	N	C
X	V	O	R	G	N	A	L	N	S	O	H	U	L	D	R	S	M	K	R
T	N	E	S	O	G	D	F	A	R	M	B	S	H	U	L	O	P	S	T
W	I	R	F	U	S	K	N	H	I	T	L	G	S	H	S	N	A	D	E
E	Y	S	H	D	W	B	L	T	U	S	H	A	W	E	R	S	M	U	P
P	N	K	C	I	R	C	S	E	H	R	T	E	S	C	U	O	N	C	S
S	W	I	E	S	F	A	P	U	L	H	I	S	H	P	N	F	S	E	A
A	S	E	N	O	M	O	L	O	S	P	W	R	F	U	L	K	M	C	L
L	N	F	I	D	N	T	E	H	D	A	V	I	D	N	S	O	L	D	M
M	O	S	M	L	A	S	P	C	S	U	O	N	T	P	E	R	A	O	S
S	Q	H	R	T	E	I	N	B	A	C	G	K	R	O	U	A	S	N	L
X	J	W	O	G	N	C	P	S	A	L	M	S	E	D	N	H	P	K	Y

Asaph ☐
David ☐
Ethan ☐
Heman ☐
Moses ☐
Solomon ☐
Sons of Korah ☐

You turned my wailing into dancing; You removed my sackcloth and clothed me with joy, that my heart may sing Your praises and not be silent. LORD *my God, I will praise You forever.* PSALM 30:11-12 NIV

Did you know? Most of the psalms were written by David (75 are attributed to him) and the rest were written by the above authors with some psalms having unknown authors.

A PSALM OF GRATITUDE FOR DELIVERANCE

Psalm 18 was written by David after the Lord delivered him from the hand of King Saul. Find the words in **bold** in the word search below.

P	S	K	E	D	I	T	H	N	K	Y	U	F	O	W	A	T	C	H	N
R	W	F	L	A	G	C	L	E	I	H	S	T	R	E	N	G	O	T	H
O	B	Y	I	E	R	K	N	V	E	P	E	R	F	C	T	F	R	K	D
V	D	X	B	D	E	E	F	A	M	B	C	U	L	O	R	S	F	C	U
N	A	L	T	H	A	R	O	T	E	H	M	S	C	T	X	P	E	R	I
E	I	C	X	W	T	E	E	F	N	R	I	D	N	S	U	O	T	N	M
T	M	N	E	T	P	R	O	B	L	A	Y	E	M	R	E	S	A	D	N
E	G	A	N	C	I	T	H	S	A	L	V	A	T	O	I	N	S	O	C
S	N	R	A	S	M	P	L	I	F	O	Y	N	I	S	G	P	M	U	G
G	H	S	L	E	H	G	W	O	R	D	A	L	B	T	E	O	L	R	D
O	F	I	U	R	T	E	H	P	B	C	K	H	T	R	U	S	T	O	I
K	N	D	E	A	E	S	T	E	R	M	N	X	F	E	T	O	E	A	C
N	W	O	X	L	C	A	Y	W	A	O	T	E	S	N	H	I	S	U	P
C	L	G	R	E	D	L	E	I	H	S	C	Y	H	G	L	M	T	W	S
H	O	E	N	Y	L	V	W	P	N	T	E	K	U	T	W	O	L	L	Y
T	S	L	A	Z	E	A	R	T	H	M	P	R	E	H	K	Y	B	N	D
Q	M	C	T	A	U	T	L	Y	A	C	D	N	T	S	P	N	K	I	R
U	R	O	M	E	P	I	R	Z	E	R	O	E	W	H	I	C	L	O	U
O	A	K	E	R	H	O	G	E	S	F	M	T	E	L	G	H	T	U	R
I	S	E	C	G	E	N	T	L	E	N	E	S	S	R	D	A	R	K	E

As for God, His way is ***perfect****; the* ***word*** *of the* Lord *is* ***proven****; He is a* ***shield*** *to all who* ***trust*** *in Him. For who is God, except the* Lord*? And who is a* ***rock****, except our God? It is God who* ***arms*** *me with* ***strength****, and makes my way perfect. He makes my* ***feet*** *like the feet of* ***deer****, and sets me on my high places. You have also given me the* ***shield*** *of Your* ***salvation****; Your right hand has held me up, Your* ***gentleness*** *has made me* ***great****.* PSALM 18:30-33, 35 NKJV

59

MUSICAL TERMS IN PSALMS

Find the following musical terms in the word search below.

P	S	T	E	P	C	H	S	C	O	H	T	H	B	N	L	A	I	M	R
I	D	A	L	A	M	O	T	H	E	T	A	S	T	G	S	E	C	R	T
F	W	E	J	S	A	T	I	D	W	I	N	A	G	F	L	A	H	E	S
O	U	T	L	E	S	F	E	M	U	T	H	L	B	I	N	M	I	H	P
H	P	E	I	Y	K	L	D	N	R	T	F	S	Y	H	U	V	T	S	O
I	M	N	T	R	I	A	T	L	M	I	D	C	X	T	N	G	H	E	R
G	D	E	S	O	N	N	O	I	A	G	G	I	H	I	T	R	N	S	P
G	F	R	N	M	G	B	E	K	N	D	I	L	O	N	V	E	W	A	I
A	W	H	L	A	S	E	I	S	T	W	A	N	T	I	H	U	O	S	K
I	O	D	P	H	O	P	L	A	E	B	M	K	E	M	A	F	R	I	N
S	C	E	M	A	K	T	I	M	B	C	R	A	S	E	K	T	E	B	O
Z	E	Q	J	L	S	H	W	E	A	S	E	C	T	H	R	I	F	S	A
W	H	L	X	A	R	E	N	D	O	Y	U	S	A	S	T	K	N	D	I
X	T	R	A	T	S	K	I	C	L	S	D	E	F	O	A	B	I	K	E
B	E	V	S	H	I	G	G	A	I	N	O	T	L	P	C	E	O	F	C
H	G	R	I	N	T	R	P	O	U	Y	S	V	R	N	K	T	S	D	R
D	I	A	G	O	A	L	N	E	F	T	M	A	N	C	H	A	R	T	C
S	C	E	R	T	L	S	H	C	W	A	L	O	T	H	T	F	I	H	J
Z	L	B	W	P	D	A	E	F	S	H	I	G	G	A	I	O	N	X	Q
D	E	X	C	M	E	S	I	E	S	T	C	U	R	S	E	R	S	T	H

Alamoth ☐
Gittith ☐
Higgaion ☐
Mahalath ☐

Maskil ☐
Miktam ☐
Muth-labben ☐

Selah ☐
Sheminith ☐
Shiggaion ☐

Did you know? The Psalms are songs and include many musical terms. The word *selah* is used 91 times in Psalms and refers to an interlude or pause in a song.

MUSICAL INSTRUMENTS

Find the following musical instruments mentioned in the Bible in the word search below.

M	V	E	O	N	T	X	T	N	C	O	L	R	P	I	N	C	S	M	D
R	D	K	L	I	O	N	A	E	S	R	Y	L	N	O	Y	X	P	N	R
N	Z	I	E	T	M	R	O	C	R	P	M	S	T	F	L	T	G	P	A
P	C	K	O	S	Y	L	W	D	S	N	T	W	R	K	O	W	H	S	K
A	T	S	R	A	E	R	E	H	T	I	Z	N	S	O	E	N	T	N	I
L	E	C	I	F	S	W	L	G	D	A	R	T	N	K	X	P	E	R	M
F	M	A	L	R	P	A	S	T	L	E	L	V	A	U	S	W	T	H	S
S	C	T	N	A	T	L	I	O	L	K	I	T	C	E	O	U	L	A	F
T	E	H	V	U	S	R	E	D	S	H	R	O	P	R	A	H	T	S	P
R	A	T	R	N	E	C	U	T	E	D	F	T	S	Y	O	H	E	G	L
I	H	P	E	S	A	R	N	M	C	K	S	G	N	L	D	V	S	L	R
N	B	O	U	T	N	E	P	I	P	D	E	E	R	W	A	R	D	B	E
G	R	S	T	K	L	B	U	E	D	E	N	I	T	M	Z	P	E	I	B
S	A	W	L	I	B	W	N	G	T	O	T	W	E	U	A	H	O	R	M
O	H	P	A	C	H	T	W	R	K	F	L	A	T	S	L	Z	A	E	I
L	M	B	S	L	A	B	M	Y	C	I	R	E	G	U	A	F	H	R	T
H	G	I	L	W	S	A	I	T	E	D	Y	W	N	T	O	M	E	C	O
E	D	E	G	O	F	P	G	E	S	U	P	S	E	H	F	L	D	S	U
Z	B	Y	E	L	W	O	F	R	H	A	I	V	S	M	K	E	I	T	L
Q	X	M	T	A	C	G	V	P	D	E	N	I	R	U	O	B	M	A	T

Bell ☐
Cymbals ☐
Flute ☐
Harp ☐

Lyre ☐
Reedpipe ☐
Shofar ☐
Strings ☐

Tambourine ☐
Timber ☐
Trumpet ☐
Zither ☐

Praise Him with the sounding of the trumpet, praise Him with the harp and lyre, praise Him with timbrel and dancing, praise Him with the strings and pipe, praise Him with the clash of cymbals, praise Him with resounding cymbals. PSALM 150:3-5 NIV

61

ALL ABOUT SOLOMON

Find these words in the word search below.
Then find the words in the Scripture verse that are in **bold**.

L	V	E	I	P	H	T	O	C	V	E	R	T	A	T	M	D	R	F	T	R	N	U	F	O
N	D	R	L	U	I	O	N	T	S	A	B	E	H	S	H	T	A	B	H	P	A	C	T	U
I	M	A	T	T	S	E	D	I	A	T	S	P	R	F	C	E	N	U	T	G	U	O	E	S
S	L	U	H	I	Y	E	F	T	R	E	D	B	H	N	S	L	W	I	L	E	D	M	P	Y
K	I	D	R	N	O	P	V	Q	J	I	C	N	R	T	H	A	M	L	H	I	I	N	T	M
I	U	L	E	H	I	E	N	I	V	E	M	Y	J	E	C	K	S	T	O	N	E	R	H	O
N	I	M	E	I	N	G	T	A	W	O	U	R	P	R	V	D	M	T	S	D	N	U	N	D
G	Q	U	H	S	T	X	D	M	U	D	C	H	B	T	E	O	F	E	N	B	C	H	S	S
S	T	E	U	H	R	P	E	N	R	H	E	T	P	R	Y	P	R	M	A	L	E	G	Y	I
O	P	L	N	E	T	U	E	I	U	S	F	R	L	V	O	L	Y	P	S	W	T	C	A	W
L	O	B	D	A	A	I	T	F	L	Y	U	S	D	K	I	N	T	L	N	E	O	M	X	H
O	T	R	R	R	L	R	O	U	B	H	L	S	G	N	O	S	C	E	K	L	V	L	Y	T
M	A	K	E	T	Y	A	B	Y	I	T	U	N	T	H	U	E	S	F	R	T	Y	E	A	R
O	E	W	D	L	B	R	S	H	U	L	P	E	C	A	L	H	T	A	L	G	O	U	E	A
N	V	E	C	R	S	D	O	M	S	A	Q	J	X	Z	V	R	N	S	W	J	Y	S	T	E
K	S	T	O	I	R	A	H	C	D	E	R	D	N	U	H	N	E	E	T	R	U	O	F	E
E	R	H	N	S	E	M	T	X	S	W	I	G	B	N	M	H	T	I	V	F	T	E	S	H
S	T	R	C	P	S	I	P	A	P	R	G	H	O	U	T	X	U	R	C	E	L	D	H	T
P	S	Q	U	E	E	N	O	F	S	H	E	B	A	P	R	O	M	N	A	T	S	I	B	F
C	Y	S	B	O	L	G	E	R	L	A	T	Y	L	T	H	I	L	S	E	V	H	O	K	O
N	G	N	I	K	E	S	I	W	V	R	H	I	N	G	Y	S	C	O	C	W	K	T	E	S
T	M	P	N	K	I	O	K	L	H	S	E	S	R	U	B	E	L	H	I	A	U	L	O	G
R	Y	O	E	P	L	A	T	T	O	P	N	C	I	E	L	S	A	N	E	S	R	N	G	N
D	A	R	S	W	H	O	L	E	W	O	R	L	D	S	A	E	P	Y	L	S	A	U	C	I
T	W	E	L	V	E	T	H	O	U	S	A	N	D	H	O	R	S	E	S	D	R	S	A	K

- Bathsheba ☐
- Built temple ☐
- David ☐
- Fourteen hundred chariots ☐
- Proverbs ☐
- Queen of Sheba ☐
- Seven hundred wives ☐
- Songs ☐
- Three hundred concubines ☐
- Twelve thousand horses ☐
- Wealthy ☐
- Wise king ☐

King Solomon *was greater in* ***riches*** *and* ***wisdom*** *than all the other* ***kings of the earth****. The* ***whole world*** *sought* ***audience*** *with Solomon to hear the wisdom God had* ***put in his heart****.* 1 KINGS 10:23-24 NIV

WISE WORDS FROM PROVERBS

Find these words in **bold** in the word search below.

B	R	N	T	Y	C	I	A	N	S	T	R	N	G	O	R	S	T	N	A
D	K	A	R	V	L	U	E	O	P	A	G	V	R	Y	U	E	L	O	T
T	B	E	U	I	G	H	T	L	C	O	U	A	S	W	L	R	M	S	I
A	L	S	M	O	B	E	F	R	S	T	I	M	P	R	S	E	I	Y	Z
Q	A	P	G	E	T	H	G	U	A	C	N	T	S	T	V	Y	C	O	T
L	O	D	I	U	L	B	T	H	G	L	Y	A	O	R	O	P	M	E	N
T	G	U	V	S	H	R	E	A	Y	R	S	R	I	M	L	A	R	A	C
B	Y	L	T	A	S	F	T	N	M	H	E	C	R	P	I	C	L	Y	R
C	K	W	N	G	N	I	D	R	F	I	D	W	A	L	R	Y	G	H	T
S	U	S	E	R	V	C	S	D	P	H	O	L	O	C	U	S	T	S	V
F	L	T	A	P	R	N	E	H	T	M	O	N	W	P	R	B	I	N	E
H	V	Y	B	D	O	C	X	R	Y	L	F	D	C	A	I	W	H	O	L
T	N	I	G	N	B	S	A	C	U	O	E	G	R	L	S	Y	E	N	V
M	D	S	U	M	M	E	R	D	L	E	N	J	O	A	Y	D	I	T	L
N	I	H	C	T	W	A	Y	O	R	F	K	A	D	C	Z	H	T	Y	B
G	E	W	A	W	G	E	H	C	S	A	N	M	N	E	K	I	W	D	O
T	Y	N	C	S	I	H	T	O	K	U	B	G	A	S	T	N	L	I	H
O	R	A	G	N	E	O	K	F	N	E	M	O	H	F	G	E	S	O	N
M	T	F	R	C	S	I	N	R	A	D	W	L	C	E	R	U	T	X	T
A	C	H	S	E	H	O	R	I	R	Z	N	B	U	C	G	N	C	O	L

*"Four things on earth are small, yet they are extremely wise: **Ants** are creatures of little strength, yet they **store** up their **food** in the **summer**; **hyraxes** are creatures of little **power,** yet they make their **home** in the **crags**; **locusts** have no king, yet they **advance** together in **ranks**; a **lizard** can be **caught** with the **hand,** yet it is found in kings' **palaces.**"* PROVERBS 30:24-28 NIV

63

A TIME FOR EVERYTHING

Find the words in **bold** in the word search below.

M	R	K	A	L	T	R	N	V	A	I	T	R	I	P	S	M	A	C	O
Y	S	P	C	T	U	M	R	N	U	E	M	L	E	S	T	N	E	R	B
R	E	I	V	D	E	A	S	B	L	O	K	H	C	A	R	D	A	W	U
C	K	T	C	T	H	F	V	E	I	D	A	R	L	S	C	H	O	E	I
B	O	H	M	R	E	K	R	S	A	G	E	T	M	A	R	E	V	O	L
A	N	C	I	P	C	A	F	M	T	C	P	I	A	O	E	I	N	T	D
C	T	U	L	A	B	O	R	N	S	T	S	E	V	R	A	H	K	B	I
D	E	S	G	N	G	N	A	L	C	E	N	P	I	N	R	T	D	C	L
H	R	O	K	I	L	L	I	D	B	L	G	H	T	S	I	M	A	E	R
S	V	A	E	Q	P	Z	X	I	J	R	E	F	I	L	Q	U	I	T	F
T	I	R	A	V	R	O	M	E	A	K	H	B	R	S	H	N	B	A	O
C	K	E	W	S	E	H	B	A	L	G	R	E	L	C	P	E	A	H	U
I	H	S	C	E	L	I	N	B	U	U	L	T	F	N	I	N	O	I	D
D	B	L	O	U	B	I	R	A	E	T	N	D	O	H	R	D	E	S	R
T	P	S	T	A	D	N	L	G	U	O	R	N	E	L	B	I	C	G	L
A	F	E	R	B	E	T	H	R	E	C	A	E	P	G	O	A	S	E	A
U	Q	A	S	P	R	A	C	D	N	S	T	M	O	D	T	E	I	R	D
I	T	R	E	H	T	A	G	W	L	I	N	K	Q	T	U	A	L	T	Y
S	U	C	T	R	N	F	W	I	T	Q	U	I	E	T	H	R	T	P	O
Q	J	H	Z	X	C	L	R	A	N	C	E	R	F	V	E	C	N	A	D

*For everything there is a season, a time for every activity under heaven. A time to be **born** and a time to **die**. A time to **plant** and a time to **harvest**. A time to **kill** and a time to **heal**. A time to **tear** down and a time to **build** up. A time to **cry** and a time to **laugh**. A time to **grieve** and a time to **dance**. A time to **scatter** stones and a time to **gather** stones. A time to embrace and a time to turn away. A time to **search** and a time to **quit** searching. A time to keep and a time to throw away. A time to **tear** and a time to **mend**. A time to be **quiet** and a time to **speak**. A time to **love** and a time to **hate**. A time for **war** and a time for **peace**.* ECCLESIASTES 3:1-8 NLT

PROPHETS IN THE BIBLE

Find the following prophets named in the Bible in the word search below.

E	I	G	H	T	O	N	Y	H	E	A	S	W	T	C	H	N	I	G	B
P	M	T	E	N	E	R	G	I	M	B	C	A	R	K	Y	L	C	S	A
L	G	H	A	B	A	K	T	U	R	N	D	L	I	N	A	E	R	T	K
I	H	T	W	E	M	I	V	D	A	E	S	V	E	L	R	V	O	R	F
S	R	U	T	K	S	T	M	A	N	J	O	S	Y	J	T	P	C	E	S
P	B	O	R	M	U	H	A	N	M	R	C	L	O	S	L	E	R	A	Z
N	R	L	G	E	M	O	S	I	W	D	G	E	O	M	N	P	L	S	I
C	O	P	E	C	N	L	Y	E	G	R	L	E	B	E	A	D	Y	T	O
P	D	H	A	I	A	S	I	B	C	N	I	S	A	I	H	G	E	V	F
R	C	I	T	N	K	O	T	R	A	L	U	C	D	N	T	C	R	S	O
S	T	K	G	A	S	E	D	J	E	R	E	M	I	A	H	U	P	D	U
O	E	H	I	G	C	T	Z	A	S	L	T	N	A	G	L	D	E	A	S
Y	U	N	A	H	U	H	L	E	I	N	A	D	H	I	C	S	O	C	B
D	R	E	D	A	I	G	N	J	T	H	O	E	G	D	E	R	N	X	T
N	I	Y	A	C	L	I	A	W	A	K	I	W	U	O	J	L	C	I	M
G	O	E	L	I	S	H	A	B	T	U	R	T	N	M	O	A	Y	R	U
Y	I	A	R	M	G	O	F	A	D	N	K	R	H	T	N	G	O	E	T
L	K	S	M	O	R	S	O	L	K	U	K	K	A	B	A	H	I	D	F
G	R	O	U	S	U	E	D	T	A	R	T	E	C	N	H	O	C	J	Q
A	N	H	A	I	N	A	H	P	E	Z	I	C	S	A	P	G	R	X	Z

Amos ☐
Daniel ☐
Elijah ☐
Elisha ☐
Ezekiel ☐

Habakkuk ☐
Hosea ☐
Isaiah ☐
Jeremiah ☐
Joel ☐

Jonah ☐
Micah ☐
Nahum ☐
Obadiah ☐
Zephaniah ☐

Long ago, at many times and in many ways, God spoke to our fathers by the prophets, but in these last days He has spoken to us by His Son, whom He appointed the heir of all things, through whom also He created the world. HEBREWS 1:1-2 ESV

ALL ABOUT DANIEL

In the book of Daniel we discover what happened under the reign of three different kings. Find the words listed below in the word search.

I	E	H	V	A	T	L	S	T	E	F	R	P	L	M	U	G	T	H	M
H	U	L	U	F	I	A	O	T	U	E	B	C	M	E	I	W	N	S	E
G	T	E	S	P	C	G	H	C	A	R	D	A	H	S	F	S	A	T	N
O	A	I	D	U	E	C	A	N	R	U	F	T	S	H	R	T	U	P	E
N	T	G	W	N	T	H	S	I	B	C	S	E	I	A	M	N	S	T	R
K	S	R	D	A	B	O	N	T	N	T	R	M	S	C	E	V	I	G	B
W	D	E	F	R	E	I	E	B	S	E	P	U	R	H	P	L	S	E	M
H	B	W	D	N	V	E	G	E	T	A	B	L	E	S	R	B	T	A	C
A	M	O	I	T	S	O	R	A	N	L	V	O	B	R	M	A	E	R	D
J	S	T	P	R	I	A	W	N	T	S	L	A	B	L	E	S	L	T	H
T	A	R	T	S	U	L	T	A	R	F	E	M	Y	T	I	W	B	O	R
O	U	N	B	X	T	E	E	R	C	E	D	H	M	O	N	T	O	E	A
D	B	T	O	A	D	P	C	I	A	X	O	X	B	A	F	O	G	S	B
C	U	M	T	I	O	R	A	N	D	P	T	H	N	G	S	B	A	E	S
W	T	Z	N	E	M	A	E	B	H	C	S	T	I	W	U	L	K	C	Q
S	V	W	T	Y	K	Y	N	I	E	S	A	R	M	F	I	W	H	I	M
M	R	E	Z	I	R	E	D	E	O	N	T	H	G	O	M	S	N	A	E
I	F	D	N	T	F	R	L	H	L	E	D	A	N	S	T	Q	Z	X	J
C	B	S	U	R	E	I	S	T	N	O	N	S	Y	L	E	N	I	F	D
N	M	I	S	P	A	P	W	E	R	C	R	D	O	N	I	S	R	A	P

Under Nebuchadnezzar:

- Abednego ☐
- Dream ☐
- Furnace ☐
- Meshach ☐
- Shadrach ☐
- Statue ☐
- Vegetables ☐
- Water ☐

Under Belshazzar:

- Goblets ☐
- Mene ☐
- Parsin ☐
- Tekel ☐

Under Darius:

- Decree ☐
- Lions ☐
- Prayer ☐
- Satraps ☐

The king was overjoyed and gave orders to lift Daniel out of the den. And when Daniel was lifted from the den, no wound was found on him, because he had trusted in his God. DANIEL 6:23 NIV

ALL ABOUT JONAH

Find the words listed below in the word search.

M	T	H	O	U	N	D	A	F	O	T	O	N	T	I	C	E	X	P	E
T	A	S	P	Y	P	C	N	T	H	R	E	E	D	A	Y	S	M	I	R
R	E	Y	A	R	P	M	V	E	O	N	I	T	R	C	T	I	E	S	T
R	F	N	U	S	E	P	H	S	R	L	P	M	S	D	N	A	R	G	N
O	T	A	T	U	L	Y	R	G	H	T	S	H	N	A	P	D	E	L	F
B	G	B	W	O	G	T	A	R	C	E	R	T	J	P	Q	Y	N	H	T
E	P	O	H	E	V	E	N	I	N	H	M	O	O	I	N	T	R	S	N
D	A	W	R	D	T	U	F	O	T	S	N	J	A	R	S	A	E	P	G
I	H	T	O	L	C	K	C	A	S	I	D	R	W	E	M	V	R	Y	C
E	C	N	R	A	E	P	E	R	G	H	U	O	N	Y	R	T	C	A	H
N	P	X	I	C	U	T	L	I	T	S	I	D	E	S	H	F	I	T	D
T	R	D	S	E	U	G	N	D	A	R	Y	P	R	F	I	R	E	H	E
Y	A	S	M	R	K	E	R	B	R	A	L	E	L	U	D	E	V	A	S
V	N	I	S	H	L	N	G	P	N	T	O	I	R	M	S	T	K	E	B
R	T	E	D	A	H	S	R	O	P	D	K	Y	P	E	R	C	M	O	O
T	A	M	H	P	A	Z	E	D	H	I	N	O	N	T	E	L	K	N	I
M	R	W	F	E	U	Q	W	Y	B	L	U	I	S	U	R	Y	O	T	G
O	R	I	G	D	R	A	O	B	R	E	V	O	A	N	L	S	K	X	Z
S	U	B	R	T	S	D	R	E	G	D	H	T	P	U	D	E	N	L	C
R	T	E	A	M	B	G	M	A	N	M	A	H	R	L	T	W	H	A	T

Joppa ☐
Nineveh ☐
Obedient ☐
Overboard ☐
Prayer ☐

Sackcloth ☐
Saved ☐
Shade ☐
Ship ☐
Storm ☐

Tarshish ☐
Three days ☐
Vine ☐
Whale ☐
Worm ☐

Then Jonah prayed to the LORD his God from inside the fish. He said, "I cried out to the LORD in my great trouble, and He answered me. I called to You from the land of the dead, and LORD, You heard me!" JONAH 2:1-2 NLT

THE BIRTH OF JESUS

Find the following words we associate with Christmas in the word search below.

I	N	N	K	E	P	R	E	E	S	N	E	C	N	I	K	N	A	R	F
B	S	T	R	C	H	A	N	G	M	V	I	S	G	C	S	P	I	M	R
E	Y	H	A	U	T	C	I	A	R	H	N	T	I	S	W	N	B	A	T
T	H	P	E	S	O	J	C	H	O	S	G	A	B	R	A	E	D	N	V
H	I	G	U	R	E	S	I	N	D	E	O	B	G	N	D	I	R	G	C
L	V	E	T	O	O	R	C	A	E	F	D	E	I	T	D	N	Y	E	R
E	D	R	W	N	M	D	Y	S	K	T	C	L	H	B	L	N	C	R	Z
H	L	M	A	G	I	N	I	T	J	O	S	E	P	F	I	K	R	E	T
M	W	H	N	A	Z	A	R	E	H	U	T	V	R	I	N	E	T	H	K
S	H	T	G	E	I	R	A	T	S	D	N	R	F	T	G	E	B	G	N
H	U	M	E	O	W	S	I	N	N	G	T	S	U	P	C	P	G	R	L
E	F	R	L	A	L	M	E	H	E	L	H	T	E	B	L	E	Q	S	E
P	C	E	S	X	P	C	R	S	I	O	T	U	R	L	O	R	N	C	I
H	U	F	O	E	R	M	T	H	G	R	E	L	A	N	T	S	P	K	R
E	N	S	Q	D	U	A	E	R	B	L	R	D	G	O	H	T	N	I	B
R	D	N	R	T	L	F	S	Y	S	T	A	B	L	E	S	C	T	S	A
D	O	U	C	N	E	O	C	T	I	O	Z	N	S	H	R	E	L	V	G
S	C	E	H	N	U	P	G	S	T	N	A	P	O	G	C	O	S	T	B
I	N	Y	R	A	M	T	H	E	F	C	N	E	A	R	L	Y	B	G	I
R	O	S	T	E	K	C	P	U	G	H	A	P	K	H	R	R	Y	M	C

Angels ☐
Bethlehem ☐
Census ☐
Frankincense ☐
Gabriel ☐
Gold ☐
Herod ☐
Innkeeper ☐
Joseph ☐
Magi ☐
Manger ☐
Mary ☐
Myrrh ☐
Nazareth ☐
Shepherds ☐
Stable ☐
Star ☐
Swaddling cloths ☐

"Don't be afraid!" he said. "I bring you good news that will bring great joy to all people. The Savior—yes, the Messiah, the Lord—has been born today in Bethlehem, the city of David!" LUKE 2:10-11 NLT

THE GENEALOGY OF JESUS: FIRST 14 GENERATIONS

In the Bible the genealogy of Jesus Christ is divided into three parts with 14 generations each. Find the names in **bold** in the word search below.

A	T	P	D	C	I	N	G	J	A	C	O	D	T	F	I	T	C	K	U
B	F	B	G	N	O	T	N	P	B	E	R	H	G	B	O	Y	B	N	I
R	B	O	C	A	J	E	S	S	R	A	N	T	F	L	A	F	T	L	K
A	I	B	G	S	A	L	M	O	A	N	U	E	G	I	M	L	F	I	E
H	Y	E	N	H	P	S	G	L	H	E	Z	R	N	O	M	A	R	G	O
M	B	T	R	O	D	E	I	C	A	C	R	V	S	E	B	T	Y	Z	X
P	U	O	G	N	I	K	L	S	M	T	F	H	T	O	Y	E	B	A	M
W	R	D	S	T	L	I	T	O	A	S	N	D	G	H	E	R	D	T	L
D	N	O	H	S	H	A	N	U	L	A	T	I	R	U	G	I	F	Y	R
S	E	L	A	N	O	G	E	R	N	K	C	O	N	T	H	W	M	K	J
Z	F	O	D	T	R	B	N	F	I	L	D	E	K	O	L	S	E	N	U
G	T	N	U	G	X	A	E	J	Y	B	T	R	F	C	M	E	A	B	D
K	L	T	J	N	Y	D	P	D	R	C	K	I	L	R	D	L	F	T	I
N	I	S	M	E	L	A	K	I	E	F	A	D	N	C	K	F	A	L	V
J	D	T	R	A	E	N	L	O	G	N	Z	E	R	E	P	I	M	S	A
Z	E	O	W	T	H	I	S	A	A	K	Y	A	G	O	T	U	D	H	D
O	W	S	E	R	P	M	L	S	T	E	L	B	U	H	G	O	Z	N	G
A	N	G	S	L	I	M	S	Z	E	A	C	U	T	E	L	T	A	L	N
B	R	H	V	E	Q	A	O	R	M	E	N	V	D	S	R	N	O	A	I
H	E	Z	R	O	N	L	T	E	T	A	O	P	S	L	P	E	B	R	K

*This is the genealogy of Jesus the Messiah the son of David, the son of Abraham: **Abraham** was the father of Isaac, **Isaac** the father of Jacob, **Jacob** the father of Judah and his brothers, **Judah** the father of Perez and Zerah, whose mother was Tamar, **Perez** the father of Hezron, **Hezron** the father of Ram, **Ram** the father of Amminadab, **Amminadab** the father of Nahshon, **Nahshon** the father of Salmon, **Salmon** the father of Boaz, whose mother was Rahab, **Boaz** the father of Obed, whose mother was Ruth, **Obed** the father of Jesse, and **Jesse** the father of **King David**.* MATTHEW 1:1-6 NIV

69

THE GENEALOGY OF JESUS: SECOND SET OF 14 GENERATIONS

Find the second set of 14 generations in the genealogy of Jesus Christ by finding the names in **bold**.

J	O	S	A	I	H	S	W	T	C	H	N	G	O	N	T	L	I	G	U
Y	W	E	M	D	M	A	N	A	S	S	E	H	J	E	H	O	S	H	A
R	B	U	W	A	I	O	O	T	O	G	H	T	S	F	G	U	R	N	B
S	E	Z	Y	T	H	G	M	I	L	A	R	N	W	I	Z	D	E	U	L
M	Y	Z	S	M	O	C	A	Z	O	B	D	W	O	Z	L	V	I	A	N
T	A	I	D	H	S	E	M	Q	M	J	O	S	I	A	H	N	R	L	D
J	E	H	O	R	A	M	J	A	O	Z	L	A	T	R	M	E	T	O	F
O	D	G	N	R	O	L	C	U	H	X	H	O	A	S	A	R	I	U	G
H	Y	L	W	G	D	A	V	I	F	T	N	E	B	L	U	D	K	R	A
T	P	T	H	G	R	B	Y	P	M	P	O	H	T	F	L	I	M	N	D
A	E	O	P	L	E	C	E	A	S	C	N	J	D	A	R	Y	D	G	B
H	R	Y	I	T	A	M	O	N	I	D	A	R	G	S	D	R	W	P	U
P	U	N	D	R	S	B	H	R	T	S	C	N	O	M	O	L	O	S	K
A	T	C	L	A	O	U	I	S	A	C	R	E	H	D	W	E	H	D	T
H	E	R	S	H	F	T	H	J	L	S	T	I	P	L	Y	A	I	F	L
S	V	L	E	I	G	B	S	E	A	R	D	G	N	T	F	V	M	R	U
O	E	R	A	S	M	O	K	N	D	H	O	F	S	P	A	K	N	G	T
H	M	T	K	C	A	J	W	B	R	Y	E	T	I	D	U	Q	E	M	O
E	L	R	G	R	O	Z	A	H	A	H	L	S	N	V	R	D	W	Y	E
J	S	H	E	A	T	P	I	Y	T	O	E	H	A	I	K	E	Z	E	H

***David** was the father of Solomon, whose mother had been Uriah's wife, **Solomon** the father of Rehoboam, **Rehoboam** the father of Abijah, **Abijah** the father of Asa, **Asa** the father of Jehoshaphat, **Jehoshaphat** the father of Jehoram, **Jehoram** the father of Uzziah, **Uzziah** the father of Jotham, **Jotham** the father of Ahaz, **Ahaz** the father of Hezekiah, **Hezekiah** the father of Manasseh, **Manasseh** the father of Amon, **Amon** the father of Josiah, and **Josiah** the father of Jeconiah and his brothers at the time of the exile to Babylon.* MATTHEW 1:6-11 NIV

THE GENEALOGY OF JESUS: THIRD SET OF 14 GENERATIONS

Find the third set of 14 generations in the genealogy of Jesus Christ by finding the names in **bold**.

R	S	M	H	L	R	D	W	A	P	R	F	O	L	I	B	L	K	D	J
E	O	R	P	A	U	S	E	R	K	H	C	E	C	F	D	O	E	R	O
T	L	Z	Y	S	I	K	T	I	S	F	T	A	N	F	D	I	R	Y	S
O	D	N	A	E	C	S	D	R	A	P	S	O	R	A	M	E	K	L	E
F	P	D	I	L	T	B	S	T	E	I	N	D	Z	P	U	F	O	U	P
U	O	L	H	S	M	W	N	E	O	T	F	S	X	Q	J	Y	L	T	H
D	R	S	N	E	I	T	Y	S	M	I	K	A	P	E	G	A	H	E	T
H	T	I	L	A	K	N	D	K	Y	L	R	T	C	N	P	O	C	P	I
L	Y	E	A	D	A	R	B	N	C	H	E	O	D	U	F	L	A	O	R
A	D	W	S	H	I	R	E	Y	L	A	N	T	E	R	M	E	C	I	B
R	N	B	T	O	L	W	Y	W	O	I	L	K	S	V	R	B	Y	P	L
I	E	T	U	L	E	I	T	L	A	E	H	S	L	C	D	A	R	E	A
T	A	P	O	I	T	N	Z	H	R	O	F	V	E	A	S	B	H	M	E
M	Y	E	R	G	H	G	L	O	F	L	H	M	T	B	E	B	T	U	C
N	A	C	I	S	O	P	R	T	Y	R	G	H	I	S	D	U	O	F	E
Q	R	B	E	L	D	T	W	B	I	E	O	V	L	D	P	R	H	T	L
U	I	T	I	S	K	Y	S	T	M	R	A	Z	A	E	L	E	G	O	I
Y	H	R	C	H	U	M	H	C	T	K	S	E	L	F	W	Z	Y	B	H
T	C	O	P	L	U	W	E	K	S	A	G	O	I	N	T	R	G	E	U
Y	L	R	S	E	H	D	S	U	R	B	P	N	K	C	S	A	Y	B	D

*After the exile to Babylon: **Jeconiah** was the father of Shealtiel, **Shealtiel** the father of Zerubbabel, **Zerubbabel** the father of Abihud, **Abihud** the father of Eliakim, **Eliakim** the father of Azor, **Azor** the father of Zadok, **Zadok** the father of Akim, **Akim** the father of Elihud, **Elihud** the father of Eleazar, **Eleazar** the father of Matthan, **Matthan** the father of Jacob, and **Jacob** the father of **Joseph**, the husband of Mary, and Mary was the mother of Jesus who is called the **Messiah**. Thus there were fourteen generations in all from Abraham to David, fourteen from David to the exile to Babylon, and fourteen from the exile to the Messiah.* MATTHEW 1:12-17 NIV

THE TWELVE DISCIPLES

Find the names of Jesus' disciples in the word search below.

<table>
<tr><td>D</td><td>T</td><td>H</td><td>M</td><td>B</td><td>U</td><td>E</td><td>L</td><td>Y</td><td>N</td><td>A</td><td>H</td><td>B</td><td>R</td><td>J</td><td>O</td><td>H</td><td>E</td><td>N</td><td>D</td></tr>
<tr><td>T</td><td>U</td><td>P</td><td>H</td><td>A</td><td>T</td><td>G</td><td>R</td><td>U</td><td>O</td><td>C</td><td>E</td><td>M</td><td>U</td><td>S</td><td>T</td><td>S</td><td>B</td><td>O</td><td>W</td></tr>
<tr><td>H</td><td>R</td><td>L</td><td>E</td><td>N</td><td>H</td><td>O</td><td>J</td><td>T</td><td>A</td><td>Y</td><td>R</td><td>D</td><td>T</td><td>M</td><td>O</td><td>G</td><td>E</td><td>V</td><td>N</td></tr>
<tr><td>O</td><td>S</td><td>P</td><td>S</td><td>D</td><td>R</td><td>D</td><td>U</td><td>E</td><td>V</td><td>S</td><td>A</td><td>M</td><td>O</td><td>H</td><td>T</td><td>L</td><td>S</td><td>O</td><td>T</td></tr>
<tr><td>M</td><td>U</td><td>R</td><td>T</td><td>R</td><td>A</td><td>K</td><td>D</td><td>T</td><td>B</td><td>S</td><td>R</td><td>W</td><td>U</td><td>S</td><td>H</td><td>M</td><td>R</td><td>K</td><td>E</td></tr>
<tr><td>A</td><td>E</td><td>P</td><td>S</td><td>E</td><td>C</td><td>L</td><td>H</td><td>J</td><td>I</td><td>Q</td><td>X</td><td>Z</td><td>E</td><td>D</td><td>N</td><td>I</td><td>O</td><td>T</td><td>N</td></tr>
<tr><td>T</td><td>H</td><td>O</td><td>I</td><td>E</td><td>Y</td><td>J</td><td>A</td><td>S</td><td>N</td><td>D</td><td>L</td><td>Y</td><td>A</td><td>R</td><td>C</td><td>R</td><td>Z</td><td>Y</td><td>A</td></tr>
<tr><td>T</td><td>P</td><td>L</td><td>B</td><td>W</td><td>S</td><td>E</td><td>C</td><td>R</td><td>L</td><td>C</td><td>E</td><td>G</td><td>N</td><td>O</td><td>D</td><td>T</td><td>U</td><td>O</td><td>B</td></tr>
<tr><td>H</td><td>L</td><td>R</td><td>X</td><td>A</td><td>G</td><td>A</td><td>R</td><td>T</td><td>E</td><td>B</td><td>N</td><td>D</td><td>R</td><td>P</td><td>E</td><td>N</td><td>A</td><td>S</td><td>T</td></tr>
<tr><td>I</td><td>A</td><td>L</td><td>S</td><td>C</td><td>R</td><td>U</td><td>P</td><td>W</td><td>E</td><td>M</td><td>O</td><td>L</td><td>O</td><td>H</td><td>T</td><td>R</td><td>A</td><td>B</td><td>Y</td></tr>
<tr><td>A</td><td>F</td><td>D</td><td>C</td><td>I</td><td>T</td><td>D</td><td>I</td><td>T</td><td>S</td><td>D</td><td>G</td><td>E</td><td>P</td><td>I</td><td>A</td><td>Y</td><td>N</td><td>G</td><td>I</td></tr>
<tr><td>S</td><td>O</td><td>R</td><td>O</td><td>A</td><td>M</td><td>E</td><td>N</td><td>L</td><td>N</td><td>R</td><td>B</td><td>A</td><td>S</td><td>L</td><td>R</td><td>H</td><td>T</td><td>E</td><td>F</td></tr>
<tr><td>Q</td><td>N</td><td>T</td><td>J</td><td>C</td><td>N</td><td>O</td><td>T</td><td>R</td><td>A</td><td>I</td><td>O</td><td>N</td><td>T</td><td>I</td><td>K</td><td>M</td><td>C</td><td>H</td><td>U</td></tr>
<tr><td>X</td><td>O</td><td>R</td><td>D</td><td>A</td><td>U</td><td>H</td><td>N</td><td>T</td><td>L</td><td>T</td><td>S</td><td>E</td><td>M</td><td>P</td><td>O</td><td>G</td><td>N</td><td>Y</td><td>D</td></tr>
<tr><td>Z</td><td>S</td><td>E</td><td>K</td><td>N</td><td>M</td><td>D</td><td>E</td><td>D</td><td>R</td><td>A</td><td>E</td><td>S</td><td>H</td><td>C</td><td>P</td><td>E</td><td>T</td><td>E</td><td>R</td></tr>
<tr><td>C</td><td>S</td><td>R</td><td>L</td><td>Y</td><td>U</td><td>E</td><td>B</td><td>T</td><td>J</td><td>U</td><td>B</td><td>A</td><td>R</td><td>T</td><td>H</td><td>O</td><td>L</td><td>O</td><td>M</td></tr>
<tr><td>T</td><td>E</td><td>I</td><td>F</td><td>J</td><td>B</td><td>Y</td><td>S</td><td>U</td><td>N</td><td>G</td><td>F</td><td>D</td><td>N</td><td>C</td><td>L</td><td>E</td><td>N</td><td>G</td><td>A</td></tr>
<tr><td>O</td><td>M</td><td>K</td><td>B</td><td>H</td><td>C</td><td>T</td><td>K</td><td>E</td><td>R</td><td>N</td><td>E</td><td>U</td><td>M</td><td>H</td><td>T</td><td>D</td><td>M</td><td>H</td><td>T</td></tr>
<tr><td>U</td><td>A</td><td>N</td><td>S</td><td>C</td><td>R</td><td>W</td><td>I</td><td>Y</td><td>E</td><td>D</td><td>R</td><td>J</td><td>O</td><td>P</td><td>R</td><td>W</td><td>E</td><td>I</td><td>R</td></tr>
<tr><td>I</td><td>J</td><td>T</td><td>B</td><td>W</td><td>E</td><td>H</td><td>T</td><td>T</td><td>A</td><td>M</td><td>D</td><td>E</td><td>T</td><td>I</td><td>X</td><td>C</td><td>Y</td><td>L</td><td>D</td></tr>
</table>

Andrew ☐
Bartholomew ☐
James ☐
James son of Alpheus ☐
John ☐
Judas Iscariot ☐
Judas ☐
Matthew ☐
Peter ☐
Philip ☐
Simon ☐
Thomas ☐

Then Jesus said to His disciples, "If anyone desires to come after Me, let him deny himself, and take up his cross, and follow Me." MATTHEW 16:24 NKJV

Do you know the name of the disciple who replaced Judas Iscariot?
Find his name in the word search.
Clue: Acts 1:26

SERMON ON THE MOUNT

In Jesus' Sermon on the Mount, He taught many important things.
Find the key themes from His teachings in the word search below.

T	W	O	T	H	R	V	G	Y	U	S	I	L	B	S	T	L	G	F	D
B	K	R	W	F	E	O	T	A	I	L	A	T	A	R	E	G	N	A	L
U	Y	S	B	D	N	W	L	F	Y	N	E	D	H	G	T	U	L	K	M
V	O	W	E	C	T	S	R	E	T	A	L	I	A	T	I	O	N	M	N
L	P	R	A	Y	E	R	T	S	H	E	A	V	E	M	D	A	O	I	D
A	E	R	T	D	A	L	N	I	O	C	T	C	A	K	L	N	M	Y	R
X	P	O	I	W	O	R	Y	D	E	R	S	W	C	H	E	T	D	F	G
B	L	U	T	S	A	E	T	C	M	O	N	E	E	Y	O	M	E	R	I
T	H	K	U	L	N	I	H	E	R	V	W	R	G	S	T	K	L	N	G
M	Y	F	D	O	W	A	T	I	M	I	S	A	E	N	E	M	I	E	S
I	N	G	E	N	E	M	Y	S	L	D	T	F	T	H	R	T	E	N	I
E	I	M	S	I	O	U	E	R	M	O	H	I	L	A	Y	R	R	O	W
T	L	H	W	T	S	H	T	O	I	E	Y	R	C	D	S	A	H	T	N
O	T	H	G	I	L	D	N	A	T	L	A	S	O	I	E	L	N	K	S
N	S	C	R	A	K	C	M	R	H	O	N	R	D	A	S	T	S	H	V
L	G	N	I	T	S	A	F	I	A	E	H	S	U	N	R	M	N	G	E
I	T	S	A	R	N	G	P	U	V	T	W	I	H	O	P	E	L	S	O
B	C	T	O	P	S	R	W	A	L	K	P	R	A	Y	I	N	U	L	N
L	N	K	W	R	T	I	E	D	W	N	O	D	E	R	S	C	S	R	C
Y	E	G	N	A	C	H	A	S	L	P	E	S	U	F	R	Y	T	L	T

Anger ☐
Beatitudes ☐
Criticism ☐
Divorce ☐
Enemies ☐
Fasting ☐
Heaven ☐
Law ☐
Lust ☐
Money ☐
Prayer ☐
Retaliation ☐
Salt and light ☐
Vows ☐
Worry ☐

Now when Jesus saw the crowds, He went up on a mountainside and sat down. His disciples came to Him, and He began to teach them. MATTHEW 5:1-2 NIV

THE LORD'S PRAYER

Find the words in **bold** in the word search below.

R	T	V	A	L	E	Y	S	Q	M	I	S	H	F	S	U	S	C	R	N
I	A	N	F	T	I	G	H	Y	L	N	A	M	O	D	G	N	I	K	O
E	H	E	V	A	N	D	I	A	O	C	R	E	R	N	T	R	O	U	I
W	I	G	N	K	T	L	P	T	S	E	H	W	G	Y	E	V	E	G	N
O	F	U	T	O	T	H	O	K	I	N	G	T	I	R	S	H	A	B	E
P	B	A	Y	V	W	A	E	C	L	F	P	L	D	E	D	U	T	M	A
R	W	S	O	R	A	L	B	R	E	A	D	V	E	I	L	H	P	S	H
H	C	Y	A	P	H	L	S	U	Y	F	N	C	L	O	E	R	T	E	O
R	Y	A	D	M	S	O	F	A	T	H	R	E	I	A	Y	L	A	R	N
S	T	G	S	T	A	W	R	E	N	O	F	L	V	A	C	T	U	E	T
I	C	H	L	D	S	E	M	A	N	J	S	E	E	B	X	Z	Q	W	G
B	V	D	I	O	C	D	S	M	I	G	N	L	R	S	L	D	N	O	H
R	N	G	W	Y	R	U	B	L	O	N	S	M	U	C	I	O	T	P	R
S	I	S	R	E	F	Y	C	B	K	D	H	U	G	L	E	A	D	E	I
N	O	I	T	A	T	P	M	E	T	E	G	C	E	I	N	V	N	C	N
P	L	O	C	E	I	C	L	D	S	H	E	N	O	P	S	B	D	P	R
H	S	F	A	D	U	D	G	N	A	T	D	W	I	L	L	N	O	S	E
I	O	R	N	A	S	L	P	E	X	P	B	R	N	K	C	E	T	H	A
W	T	M	G	E	V	I	G	R	O	F	I	E	U	G	R	A	W	K	N
H	V	I	O	N	D	E	A	W	H	T	E	R	D	S	Y	N	I	G	O

*"Our **Father** in heaven,*
***Hallowed** be Your **name**.*
*Your **kingdom** come.*
*Your **will** be done*
*On **earth** as it is in **heaven**.*
*Give us this **day** our daily **bread**.*
*And **forgive** us our **debts**,*
As we forgive our debtors.
*And do not **lead** us into **temptation**,*
*But **deliver** us from the evil one.*
*For Yours is the **kingdom** and the **power***
*and the **glory** forever. Amen."*

MATTHEW 6:9-13 NKJV

MIRACLES OF JESUS

Jesus performed many miracles during His time on earth.
Find these phrases in the word search below. Then find the word MIRACLE 10 times.

L	T	M	E	H	S	I	F	F	O	H	C	T	A	C	S	U	O	L	U	C	A	R	I	M
C	A	S	T	O	U	T	D	E	M	N	S	O	J	N	I	T	A	R	N	D	L	O	L	M
M	U	C	W	D	N	U	M	I	R	A	C	L	E	P	O	Y	P	C	I	H	T	M	I	I
I	T	I	A	T	C	H	E	L	C	A	R	I	M	Y	T	A	N	W	A	Y	D	R	H	R
R	C	D	T	L	P	A	F	O	T	S	R	F	R	A	I	S	E	D	T	H	A	D	E	A
A	N	G	E	H	M	L	D	H	A	G	C	H	L	Y	E	B	R	O	N	C	A	C	R	C
C	A	M	R	W	R	E	T	A	W	N	O	D	E	K	L	A	W	T	L	L	T	I	C	L
L	O	B	I	T	H	E	D	R	S	O	F	I	T	F	H	E	L	E	E	N	S	P	R	E
E	N	D	N	L	A	B	E	T	D	I	R	D	W	S	K	U	C	S	X	J	Z	Q	S	M
I	M	G	T	N	O	S	Y	A	H	S	A	M	I	E	N	G	O	T	R	V	E	R	C	I
T	I	E	O	R	B	H	O	W	F	E	D	T	H	O	U	S	A	N	D	S	D	B	Z	L
H	R	G	W	A	L	K	E	D	D	M	S	R	C	I	H	E	G	O	B	C	K	A	D	N
S	A	T	I	K	R	B	Y	E	R	C	I	T	K	N	T	S	Y	W	A	E	R	C	O	T
M	C	E	N	S	M	E	H	L	E	H	A	U	O	F	I	N	S	C	R	M	L	K	E	H
W	L	T	E	R	I	T	S	L	D	N	W	Y	A	R	D	O	A	I	C	W	T	I	S	D
C	E	S	B	L	D	U	C	Y	P	R	S	O	N	P	M	M	E	O	P	L	E	S	U	N
E	F	L	A	E	M	A	N	O	T	K	I	T	G	N	I	E	T	N	I	U	Q	A	L	G
A	T	U	S	R	R	H	E	N	E	Y	C	N	T	A	C	D	P	L	S	O	C	N	A	E
E	E	I	W	I	Y	U	K	A	H	T	U	O	S	D	N	T	E	D	G	W	T	E	Y	W
T	A	B	M	I	R	A	C	L	E	S	H	N	I	T	Y	U	E	L	H	O	B	L	D	G
R	Z	D	S	I	L	O	P	Y	R	V	U	T	C	R	A	O	H	N	C	K	E	C	B	D
Q	J	X	E	E	R	T	G	I	F	A	D	E	R	E	H	T	I	W	B	A	A	A	T	E
L	G	O	T	V	G	E	R	L	A	S	H	S	L	C	I	S	T	N	A	G	R	R	G	O
U	E	P	T	N	P	K	C	I	S	E	H	T	D	E	L	A	E	H	E	O	W	I	I	F
Q	S	E	R	D	L	H	U	M	I	X	M	A	N	B	H	C	S	Y	L	P	A	M	M	R

Calmed the storm ☐
Cast out demons ☐
Fed thousands ☐
Healed the sick ☐
Miraculous catch of fish ☐
Raised the dead ☐
Walked on water ☐
Water into wine ☐
Withered a fig tree ☐

Jesus did many other things as well. If every one of them were written down, I suppose that even the whole world would not have room for the books that would be written. JOHN 21:25 NIV

75

THE PARABLE OF THE FOUR SOILS

Jesus told many parables to teach important truths. In this parable the seed is the word of God and the soil is the different responses people have to hearing the Gospel. Find the words in the word search below.

C	K	N	T	F	X	S	T	P	I	D	U	S	H	P	L	F	R	T	S
U	F	I	G	R	V	C	I	D	A	I	G	W	I	G	S	E	E	E	D
N	B	C	N	S	P	T	D	E	H	C	R	O	C	S	A	C	M	L	P
E	Y	T	L	G	U	R	C	S	A	T	M	R	G	N	O	D	R	S	A
D	U	A	I	T	D	O	N	C	V	R	N	Z	I	P	R	Q	A	J	R
O	T	R	O	K	S	M	P	S	E	F	I	Y	V	E	M	I	F	N	A
G	H	W	S	C	O	R	O	N	S	T	F	R	H	T	A	P	C	E	B
F	S	T	D	H	A	N	H	R	T	H	I	S	Y	O	Y	S	D	R	L
O	E	N	O	L	I	V	E	O	I	D	R	E	T	S	C	K	S	E	E
D	G	S	O	T	V	U	N	H	L	K	L	Y	I	M	G	C	A	I	V
R	Y	A	G	E	R	O	U	T	G	S	E	E	D	N	K	O	J	T	R
O	U	K	N	W	D	M	B	U	E	N	T	L	G	A	S	R	F	I	S
W	W	O	H	S	G	K	I	N	G	D	O	M	N	R	P	D	B	O	E
K	T	C	E	N	H	U	D	R	E	C	N	D	O	M	S	B	U	S	I
R	N	U	A	T	D	W	P	O	H	L	W	H	P	I	R	T	S	N	R
O	T	H	O	U	E	S	N	D	P	R	O	C	T	R	A	E	O	F	R
O	U	W	I	T	K	C	A	R	T	S	E	V	R	A	H	R	C	I	O
T	P	R	C	R	O	P	E	C	H	I	K	C	A	N	T	O	N	M	W
S	O	Y	V	E	H	T	O	I	D	W	B	N	E	L	R	U	S	L	A
N	F	A	R	O	C	I	S	N	G	Z	X	J	H	Y	S	D	R	I	B

Birds ☐
Choked ☐
Crop ☐
Evil one ☐
Farmer ☐
Good soil ☐

Harvest ☐
Heart ☐
Kingdom ☐
Parable ☐
Path ☐
Rocks ☐

Roots ☐
Scorched ☐
Seed ☐
Thorns ☐
Worries ☐
Word of God ☐

Jesus always used stories and illustrations like these when speaking to the crowds. In fact, He never spoke to them without using such parables. MATTHEW 13:34 NLT

JESUS FEEDS FIVE THOUSAND

Jesus performed a miracle by feeding five thousand people
with a little boy's lunch. Find the words in the word search below.

J	S	T	U	K	P	T	L	F	I	S	H	C	K	E	I	C	R	F	M
D	U	E	O	H	S	U	Y	G	N	L	R	D	F	A	N	D	I	A	E
A	V	G	A	L	I	L	E	E	S	K	N	A	H	T	E	V	A	G	Q
Z	X	T	W	O	B	T	S	H	R	A	L	G	U	S	E	D	E	O	D
W	O	R	P	A	F	O	C	R	O	W	S	P	I	L	I	P	F	N	R
T	H	T	I	S	U	G	B	C	I	R	T	R	O	N	U	E	I	B	L
U	D	L	M	C	W	H	A	S	W	J	B	A	S	K	E	T	V	Y	T
N	S	E	I	E	N	I	T	L	X	Q	V	O	C	H	R	A	E	G	S
I	R	G	R	C	L	O	K	U	I	E	P	T	M	E	W	Y	T	H	T
G	Z	D	A	Q	X	J	B	Q	S	L	D	M	H	C	N	R	H	O	E
R	N	I	C	V	S	D	W	O	R	C	E	G	P	S	R	Y	O	I	K
A	K	B	L	L	E	J	E	D	Y	B	R	E	U	N	I	E	U	P	S
E	T	W	E	E	V	E	S	A	I	N	G	L	K	P	D	T	S	M	A
D	H	S	T	F	K	O	E	T	U	C	S	O	E	S	H	C	A	E	B
P	A	L	E	T	V	R	B	P	D	Y	I	N	V	R	Y	F	N	D	E
E	N	M	O	O	L	S	M	I	R	A	C	E	L	E	G	P	D	S	V
M	K	I	R	V	H	P	T	L	O	A	B	R	K	N	O	H	N	K	L
W	S	L	O	E	T	R	G	I	N	S	A	B	M	E	A	Y	R	C	E
L	B	E	Y	R	I	J	A	H	Z	B	U	C	E	W	R	N	U	Y	W
N	U	N	S	S	M	N	T	P	H	N	G	I	H	S	I	F	O	W	T

Andrew ☐
Boy ☐
Crowds ☐
Five loaves ☐
Five thousand ☐
Gave thanks ☐
Leftovers ☐
Miracle ☐
Philip ☐
Sea of Galilee ☐
Twelve baskets ☐
Two fish ☐

When they had all had enough to eat, He said to His disciples, "Gather the pieces that are left over. Let nothing be wasted." So they gathered them and filled twelve baskets with the pieces of the five barley loaves left over by those who had eaten. JOHN 6:12-13 NIV

77

THE GOOD SHEPHERD

Jesus said that He was the Good Shepherd and He takes care of His sheep. Find the words in the word search below.

G	O	O	D	S	H	E	P	H	E	R	D	N	H	G	O	M	F	R	I
R	I	S	H	E	P	E	R	D	B	U	E	L	B	M	B	A	L	G	N
E	A	F	T	K	S	T	H	R	T	Y	I	D	L	C	K	M	O	K	S
B	Y	Z	W	L	E	A	N	H	C	A	R	V	H	I	K	N	E	H	T
A	T	I	M	P	T	R	A	N	Q	E	U	S	C	A	T	E	R	E	D
S	H	E	E	E	P	S	T	T	H	I	E	F	O	N	L	F	O	Y	A
Q	O	R	D	I	V	R	Y	P	E	W	S	D	R	I	W	Y	N	W	T
U	I	L	E	F	N	Y	E	U	H	R	V	A	F	D	C	P	E	T	R
E	O	N	I	T	F	H	Y	T	I	C	N	E	P	U	E	S	O	M	W
D	V	T	O	W	S	N	A	P	R	T	M	S	N	G	L	E	M	S	L
W	Y	L	R	F	E	K	C	B	M	O	C	L	W	N	H	T	A	N	J
N	S	T	H	A	L	B	D	R	C	K	E	T	S	I	S	V	R	W	A
W	H	F	N	R	I	O	A	T	Y	M	N	I	Y	N	W	T	O	U	B
D	E	R	E	T	T	A	C	S	I	N	U	T	E	S	M	L	R	I	E
O	E	L	M	U	T	S	G	K	U	A	S	R	Y	O	F	W	T	A	R
U	P	T	O	H	B	Y	S	V	N	M	E	T	A	G	N	O	H	L	E
M	S	L	A	T	D	C	N	P	R	T	G	N	D	W	A	L	M	S	H
A	C	R	O	H	M	G	A	I	T	O	U	L	P	A	I	W	D	N	T
N	I	L	C	D	S	Y	E	K	S	H	E	N	S	U	E	V	H	T	A
E	D	H	I	R	E	D	H	A	N	D	O	U	C	P	R	G	N	A	F

- Father ☐
- Flock ☐
- Gate ☐
- Good Shepherd ☐
- Hired hand ☐
- Life ☐
- Pen ☐
- Scattered ☐
- Sheep ☐
- Shepherd ☐
- Thief ☐
- Wolf ☐

"I am the good shepherd. I know My own and My own know Me, just as the Father knows Me and I know the Father; and I lay down My life for the sheep." JOHN 10:14-15 ESV

THE PARABLE OF THE LOST SHEEP

Jesus told the parable of the lost sheep to demonstrate how He loves each one of us and rejoices when a sinner comes to salvation. Find the words in the word search below.

H	P	R	T	Y	D	R	E	P	E	N	S	C	R	O	T	I	A	S	C
E	I	P	R	A	W	E	O	S	T	P	E	E	H	S	V	D	T	N	E
A	X	C	P	T	O	N	E	C	D	B	R	D	A	Z	L	S	M	E	L
V	R	A	D	L	I	N	T	N	I	A	M	S	B	R	O	W	R	T	E
E	G	R	E	J	O	I	C	I	N	G	I	N	H	E	A	V	E	N	B
R	U	R	L	A	R	S	E	T	A	R	B	E	L	E	C	H	A	P	R
I	I	Y	A	Z	N	U	G	N	B	U	Y	K	N	I	T	N	D	E	A
G	S	H	E	E	P	L	E	F	N	D	R	S	A	I	E	C	S	E	E
H	D	O	P	N	Y	B	S	H	E	P	H	E	R	D	S	J	T	H	T
T	A	M	E	T	U	O	C	N	M	A	G	B	S	T	F	R	I	S	E
E	H	E	E	C	M	W	H	G	D	Y	W	F	H	Y	B	H	O	D	N
O	D	S	H	P	N	D	O	Q	Z	O	I	X	J	G	V	N	G	E	I
U	U	O	S	F	B	M	D	S	T	N	E	P	E	R	I	A	H	R	C
S	I	N	T	A	S	N	E	M	D	E	N	T	L	Y	S	T	B	D	L
E	F	A	S	P	E	E	H	S	E	N	I	N	Y	T	E	N	I	N	E
C	M	P	O	R	M	Z	A	H	I	W	D	G	L	G	H	A	T	U	F
L	N	V	L	T	N	D	G	R	N	U	R	A	P	T	S	R	G	H	S
T	M	S	E	I	W	T	H	M	C	I	W	O	R	I	E	D	H	E	U
N	L	F	N	H	G	L	O	G	N	H	H	T	N	M	C	N	S	N	B
G	S	Y	O	R	U	D	N	C	S	O	U	S	N	T	H	V	E	O	Z

- Carry home ☐
- Celebrate ☐
- Find ☐
- Ninety-nine sheep safe ☐
- One hundred sheep ☐
- One lost sheep ☐
- Rejoicing in heaven ☐
- Repents ☐
- Righteous ☐
- Search ☐
- Shepherd ☐
- Sinner ☐

"I tell you that in the same way there will be more rejoicing in heaven over one sinner who repents than over ninety-nine righteous persons who do not need to repent." LUKE 15:7 NIV

79

THE TRIUMPHAL ENTRY

Jesus' triumphal entry into Jerusalem is recorded in Mark 11.
Find the words in the word search below.

S	D	N	T	O	L	S	S	A	N	M	R	Y	E	L	K	E	W	C	U
T	U	K	C	Q	K	R	E	I	O	F	T	H	G	F	D	T	R	D	S
S	I	A	F	A	T	F	V	Z	Q	X	V	J	K	L	M	O	N	P	Q
E	K	R	O	B	M	R	I	H	T	B	J	Z	Y	X	W	T	V	U	R
H	J	L	S	H	O	U	L	J	Y	O	E	W	I	D	N	A	S	C	E
G	C	W	T	A	C	Y	O	E	G	N	R	L	T	M	I	Y	R	P	M
I	B	L	E	S	S	I	F	N	D	S	U	G	S	U	E	Q	X	A	Z
H	N	D	I	E	L	A	O	S	E	H	S	I	D	E	S	S	E	L	B
E	G	M	A	O	H	S	T	Y	C	U	A	H	M	A	W	E	D	M	N
H	A	W	D	T	D	U	N	E	I	K	L	R	M	Y	N	A	K	L	T
T	M	O	U	N	T	A	U	I	N	O	E	F	B	E	T	H	P	E	G
N	U	L	A	V	H	G	O	A	P	Y	M	N	A	H	T	E	B	A	F
I	A	T	I	T	O	N	M	W	N	T	E	R	L	Y	W	L	I	V	M
A	Q	O	E	B	Y	A	P	H	Y	R	V	E	G	A	P	H	T	E	B
N	H	B	W	D	I	U	R	S	G	O	T	H	T	O	R	D	Y	S	A
N	R	E	T	B	O	K	B	C	O	L	T	B	E	N	A	O	T	P	L
A	Y	T	U	N	D	R	H	A	H	A	C	D	R	T	V	E	I	E	A
S	C	H	R	L	Y	P	T	U	M	S	I	U	C	A	M	O	E	V	Z
O	E	I	D	I	V	A	D	F	O	M	O	D	G	N	I	K	V	J	Q
H	R	T	W	Q	S	E	L	P	I	C	S	I	D	S	K	J	H	M	X

Bethany ☐
Bethpage ☐
Blessed is he ☐
Cloaks ☐
Colt ☐
Crowd ☐
Disciples ☐
Hosanna in the highest ☐
Jerusalem ☐
Kingdom of David ☐
Mount of Olives ☐
Palm leaves ☐

"Hosanna! Blessed is He who comes in the name of the Lord! Blessed is the coming kingdom of our father David! Hosanna in the highest!" MARK 11:9-10 ESV

GETHSEMANE AND PETER'S DENIAL

Jesus went to the Mount of Olives to pray before His arrest.
Find the words in the word search below.

M	R	D	L	P	C	Y	K	N	P	Y	H	N	G	T	G	I	F	D	O
I	R	F	T	W	D	L	T	S	J	E	N	A	M	E	S	H	T	E	G
S	T	D	L	E	N	R	G	W	N	O	M	E	T	N	T	H	R	I	C
X	S	Z	N	Q	D	E	N	I	E	Y	T	H	S	I	Y	L	P	M	S
J	V	I	L	E	U	T	D	I	S	C	I	P	L	A	E	S	P	R	A
K	E	J	K	Z	Q	T	S	E	L	P	I	C	S	I	D	X	R	E	Y
D	R	O	O	S	T	I	E	R	C	E	H	K	N	L	K	U	G	D	O
A	V	S	T	R	A	B	R	W	X	T	H	R	I	C	E	Z	J	A	Q
T	E	R	D	C	M	T	V	Q	V	E	K	U	L	Y	I	R	G	H	T
B	E	T	R	R	A	P	A	A	R	R	E	S	T	D	S	W	O	R	S
H	N	K	B	F	O	E	N	S	O	L	D	I	R	E	U	P	K	E	D
U	G	J	D	Y	U	W	T	L	F	E	R	A	C	Y	N	T	S	L	A
W	E	P	T	B	I	T	S	J	S	T	U	D	W	A	T	I	A	B	T
H	R	S	H	L	Y	O	E	O	A	E	V	C	E	R	S	A	E	L	P
I	M	E	O	V	R	Y	A	H	L	R	O	O	S	T	E	R	U	N	G
Y	T	R	P	E	D	F	R	D	N	D	I	W	N	E	S	H	G	Y	R
P	L	V	Y	S	A	C	N	I	G	O	I	H	M	B	N	E	W	O	I
V	U	A	H	N	D	R	T	M	Y	A	K	E	O	T	A	H	R	T	S
E	R	N	Y	X	H	S	A	U	E	D	T	H	R	D	C	E	H	R	A
P	W	T	N	E	R	H	T	O	G	N	C	P	S	S	U	Y	Z	F	A

Arrested ☐
Betrayed ☐
Denied ☐
Disciples ☐
Gethsemane ☐
Judas ☐
Kiss ☐
Peter ☐
Prayer ☐
Rooster ☐
Servant's ear ☐
Soldiers ☐
Swords ☐
Thrice ☐
Wept bitterly ☐

"Look, the hour has come, and the Son of Man is delivered into the hands of sinners. Rise! Let us go! Here comes My betrayer!" MATTHEW 26:45-46 NIV

81 THE CRUCIFIXION

Matthew 26-27 describes Jesus' trial and crucifixion. Find the words in the word search below.

B	R	K	N	I	A	T	R	U	C	N	R	O	T	C	R	O	S	K	E
E	A	R	T	H	Q	U	A	K	R	U	H	F	O	E	N	S	A	L	G
W	K	E	U	P	E	T	O	M	U	H	E	I	L	N	G	K	S	T	K
F	I	T	Y	T	C	N	S	T	C	J	N	S	I	M	O	N	O	F	C
B	A	R	A	B	S	T	A	L	I	P	E	Y	A	R	L	U	R	C	O
Y	U	L	E	N	S	I	U	B	F	O	R	T	S	P	G	H	T	R	N
R	I	N	U	V	E	L	S	A	I	S	Y	L	D	O	R	E	H	U	B
P	W	E	S	R	N	H	T	Y	X	D	C	B	M	S	O	V	Z	A	Q
M	Y	D	R	N	K	N	K	N	I	G	F	R	A	N	T	W	R	X	P
D	F	R	N	T	R	C	E	B	O	R	O	D	A	R	K	A	N	E	A
O	U	I	E	S	A	O	L	T	N	E	N	S	G	D	B	J	B	O	R
Y	F	S	G	I	D	D	H	R	H	S	O	R	U	B	A	M	E	R	A
D	O	R	N	C	U	R	T	T	X	K	M	W	A	S	Y	R	Q	U	D
O	Y	S	T	P	D	U	H	Q	F	J	I	S	S	O	R	C	A	W	I
G	X	R	N	G	N	I	V	T	N	O	S	G	B	R	K	E	O	S	S
F	E	K	L	R	E	N	D	E	C	R	N	A	F	T	B	A	G	T	E
O	D	G	U	V	A	L	O	S	M	U	T	W	L	N	T	E	D	P	A
N	I	N	E	O	I	T	A	P	G	O	L	G	O	T	H	A	C	I	R
O	R	S	P	R	S	N	M	A	C	I	N	G	N	R	E	G	Y	V	A
S	E	T	S	F	E	K	A	U	Q	H	T	R	A	E	C	I	T	A	C

Barabbas ☐
Cross ☐
Crown of thorns ☐
Crucifixion ☐
Darkness ☐

Earthquake ☐
Golgotha ☐
Herod ☐
Paradise ☐
Pilate ☐

Robe ☐
Simon of Cyrene ☐
Son of God ☐
Thieves ☐
Torn curtain ☐

Then he said, "Jesus, remember me when You come into Your kingdom." Jesus answered him, "Truly I tell you, today you will be with Me in paradise." LUKE 23:42-43 NIV

A SCRIPTURE VERSE TO REMEMBER

Find the words in **bold** in the word search below.

O	N	L	Y	S	O	V	K	E	F	I	L	B	L	A	N	R	E	T	E
C	W	H	P	N	A	G	T	Y	S	G	O	B	I	S	O	U	T	M	N
L	O	V	E	S	D	F	P	H	B	J	A	G	N	T	D	R	G	A	D
D	R	N	K	U	W	A	E	T	S	W	H	R	T	S	E	C	U	L	R
H	L	T	D	Y	N	O	R	U	Y	H	T	B	I	R	G	Y	R	T	I
N	S	G	B	E	L	E	I	V	N	O	S	Y	L	N	O	O	H	R	E
D	E	I	R	W	M	G	S	I	A	E	R	D	T	R	W	L	F	S	W
K	Y	F	U	O	W	N	C	E	L	V	D	I	H	S	T	G	A	A	L
G	N	R	B	S	E	G	H	Y	T	R	P	T	R	F	E	R	H	V	M
I	H	Y	E	P	R	A	N	T	S	B	Y	H	B	A	S	T	A	E	R
P	N	S	V	N	T	V	Y	F	V	E	S	E	I	S	M	H	N	G	T
L	S	I	A	P	S	E	N	T	C	I	N	V	Y	R	D	Y	L	D	O
Y	F	P	W	H	O	E	V	E	R	B	E	L	I	E	V	E	S	H	I
H	U	H	O	W	B	M	T	E	S	L	I	A	T	D	H	A	E	P	S
U	D	E	V	O	L	R	P	L	Z	D	C	H	O	N	D	K	Y	B	R
S	T	N	D	R	E	D	C	E	L	P	S	E	I	P	T	O	H	S	U
D	G	Y	L	A	S	N	I	R	N	R	V	R	F	N	S	T	G	A	I
N	B	I	T	F	O	A	O	S	E	D	R	W	N	G	I	A	L	V	E
E	D	N	K	T	C	W	R	T	S	B	A	S	E	H	C	N	R	B	S
S	A	T	R	E	N	O	E	T	E	R	N	A	L	L	I	F	E	Q	X

*For **God** so **loved** the **world** that He **gave** His **one** and **only Son**, that **whoever believes** in Him shall not **perish** but have **eternal life**. For God did not **send** His Son into the world to **condemn** the world, but to **save** the **world** through Him.* JOHN 3:16-17 NIV

83

THE RESURRECTION

Jesus' resurrection is recorded in Matthew 28 and Mark 16.
Find the words in the word search below.

M	E	A	R	T	H	Q	U	A	K	E	E	S	U	S	I	S	A	L	I
O	Q	G	U	A	R	S	D	G	M	R	Y	P	N	I	D	W	N	T	O
T	I	G	D	J	Y	Z	L	I	N	E	N	C	L	O	T	H	E	S	B
Y	A	T	L	Z	X	R	W	R	I	E	M	A	T	F	D	L	H	O	K
T	S	U	I	Y	A	W	A	D	E	L	L	O	R	E	N	O	T	S	W
P	S	T	O	N	E	R	O	M	T	R	D	A	N	I	D	N	P	K	N
M	P	G	N	I	K	C	B	I	A	N	P	B	Y	L	C	I	Y	H	G
E	I	C	R	D	A	S	E	Y	G	R	A	L	R	G	C	H	T	U	O
V	C	G	N	V	L	U	A	N	O	I	N	T	Q	E	S	J	A	Y	H
I	S	M	E	H	P	Y	M	I	E	N	D	A	S	Y	O	R	C	T	B
L	E	D	B	G	A	E	V	H	T	L	N	O	G	M	D	A	I	O	R
A	L	S	M	T	M	N	T	O	E	V	A	R	Y	S	P	R	D	U	F
S	D	J	O	S	E	P	H	G	R	G	W	D	N	K	F	L	S	Y	M
I	E	A	T	C	L	A	N	D	E	R	S	L	G	V	N	H	E	P	L
S	R	D	Y	R	O	A	E	R	P	N	D	S	C	A	E	P	I	V	F
U	B	C	T	L	K	T	O	C	L	E	U	N	T	S	M	F	T	Y	S
S	I	S	P	N	P	X	E	R	M	D	N	I	P	L	H	Y	Z	Q	H
E	V	R	M	D	M	G	C	S	T	P	E	D	N	P	O	I	R	S	N
J	O	S	E	P	H	O	F	A	R	I	M	A	T	H	E	A	I	A	S
T	E	V	L	U	R	C	A	D	N	F	O	G	N	T	P	M	R	T	M

Angel ☐
Anoint ☐
Earthquake ☐
Empty tomb ☐
Guards ☐
Jesus is alive ☐
Joseph of Arimathea ☐
Linen clothes ☐
Mary ☐
Mary Magdalene ☐
Spices ☐
Stone rolled away ☐

The angel said to the women, "Do not be afraid, for I know that you are looking for Jesus, who was crucified. He is not here; He has risen, just as He said. Come and see the place where He lay." MATTHEW 28:5-6 NIV

JESUS IS ALIVE!

Find the phrase: HE HAS RISEN 10 times in the word search below.

C	N	M	G	T	H	R	G	N	O	U	B	R	D	M	H	K	R	L	I
H	T	E	R	W	G	N	K	E	W	N	V	S	F	L	E	S	T	H	G
O	G	F	S	T	F	R	M	S	Q	T	E	B	K	N	H	G	E	A	D
E	H	C	E	I	C	L	S	I	F	O	T	N	M	O	A	M	U	R	T
H	S	J	M	A	R	B	U	R	L	N	E	S	I	R	S	A	H	E	H
B	E	R	Y	S	M	S	E	S	A	R	O	T	S	A	R	T	D	R	N
S	D	H	G	O	M	H	A	A	U	T	H	W	E	M	I	I	T	W	K
I	Y	U	A	L	D	B	O	H	N	G	A	B	R	D	S	H	M	K	R
L	N	W	T	S	N	W	D	E	E	N	O	I	T	C	E	O	L	E	A
A	M	T	A	N	R	D	S	H	G	H	R	T	E	H	N	Q	Z	X	N
T	N	U	O	E	L	I	C	T	S	O	L	C	A	V	S	M	V	J	E
H	R	W	I	G	R	Y	S	L	D	R	S	S	E	P	R	T	Y	A	S
E	S	T	U	S	K	W	O	E	V	T	R	G	W	A	E	S	C	N	I
A	N	O	A	V	R	Y	T	H	N	I	G	S	T	R	N	G	E	A	R
R	L	H	F	N	E	K	B	I	S	R	E	K	C	F	O	L	H	I	S
P	E	Y	M	D	O	A	Y	E	T	S	V	N	R	Z	Y	N	G	T	A
H	T	S	I	M	Y	L	N	F	I	N	E	S	I	R	S	A	H	E	H
G	F	T	S	T	C	H	R	T	H	N	K	U	Y	X	R	C	I	S	E
D	G	A	Y	D	E	U	G	N	A	X	L	R	W	N	T	H	G	R	H
O	C	R	H	E	H	A	S	R	I	S	E	N	O	I	S	K	O	E	A

Jesus said, "I am the resurrection and the life. He who believes in Me, though he may die, he shall live. And whoever lives and believes in Me shall never die." JOHN 11:25-26 NKJV

Did you know? Jesus appeared to Mary Magdalene, various other women and the disciples after He rose from the dead. Do you know how many people He appeared to at one time?
Clue: 1 Corinthians 15:6-8

85

KEY PLACES IN ACTS

Find the following words in the word search below.

C	A	I	A	H	C	A	T	Y	F	E	M	E	R	L	D	B	U	E	W
G	A	L	A	T	R	W	O	B	N	S	R	K	N	P	S	G	N	H	S
T	O	I	B	L	C	K	E	Y	S	E	O	T	B	L	A	S	L	V	R
L	N	F	N	D	T	F	U	O	R	W	M	A	C	E	D	O	N	A	H
Y	A	G	R	O	Z	L	L	Y	C	I	A	K	D	P	I	T	S	R	T
D	R	H	J	U	D	A	E	M	Y	N	R	J	Y	R	H	N	O	D	E
G	L	O	D	P	R	E	P	H	E	S	U	C	T	I	E	C	T	R	Y
O	W	B	S	E	M	R	C	F	J	E	R	U	S	A	L	M	A	S	W
C	E	K	D	M	E	F	O	A	U	O	Q	Z	X	V	C	E	H	S	E
S	A	M	A	R	I	E	L	D	M	F	A	I	T	A	L	A	G	U	O
P	I	S	N	D	E	C	K	E	E	S	R	C	H	A	E	S	F	R	D
H	W	E	C	R	S	T	R	G	L	K	B	Y	I	H	T	R	O	D	M
T	C	H	K	E	D	K	C	N	A	D	W	R	F	R	D	N	L	Y	W
R	A	E	U	G	R	Y	H	T	S	O	Y	L	C	Y	A	E	N	L	C
Y	L	T	O	E	P	H	E	S	U	S	F	N	E	R	I	C	U	I	O
H	G	R	S	R	D	Y	N	M	R	N	U	I	S	B	R	Z	Y	T	S
A	E	D	U	J	N	G	E	R	E	O	S	B	D	E	A	H	F	R	N
S	N	S	L	W	R	C	S	N	J	R	C	E	Y	B	M	D	G	S	D
M	L	C	K	F	C	E	A	H	T	S	T	U	I	S	A	T	R	W	B
F	T	P	O	L	N	T	E	D	F	C	A	E	R	A	S	E	A	C	L

Achaia ☐
Caesarea ☐
Cyprus ☐
Ephesus ☐
Galatia ☐
Jerusalem ☐
Judea ☐
Lycia ☐
Macedonia ☐
Rome ☐
Samaria ☐
Syria ☐

"You will receive power when the Holy Spirit has come upon you, and you will be My witnesses in Jerusalem and in all Judea and Samaria, and to the end of the earth." ACTS 1:8 ESV

MORE THAN CONQUERORS

Find the words in **bold** in the word search below.

I	M	C	R	L	Y	T	I	R	D	E	L	R	D	W	H	T	A	S	H
C	O	H	D	I	P	R	E	S	E	N	A	N	G	L	E	S	L	C	D
N	T	R	L	S	E	O	P	R	G	H	T	Q	W	R	K	T	H	O	Z
P	L	I	V	E	I	Z	W	K	E	L	C	X	N	I	C	R	J	C	X
T	Y	S	P	L	U	C	T	E	O	E	U	D	R	M	I	S	T	U	B
R	T	H	G	L	R	A	I	G	R	U	L	F	I	S	T	U	A	C	E
A	U	B	S	A	F	U	T	U	R	S	Z	X	T	J	Q	K	O	S	M
C	O	N	Q	U	E	R	T	O	T	F	S	J	A	E	B	N	T	H	G
P	T	A	T	O	E	U	B	Y	W	H	E	T	N	S	Q	A	P	C	D
R	D	E	L	W	F	W	H	S	P	S	O	P	G	U	E	L	K	R	E
I	F	O	Q	U	I	L	O	T	U	I	N	E	E	P	R	G	A	N	P
T	U	P	E	R	L	H	G	S	N	H	T	R	L	Y	V	E	Z	I	T
H	A	W	Y	P	R	N	T	S	C	A	O	N	S	C	R	T	N	O	H
G	E	D	C	R	Q	X	Z	J	O	R	G	S	B	Y	A	M	U	T	B
I	O	R	W	E	D	T	N	E	S	E	R	P	S	T	C	K	E	R	S
E	Y	D	O	L	H	M	U	Y	I	H	C	N	R	C	S	P	B	T	H
H	M	A	T	R	I	T	E	L	P	R	D	E	O	D	E	M	O	N	S
S	N	G	I	A	L	N	A	G	O	S	C	R	Z	L	N	I	T	B	L
E	T	K	S	B	T	R	D	E	V	O	L	I	H	S	O	R	P	A	E
G	R	N	E	C	R	A	F	L	D	C	N	T	U	P	N	K	B	L	C

*In all these things we are more than **conquerors** through Him who **loved** us.*
*For I am convinced that neither **death** nor **life**, neither **angels** nor **demons**,*
*neither the **present** nor the **future**, nor any **powers**, neither **height** nor **depth**,*
nor anything else in all creation, will be able to separate us from
*the love of God that is in **Christ Jesus** our Lord.* ROMANS 8:37-39 NIV

87

WHAT IS LOVE?

Find the words below in the word search. Then find the word LOVE hidden 5 times.

N	R	E	Z	O	I	C	E	S	W	I	T	H	T	H	E	L	O	V	E
E	O	N	S	P	E	D	H	B	Y	L	N	D	S	C	P	A	T	D	O
N	I	T	A	R	R	O	G	A	N	C	I	E	P	A	M	R	U	L	C
L	S	L	R	N	P	D	S	T	H	B	E	L	I	E	V	E	S	Q	Z
O	O	R	A	E	D	F	N	R	M	E	O	B	R	N	A	M	D	C	N
V	F	M	S	R	S	E	X	B	L	A	P	A	T	I	E	N	C	E	T
E	L	S	T	A	I	E	Z	G	U	M	C	T	O	L	R	D	Y	R	U
N	E	R	S	T	P	C	N	L	S	U	O	I	V	N	E	T	O	N	E
C	T	H	A	N	Y	U	K	T	O	M	C	R	H	U	V	F	S	R	I
E	F	P	Y	L	M	F	O	S	F	T	D	R	E	I	O	R	L	A	M
R	N	D	S	E	C	R	P	T	N	U	K	I	N	G	L	B	I	X	O
F	I	R	I	N	S	T	A	G	R	M	L	T	P	S	T	O	A	K	Y
E	B	L	A	E	M	C	O	N	I	T	C	O	A	R	S	I	F	D	N
S	E	R	U	D	N	E	H	S	T	U	S	N	E	I	M	E	R	B	U
A	T	H	C	N	O	T	A	R	R	O	G	A	N	T	S	V	E	I	S
P	W	R	F	I	U	L	O	A	P	R	F	S	N	L	A	O	V	R	C
E	A	M	R	K	G	F	T	E	N	C	I	E	V	O	L	L	E	O	H
M	I	U	D	S	K	T	P	B	L	D	W	N	L	D	Z	X	N	Q	J
D	O	C	M	O	R	Y	S	I	N	V	D	U	A	P	L	S	H	E	S
H	T	U	R	T	E	H	T	H	T	I	W	S	E	C	I	O	J	E	R

Love ...

Patient ☐	Not irritable ☐	Believes ☐
Kind ☐	Not resentful ☐	Hopes ☐
Not envious ☐	Rejoices with the truth ☐	Endures ☐
Not arrogant ☐	Bears ☐	Never fails ☐

Love is patient and kind; love does not envy or boast; it is not arrogant or rude. It does not insist on its own way; it is not irritable or resentful; it does not rejoice at wrongdoing, but rejoices with the truth. Love bears all things, believes all things, hopes all things, endures all things. 1 CORINTHIANS 13:4-7 ESV

FRUIT OF THE SPIRIT

Find the fruit of the Spirit in the word search below. Then find FRUIT OF THE SPIRIT 3 times.

C	T	H	R	L	O	R	T	N	O	C	E	I	K	A	Y	F	N	O	S
J	N	F	E	V	L	S	A	B	M	F	W	R	E	K	C	R	S	M	E
O	D	P	A	E	C	E	P	D	C	P	A	T	I	E	N	U	Q	Z	L
E	U	O	L	B	R	T	N	R	G	F	D	I	Y	R	V	I	J	X	F
Y	I	A	M	S	O	M	P	T	E	S	M	L	T	F	M	T	I	F	T
I	E	M	C	T	E	R	K	I	N	D	O	O	G	H	S	O	H	R	I
N	S	S	E	N	L	U	F	H	T	I	A	F	S	L	F	F	R	U	R
R	O	G	E	N	T	L	E	N	L	S	N	K	E	C	P	T	A	I	I
D	E	R	S	L	F	R	T	Y	E	M	T	H	C	N	G	H	L	T	P
L	M	K	Y	Z	F	A	E	C	N	E	I	T	A	P	E	E	P	O	S
A	D	R	I	E	S	C	R	H	E	Y	T	M	E	U	Y	S	E	F	E
R	I	E	W	N	R	T	O	W	S	X	Z	V	P	C	A	P	I	T	H
D	F	L	N	G	D	U	M	N	S	Q	O	T	N	L	C	I	K	H	T
P	A	R	E	T	H	N	G	B	T	L	Y	H	P	M	E	R	O	E	F
S	T	U	Y	O	J	A	E	X	I	R	T	F	D	O	F	I	C	S	O
D	U	K	C	A	T	C	I	S	N	P	O	I	N	I	M	T	E	P	T
N	L	Y	B	Y	E	G	V	E	S	U	C	L	B	E	T	N	M	I	I
R	D	C	O	N	T	R	O	L	Y	L	N	D	T	F	L	S	E	R	U
P	O	M	E	D	C	G	O	O	D	N	E	S	S	U	N	T	R	I	R
B	U	G	M	O	S	B	R	G	F	O	M	K	C	E	D	S	U	T	F

Love ☐
Joy ☐
Peace ☐
Patience ☐
Kindness ☐
Goodness ☐
Gentleness ☐
Faithfulness ☐
Self-control ☐

The fruit of the Spirit is love, joy, peace, patience, kindness, goodness, faithfulness, gentleness, self-control; against such things there is no law. GALATIANS 5:22-23 ESV

89

THE ARMOR OF GOD

Find the parts of the armor of God that appear in **bold** in the word search below. Find the word ARMOR hidden 5 times.

M	N	D	S	E	T	I	N	W	C	S	A	N	D	A	C	Y	L	N	G
C	P	C	N	T	E	P	M	C	Y	H	S	T	C	R	N	L	E	R	F
K	T	M	O	E	C	A	E	P	F	O	L	E	P	S	O	G	N	Y	E
B	G	H	K	I	R	N	W	Z	L	E	N	B	D	V	N	M	U	A	L
F	E	R	U	M	T	A	E	F	W	S	V	R	T	I	C	X	R	Z	Q
L	M	S	O	D	G	I	T	L	N	K	T	E	O	B	R	H	A	A	B
A	I	R	D	E	M	L	C	S	O	K	C	A	I	S	T	N	D	T	I
B	G	D	R	M	E	S	A	W	B	I	T	S	E	F	K	W	P	R	O
T	A	N	U	T	R	L	O	F	C	M	S	T	H	A	E	D	N	A	P
I	L	S	T	R	V	U	I	N	G	E	U	P	C	I	S	P	S	T	L
R	O	M	R	A	M	S	T	F	N	E	B	L	R	T	E	O	D	H	I
D	V	N	T	W	H	L	E	S	H	R	T	A	D	H	Y	L	P	E	N
E	L	I	E	P	M	S	U	T	R	E	P	T	A	P	N	O	D	L	C
Q	O	Z	M	X	K	O	K	E	S	T	P	E	B	C	K	W	H	T	O
N	P	M	L	J	E	I	R	O	M	R	A	D	W	R	F	E	V	M	T
R	V	O	E	T	S	Y	H	P	O	T	W	N	T	R	Y	H	L	T	I
S	B	J	H	A	W	R	T	R	U	T	H	D	A	O	K	M	Y	H	R
L	N	G	W	N	D	I	J	R	L	N	E	Y	G	M	L	A	O	M	I
G	I	N	M	T	S	T	P	E	M	T	A	E	D	R	I	U	G	S	P
R	L	Z	E	I	C	A	B	T	L	Y	S	T	M	A	D	R	O	W	S

Sword of the **Spirit** ☐ ☐
Helmet of **Salvation** ☐ ☐
Shoes fitted with the **Gospel of Peace** ☐ ☐
Breastplate of **Righteousness** ☐ ☐
Belt of **Truth** ☐ ☐
Shield of **Faith** ☐ ☐

Put on the full armor of God, so that when the day of evil comes, you may be able to stand your ground, and after you have done everything, to stand. Stand firm then, with the belt of truth buckled around your waist, with the breastplate of righteousness in place, and with your feet fitted with the readiness that comes from the gospel of peace. In addition to all this, take up the shield of faith, with which you can extinguish all the flaming arrows of the evil one. Take the helmet of salvation and the sword of the Spirit, which is the word of God. EPHESIANS 6:13-17 NIV

THINK ON THESE THINGS

Find the words listed in the word search below.

P	R	A	I	S	E	X	P	C	T	A	I	O	N	P	T	H	I	N	K
E	M	B	R	C	W	O	R	T	H	T	E	T	H	G	S	A	R	N	T
T	I	S	A	D	R	T	I	K	N	H	T	R	V	O	T	C	F	R	P
N	L	R	G	H	T	N	W	E	X	C	E	L	E	N	F	I	N	A	N
A	B	I	S	N	O	P	L	S	E	R	Y	T	I	B	A	T	S	L	S
D	T	Y	P	A	I	L	Y	B	L	S	V	E	F	O	T	R	F	U	Y
M	N	M	S	O	E	H	U	T	F	I	M	T	A	E	H	T	G	T	H
I	Y	A	T	C	P	C	T	R	U	E	L	S	R	T	I	K	L	S	T
R	W	H	X	W	K	R	W	E	G	T	N	V	D	A	N	S	I	D	R
E	T	E	U	V	G	T	O	B	S	F	R	E	A	S	G	F	E	R	O
I	Z	S	P	T	X	R	I	G	H	E	L	B	O	N	S	N	L	W	W
B	R	L	V	E	I	N	U	Y	R	S	H	F	P	R	O	F	T	B	E
O	Y	I	N	P	E	T	A	I	T	O	G	T	R	U	A	E	N	I	S
X	C	P	G	T	Z	X	Q	D	A	P	T	B	N	R	G	H	T	W	I
T	S	V	N	H	I	A	K	E	M	Y	L	E	V	O	L	P	U	I	A
W	R	I	E	D	T	O	P	R	U	S	R	T	L	A	K	T	E	R	R
U	A	T	R	A	M	R	F	U	E	M	C	N	I	D	A	N	P	H	P
D	I	N	C	W	H	L	S	P	T	A	B	O	D	N	E	U	I	R	D
G	N	R	P	M	C	G	D	O	W	N	K	I	U	L	B	V	A	H	E
Y	U	S	E	L	F	E	L	B	A	R	I	M	D	A	P	N	T	O	T

- True ☐
- Noble ☐
- Right ☐
- Pure ☐
- Lovely ☐
- Admirable ☐
- Excellent ☐
- Praiseworthy ☐
- Think on these things ☐

Finally, brothers and sisters, whatever is true, whatever is noble, whatever is right, whatever is pure, whatever is lovely, whatever is admirable—if anything is excellent or praiseworthy—think about such things. PHILIPPIANS 4:8 NIV

91

HOW TO CLOTHE YOURSELF

Find the words listed in the word search below.

L	W	J	S	U	S	E	G	N	A	S	B	S	M	T	C	S	A	L	M
U	S	B	D	P	D	P	O	L	Y	P	A	T	I	E	N	T	W	R	T
T	R	Y	H	K	I	N	D	U	I	S	K	M	O	H	O	N	S	A	S
H	M	A	U	N	E	C	G	L	Y	T	I	L	I	M	U	H	E	V	B
A	S	E	N	V	H	O	L	P	A	B	D	T	A	L	S	V	O	L	G
N	I	U	O	A	S	M	S	S	E	N	D	N	I	K	I	W	U	S	N
K	S	L	T	W	R	P	S	J	K	S	I	H	T	O	M	R	T	E	B
G	S	E	I	L	V	A	E	I	H	U	M	B	L	E	N	O	R	M	K
D	E	M	O	R	Y	S	N	T	E	B	S	G	I	S	E	J	C	Z	X
C	N	X	Q	S	Z	S	E	A	U	R	K	Y	L	G	R	O	N	T	D
V	L	B	J	N	S	I	L	W	T	E	F	G	H	L	M	B	S	E	Y
Z	U	Q	P	H	W	E	T	I	O	G	E	T	I	P	N	G	K	L	K
X	F	P	A	T	I	E	N	C	E	Y	O	V	A	G	M	K	I	G	E
L	K	D	N	E	M	K	E	E	N	I	N	S	K	A	L	S	E	O	N
K	N	A	C	T	L	A	G	U	V	Y	S	V	R	N	D	E	I	M	K
T	A	N	E	G	W	I	R	V	B	I	A	Y	M	F	W	G	R	E	V
W	H	T	K	N	I	M	U	W	O	U	G	P	R	T	A	M	N	K	M
D	T	I	T	G	A	R	D	N	K	S	W	R	D	W	K	A	T	I	D
B	R	N	G	M	Y	T	R	U	G	N	A	U	O	A	S	B	H	N	E
E	C	A	E	P	S	T	H	A	N	K	F	U	L	F	N	W	E	D	R

Compassion ☐ Humility ☐ Patience ☐
Forgiveness ☐ Kindness ☐ Peace ☐
Gentleness ☐ Love ☐ Thankfulness ☐

Therefore, as God's chosen people, holy and dearly loved, clothe yourselves with compassion, kindness, humility, gentleness and patience. Bear with each other and forgive one another if any of you has a grievance against someone. Forgive as the Lord forgave you. And over all these virtues put on love, which binds them all together in perfect unity. COLOSSIANS 3:12-14 NIV

HOW TO LIVE

Find the words in **bold** in the word search below.

I	W	N	T	O	G	E	B	T	R	S	K	N	A	H	T	E	V	I	G
L	K	E	H	I	W	T	A	E	R	C	O	U	Q	R	K	P	N	T	I
M	A	Y	B	U	O	Y	R	O	F	L	L	I	W	S	D	O	G	E	D
P	R	V	W	R	D	D	Y	V	H	I	N	F	T	N	R	K	O	W	O
S	W	E	G	A	R	U	O	C	N	E	S	R	O	U	F	S	Y	H	N
H	C	P	O	L	C	T	N	A	T	W	L	N	L	M	K	C	L	R	G
T	N	K	I	F	R	U	I	Q	Y	A	I	P	R	S	T	G	L	S	O
C	L	F	R	N	L	I	U	G	N	U	H	C	T	H	G	I	A	E	D
R	E	J	O	I	C	E	A	L	W	A	Y	S	Q	Z	X	J	U	K	Z
O	H	S	T	R	I	O	S	N	C	E	I	E	A	R	I	A	N	G	R
N	D	T	C	O	G	N	I	H	T	B	C	A	V	L	S	E	I	D	A
F	U	Y	S	R	P	O	S	G	L	A	Y	E	C	T	U	C	T	R	O
A	D	L	C	X	Z	A	I	B	E	P	A	T	I	E	N	T	N	Q	S
S	B	K	W	H	N	I	H	P	D	I	T	G	D	R	O	H	O	A	H
C	N	V	E	Y	L	E	N	G	A	O	E	F	C	U	M	S	C	Q	U
E	Y	U	Y	M	K	I	D	R	N	G	M	I	R	S	C	Z	Y	E	Y
A	R	C	B	A	E	C	O	V	A	E	T	L	C	E	O	H	A	T	H
M	H	G	E	V	I	R	T	S	I	W	A	S	H	K	P	L	R	V	E
E	S	T	I	U	C	E	F	L	S	R	U	O	L	A	J	Q	P	X	Z
H	O	L	M	E	B	R	N	G	F	T	C	M	E	M	U	B	R	E	L

Live in peace *with each other. And we urge you, brothers and sisters,* ***warn*** *those who are idle and disruptive,* ***encourage*** *the disheartened,* ***help*** *the weak,* ***be patient*** *with everyone.* ***Make sure*** *that nobody pays back wrong for wrong, but always* ***strive*** *to do what is good for each other and for everyone else.* ***Rejoice always****,* ***pray continually****,* ***give thanks*** *in all circumstances; for this is* ***God's will for you*** *in Christ Jesus.* 1 THESSALONIANS 5:13-18 NIV

HEBREWS HALL OF FAITH

Hebrews 11 lists many faithful followers of God.
Find the names listed in the word search below.

S	A	T	R	N	E	O	W	L	P	A	P	E	N	O	C	G	R	S	G
T	S	W	H	J	N	M	H	S	R	W	L	F	E	T	U	C	K	N	P
I	P	R	A	B	E	T	N	I	A	S	T	C	K	R	S	A	N	G	L
V	W	N	T	H	G	P	O	G	B	R	E	M	G	N	O	Y	U	R	F
A	U	R	L	S	T	M	H	E	R	G	S	A	I	S	A	A	K	O	T
D	I	P	O	T	F	E	C	T	A	N	L	B	D	O	U	C	L	I	N
E	M	F	V	R	I	S	K	C	H	P	E	S	O	J	M	K	E	S	O
H	C	O	N	E	F	R	T	B	A	A	E	N	E	R	G	B	I	D	L
L	Y	D	S	U	P	L	C	I	N	T	H	D	N	Q	H	A	R	A	S
Z	X	J	K	E	S	I	M	A	O	R	Y	B	R	S	U	R	F	L	E
U	O	L	C	I	S	K	N	P	E	T	M	H	G	L	I	A	G	N	T
R	S	P	J	A	C	O	P	X	D	I	V	A	D	R	K	C	L	E	C
T	B	E	N	T	C	A	A	S	I	F	L	H	H	W	O	K	N	L	Y
X	U	A	R	E	N	T	I	R	G	S	O	N	O	A	H	I	O	D	O
F	D	N	H	S	I	L	K	A	N	F	E	P	I	D	R	U	S	T	S
O	R	P	I	A	J	A	C	O	B	R	N	T	G	E	A	B	M	S	Y
B	L	Q	J	K	R	W	D	A	T	N	W	A	D	N	K	Q	A	X	Z
N	D	E	C	A	S	G	N	K	C	H	E	L	E	U	M	A	S	O	F
V	O	J	B	N	E	Y	O	J	I	S	A	C	N	W	R	D	E	H	T
B	E	I	G	A	R	N	B	C	K	G	R	N	D	O	U	Y	L	W	O

Abel ☐
Abraham ☐
Barak ☐
David ☐
Enoch ☐
Gideon ☐

Isaac ☐
Jacob ☐
Jephthah ☐
Joseph ☐
Moses ☐

Noah ☐
Rahab ☐
Samson ☐
Samuel ☐
Sarah ☐

Now faith is the assurance of things hoped for, the conviction of things not seen.
For by it the people of old received their commendation. HEBREWS 11:1-2 ESV

GROWING IN FAITH

Find all the words below *twice* in the word search.

S	C	R	T	P	R	E	T	K	Y	C	M	A	O	U	T	S	O	T	S
T	H	N	K	Y	U	O	C	N	P	E	R	S	E	V	E	R	E	E	D
D	A	F	F	E	C	T	S	O	U	L	A	K	N	P	Y	B	L	A	B
I	C	R	P	Y	S	D	O	W	N	S	D	U	S	E	Q	F	E	B	I
M	E	N	S	S	E	N	I	L	D	O	G	J	S	V	C	A	N	A	H
A	U	C	U	E	T	R	U	E	C	T	E	B	E	O	F	C	K	I	G
S	C	T	K	L	U	S	J	D	R	L	O	C	N	L	S	A	D	R	C
L	O	V	U	F	E	A	P	G	C	K	A	T	D	R	D	E	I	S	W
E	N	Z	X	A	Q	R	D	E	M	U	R	C	O	N	T	R	O	T	I
C	T	P	Q	F	L	S	H	T	Y	O	K	N	O	W	I	P	H	N	H
N	R	C	G	O	D	A	U	O	L	S	A	C	G	L	Y	N	F	O	E
A	O	I	V	N	G	S	F	C	R	T	M	U	T	U	A	L	C	H	G
R	L	E	Y	R	T	A	E	F	G	A	K	C	P	L	M	S	P	U	D
E	U	N	A	V	I	O	D	P	E	R	S	E	V	E	R	A	N	C	E
V	B	L	E	T	S	H	R	M	P	C	V	O	L	T	U	I	O	N	L
E	P	O	H	P	C	R	N	C	H	R	T	M	S	A	N	C	A	S	W
S	R	S	E	L	F	O	P	G	O	D	L	I	N	E	S	S	T	E	O
R	T	C	L	I	G	H	T	L	O	R	T	N	O	C	F	L	E	S	N
E	G	O	O	D	N	E	S	S	X	Y	P	E	G	N	I	T	R	Y	K
P	Z	X	F	J	N	O	I	T	C	E	F	F	A	L	A	U	T	U	M

Faith ☐☐
Godliness ☐☐
Goodness ☐☐
Knowledge ☐☐
Love ☐☐
Mutual affection ☐☐
Perseverance ☐☐
Self-control ☐☐

For this very reason, make every effort to add to your faith goodness; and to goodness, knowledge; and to knowledge, self-control; and to self-control, perseverance; and to perseverance, godliness; and to godliness, mutual affection; and to mutual affection, love. For if you possess these qualities in increasing measure, they will keep you from being ineffective and unproductive in your knowledge of our Lord Jesus Christ. 2 PETER 1:5-8 NIV

95

KEY PLACES IN REVELATION

Find the words listed in the word search below.

C	A	L	D	U	O	S	R	L	A	O	D	N	F	L	A	I	H	V	Y
Z	J	I	Q	G	N	I	N	T	H	G	L	U	R	D	N	H	T	R	Z
N	E	W	H	X	S	U	L	F	U	R	P	N	A	T	I	G	U	N	A
H	L	O	D	P	R	N	D	T	S	I	E	P	R	O	U	F	P	M	R
B	A	M	I	F	L	O	W	A	K	U	Y	X	Y	N	L	B	T	E	K
S	O	D	O	N	S	E	H	P	E	R	G	A	M	U	M	W	O	U	P
V	T	L	R	P	U	T	D	S	G	I	N	H	S	T	Y	V	E	H	Y
I	Y	C	H	E	A	S	O	A	T	S	E	G	B	U	R	N	I	N	G
Q	L	G	O	C	S	A	T	Y	L	C	N	F	E	A	H	Y	S	U	M
Z	A	R	I	T	A	Y	H	T	A	I	N	P	Y	B	R	B	T	P	E
J	K	T	O	B	G	Q	C	K	N	U	H	D	T	E	A	S	L	W	L
F	E	R	M	P	O	T	B	R	C	A	S	P	D	B	H	R	V	E	A
J	G	L	D	A	S	L	U	V	E	I	R	W	Y	L	M	E	D	T	S
E	A	B	L	T	E	B	C	S	D	T	Q	L	T	H	Y	A	T	M	U
R	G	H	S	M	F	T	O	R	L	A	O	D	I	C	E	A	Y	G	R
U	D	M	G	O	N	K	A	C	I	N	H	C	T	L	U	R	T	C	E
S	A	T	E	S	Z	S	U	S	E	H	P	E	X	J	N	F	S	H	J
A	N	K	C	I	D	O	F	R	O	I	G	H	L	A	D	I	N	G	W
L	A	D	R	P	E	R	G	A	S	P	L	U	T	S	E	S	O	R	E
L	S	E	T	S	U	S	P	M	O	D	O	S	H	B	R	E	A	Z	N

Babylon ☐
Ephesus ☐
Lake of burning sulfur ☐
Laodicea ☐
New Jerusalem ☐
Patmos ☐
Pergamum ☐
Philadelphia ☐
Sardis ☐
Smyrna ☐
Sodom ☐
Thyatira ☐

"Anyone with ears to hear must listen to the Spirit and understand what He is saying to the churches." REVELATION 3:22 NLT

KEY WORDS IN REVELATION

Find the words listed in the word search below.

L	I	V	I	N	G	T	H	R	O	N	E	Y	I	S	T	F	U	V	P
U	F	W	T	U	A	E	B	S	I	R	T	E	L	G	N	S	Y	R	A
G	M	B	O	L	O	K	T	T	R	U	M	P	E	T	S	F	H	P	L
E	X	Z	Q	M	C	R	E	A	T	U	R	E	S	L	A	M	P	O	E
S	E	R	U	T	A	E	R	C	G	N	I	V	I	L	O	C	I	G	F
R	F	D	O	G	R	N	T	M	E	H	O	R	S	E	B	K	S	W	U
O	G	H	I	H	T	S	D	L	T	A	V	E	B	Y	W	Z	H	M	L
H	J	F	N	O	G	A	R	D	S	H	P	D	G	W	L	I	K	A	Y
E	P	L	Y	R	A	T	N	M	E	R	F	U	B	A	T	B	M	Y	W
L	B	V	I	S	G	N	R	G	O	X	B	R	I	D	E	P	E	I	H
A	B	M	A	L	S	L	E	P	E	T	I	Y	S	B	S	U	R	A	I
P	E	G	R	T	I	N	H	R	O	L	M	N	O	T	R	I	T	C	T
E	B	L	A	C	K	E	P	A	T	Y	S	X	A	Z	O	L	V	S	E
S	G	U	I	P	T	Z	A	T	G	R	A	N	P	R	H	Y	S	E	H
S	L	E	T	S	T	B	S	U	R	J	D	F	A	S	K	N	N	S	O
L	R	W	K	C	A	A	C	H	I	S	Y	A	L	T	C	E	O	L	R
A	U	L	O	H	E	Y	K	C	D	H	O	R	S	E	A	H	I	A	S
F	D	E	R	B	M	U	S	R	E	D	L	E	I	C	L	S	T	E	E
L	L	O	R	C	S	E	Q	A	R	S	R	K	N	S	B	X	A	S	I
Z	H	O	R	S	E	A	L	D	S	N	O	B	E	W	H	I	N	E	J

- Angels ☐
- Beast ☐
- Black horse ☐
- Bowls ☐
- Bride ☐
- Dragon ☐
- Elders ☐
- False prophets ☐
- Lamb ☐
- Lampstands ☐
- Living creatures ☐
- Nations ☐
- Pale horse ☐
- Riders ☐
- Satan ☐
- Scroll ☐
- Seals ☐
- Throne ☐
- Trumpets ☐
- Woman ☐
- White horse ☐

"Worthy is the Lamb who was slain, to receive power and wealth and wisdom and might and honor and glory and blessing!" REVELATION 5:12 ESV

NAMES OF JESUS IN REVELATION

Find the words in **bold** in the word search below.

S	H	N	O	I	L	E	W	O	R	D	V	L	G	O	F	N	U	D	F
T	A	I	E	M	O	R	N	I	N	G	S	E	I	R	M	E	M	O	I
M	S	O	N	U	Z	X	N	A	M	F	O	N	O	S	Q	J	K	G	R
O	A	G	R	T	R	Y	I	M	E	D	S	T	I	N	A	T	R	F	S
R	I	N	O	E	S	T	A	R	L	F	O	R	F	G	E	O	X	O	T
N	Y	E	P	H	D	H	N	E	K	A	W	T	X	N	T	Y	P	D	L
I	U	O	W	N	T	G	O	D	M	I	S	O	N	A	C	R	S	R	O
N	S	H	O	M	J	I	A	S	W	T	E	T	E	S	F	L	O	O	E
G	W	R	C	N	A	M	K	E	P	H	A	R	U	P	M	O	K	W	R
S	O	L	E	H	O	L	N	W	D	F	C	A	M	F	T	L	C	N	I
T	B	A	L	P	H	A	C	K	R	U	P	S	G	N	C	K	F	R	E
A	I	N	D	L	Y	S	A	L	I	L	D	I	T	E	B	F	O	Z	S
R	G	A	W	T	S	H	G	O	M	J	K	D	W	Q	M	Z	Q	X	T
Y	A	N	J	E	G	N	I	R	P	S	F	F	O	U	G	O	D	S	A
T	M	A	N	S	R	F	S	D	U	O	E	G	R	G	I	N	U	T	R
Q	U	T	I	E	M	O	R	N	I	N	G	T	C	R	F	W	D	E	L
R	I	G	U	S	C	L	P	U	F	A	E	G	C	P	Y	O	L	O	V
W	L	O	R	D	G	O	D	Z	X	J	N	K	S	O	N	Q	N	R	N
R	G	K	E	N	O	G	N	I	V	I	L	H	C	P	T	X	N	O	D
U	P	D	Y	A	K	N	W	O	K	F	Y	R	U	H	E	A	S	U	S

The **Alpha** and **Omega** ☐ ☐

Lord God ☐

The **Almighty** ☐

Son of Man ☐

The **First** and the **Last** ☐ ☐

The **Living One** ☐

Son of God ☐

Witness ☐

Creator ☐

Lion of the tribe of Judah ☐

Morning Star ☐

The **Root** and the **Offspring** of David ☐ ☐

Faithful and **True** ☐ ☐

Word of God ☐

King of Kings and **Lord** of Lords ☐ ☐

"I am the Alpha and the Omega, the Beginning and the End," says the Lord, "who is and who was and who is to come, the Almighty." REVELATION 1:8 NKJV

TREASURES IN HEAVEN

Find the words in **bold** in the word search below. Then find the word TREASURE 5 times.

K	I	Y	S	T	O	R	M	N	E	R	U	S	A	E	R	T	I	O	N
S	E	A	R	A	D	Y	T	R	H	T	O	S	G	U	K	N	C	H	T
F	R	A	N	D	O	U	S	D	E	R	H	E	A	V	C	H	A	B	R
T	I	O	J	E	R	E	H	W	Y	V	E	K	L	W	I	P	R	T	E
H	N	X	T	M	R	E	S	I	Y	S	A	T	E	S	E	S	A	C	A
E	A	R	E	O	V	R	H	E	O	W	R	D	C	X	I	E	C	W	S
R	M	L	T	F	E	I	G	I	R	N	D	G	O	H	S	T	R	O	U
U	U	S	M	E	I	Z	H	O	T	U	N	U	Z	A	I	J	N	D	R
S	N	H	R	H	A	E	T	W	S	E	S	K	C	J	N	T	E	V	E
A	A	I	S	E	Y	A	C	M	E	R	Z	A	X	D	F	U	B	R	N
E	H	S	T	L	E	D	N	E	D	O	A	I	E	Q	H	T	R	A	E
R	U	G	R	C	R	S	T	H	N	I	G	S	T	R	O	C	H	N	G
T	H	U	S	I	U	U	D	E	L	P	I	E	C	S	T	E	A	L	E
P	S	N	H	U	S	A	T	Q	X	R	N	R	R	F	L	C	T	I	N
T	H	O	Y	E	A	V	H	Z	E	Y	H	E	N	U	E	R	L	C	O
N	T	E	T	H	E	R	I	S	D	F	N	I	V	O	S	T	B	E	R
U	O	E	S	G	R	D	E	I	A	E	R	S	U	A	O	A	X	O	N
L	M	A	U	T	T	R	V	B	K	S	H	O	M	T	E	U	E	Y	H
T	N	C	Y	M	N	I	E	R	E	T	U	A	H	G	L	H	U	R	T
R	T	R	A	E	H	O	S	L	F	I	E	N	T	S	M	C	R	Y	T

*"Don't **store** up **treasures** here on **earth**, where **moths** eat them and **rust** destroys them, and where **thieves** break in and steal. Store your treasures in **heaven**, where moths and rust cannot **destroy**, and thieves do not break in and **steal**. Wherever your treasure is, there the **desires** of your **heart** will also be."* MATTHEW 6:19-21 NLT

99

WORDS ASSOCIATED WITH HEAVEN

Find the words listed in the word search below.

L	W	A	T	E	R	I	M	F	E	S	U	S	P	R	I	N	G	E	R
I	R	E	T	A	W	G	N	I	V	I	L	F	O	G	N	I	R	P	S
V	C	L	D	K	P	S	M	A	N	M	I	U	T	Q	Y	A	N	P	E
I	Z	Q	T	X	J	G	O	L	D	E	H	A	S	T	R	E	E	T	T
N	C	K	H	O	U	P	C	T	B	L	W	R	W	O	W	N	D	R	E
G	E	C	R	P	R	T	I	E	U	A	Q	D	M	H	I	M	T	L	R
T	O	L	O	B	E	F	G	H	L	S	G	H	E	N	T	B	Y	E	N
D	F	I	N	J	N	N	Q	Z	S	U	X	A	S	R	I	P	L	S	I
O	W	G	E	H	I	Y	C	R	Y	R	V	S	T	L	W	A	N	D	T
G	Z	H	Q	Y	A	N	L	P	S	E	O	D	A	O	R	G	P	F	Y
F	X	T	R	M	P	U	T	E	N	J	D	W	E	V	Y	T	H	O	G
O	J	C	U	O	M	C	I	A	G	W	R	O	C	T	U	C	O	S	N
E	O	T	S	N	G	U	N	E	D	E	B	Y	B	U	M	F	N	I	P
N	D	L	W	S	A	D	G	V	C	N	W	N	A	L	R	T	Y	A	L
O	S	T	R	E	E	T	S	O	F	G	O	L	D	O	H	S	C	K	U
R	A	Z	D	A	M	N	B	F	R	O	R	T	S	C	L	U	R	T	Y
H	I	N	R	Y	C	S	I	T	S	L	S	K	H	E	C	A	V	H	I
T	C	T	O	E	B	M	A	L	G	D	H	B	G	Y	T	H	N	K	Y
E	H	K	I	Y	R	C	K	E	O	U	I	N	Q	S	N	I	G	A	U
K	I	N	G	D	O	M	M	A	B	H	A	T	H	T	A	E	D	O	N

- Angels ☐
- Eternity ☐
- Holiness ☐
- Kingdom ☐
- Lamb ☐
- Light ☐
- New Jerusalem ☐
- New heaven and earth ☐
- No death ☐
- No crying ☐
- No pain ☐
- Spring of living water ☐
- Streets of gold ☐
- Throne of God ☐
- Worship ☐

"In My Father's house are many mansions; if it were not so, I would have told you. I go to prepare a place for you. And if I go and prepare a place for you, I will come again and receive you to Myself; that where I am, there you may be also." JOHN 14:2-3 NKJV

A FINAL GREETING

Find the words in **bold** in the word search below.
Then find the words: MAY THE LORD 3 times.

M	K	I	N	W	A	B	R	A	L	C	H	O	L	X	G	I	M	U	S
A	E	K	M	A	Y	T	H	E	L	O	R	D	T	P	E	A	C	E	H
Y	C	G	R	A	C	I	O	U	S	H	P	S	L	V	O	T	H	A	T
T	A	I	C	H	U	N	R	C	H	T	I	N	G	S	D	E	G	U	C
H	P	V	L	N	B	Y	U	M	G	U	E	A	S	N	B	A	I	F	R
E	X	E	Z	I	K	F	A	V	O	R	O	I	E	L	H	W	V	H	C
L	Q	T	S	O	A	S	P	Y	M	T	C	R	C	P	E	I	E	A	M
O	D	A	I	Y	G	Y	N	E	V	O	S	I	M	R	N	C	Y	I	R
R	K	S	W	D	R	O	V	A	F	S	I	H	U	O	Y	W	O	H	S
D	P	L	S	A	E	U	N	T	Z	U	E	R	O	T	N	I	U	G	I
U	D	G	U	L	F	R	D	N	W	T	F	S	L	E	M	A	H	T	R
A	Q	U	I	R	A	T	M	X	C	L	E	N	T	C	P	N	I	U	S
O	E	M	L	D	N	J	C	Q	Z	Y	S	S	E	L	B	E	S	O	H
C	S	R	W	T	F	L	V	E	O	R	P	K	W	A	G	R	P	T	M
G	O	W	O	E	N	D	I	G	T	N	H	T	E	M	S	G	E	N	S
S	V	E	H	A	C	B	L	E	U	O	S	L	A	Y	O	B	A	F	L
R	G	U	S	K	C	L	B	I	H	M	R	C	O	H	C	R	C	U	O
Y	R	P	C	N	B	I	N	E	C	A	E	P	I	N	S	U	E	K	I
E	U	T	M	A	Y	T	H	E	L	O	R	D	O	P	F	T	S	D	G
G	R	A	C	I	O	U	S	T	O	Y	O	U	B	J	F	A	V	O	R

"May the Lord ***bless*** *you and* ***protect*** *you.*
May the Lord ***smile on you*** *and be* ***gracious to you.***
May the Lord ***show you His favor***
and ***give you His peace."*** NUMBERS 6:24-26 NLT

ANSWERS

1. BOOKS IN THE OLD TESTAMENT

H	L	E	L	C	H	A	I	N	A	H	P	E	Z	A	L	J	H	G	L
A	E	J	E	N	E	A	B	O	S	Q	P	E	O	G	E	H	O	Y	E
B	U	E	X	Y	S	M	V	N	A	H	U	M	W	U	O	T	E	B	V
A	M	R	O	E	T	O	I	N	G	S	B	T	G	H	J	U	S	L	I
K	A	E	D	G	H	S	G	C	Q	C	O	M	A	Z	A	R	Z	E	T
K	S	M	U	U	E	F	X	L	A	E	P	R	O	T	Y	P	O	S	I
U	S	I	S	A	R	N	R	T	H	H	W	B	K	E	H	R	V	E	C
K	G	A	S	E	I	P	E	S	U	R	A	H	A	S	A	O	T	L	U
H	N	H	E	G	N	C	I	S	E	D	O	U	F	H	R	V	U	C	S
A	I	G	G	L	T	W	M	N	I	T	H	M	S	T	B	E	E	I	S
G	K	E	D	H	L	E	C	A	L	S	S	M	A	N	E	R	T	N	B
G	S	H	U	A	T	M	H	R	O	E	I	A	G	L	T	B	C	O	N
A	H	M	J	I	V	R	A	J	D	M	T	H	I	G	A	S	W	R	I
I	A	L	L	R	P	N	T	S	O	R	P	B	L	S	R	C	C	H	K
D	I	E	I	A	T	Y	H	J	O	N	A	H	R	Z	E	B	H	C	A
A	M	I	S	H	S	N	O	I	T	A	T	N	E	M	A	L	I	I	N
N	E	K	A	C	Z	P	T	W	L	R	P	A	R	G	S	X	C	D	O
I	H	E	I	E	S	O	N	G	O	F	S	O	L	O	M	O	N	C	B
E	E	Z	A	Z	T	D	E	U	T	E	R	O	N	O	M	Y	I	Z	E
L	N	E	H	H	O	S	E	A	S	R	E	B	M	U	N	V	E	B	S

2. BOOKS IN THE NEW TESTAMENT

M	T	N	I	R	N	E	S	Y	T	B	D	I	W	H	R	E	D	O	A
A	S	Y	H	W	H	T	N	H	F	I	T	E	S	I	D	R	M	C	P
T	L	E	T	O	O	I	A	D	V	I	T	S	N	F	T	U	T	R	E
T	O	V	C	P	J	R	M	F	T	M	L	U	T	E	A	S	F	L	X
H	A	S	I	O	D	B	O	L	E	M	V	E	S	F	U	R	N	D	U
E	T	N	L	S	N	T	R	M	S	N	A	I	P	P	I	L	I	H	P
W	H	A	I	P	O	N	D	H	T	S	O	F	T	J	H	E	R	L	F
P	C	I	T	U	C	R	T	E	M	D	C	N	A	U	R	Y	S	M	D
N	A	H	R	A	E	L	I	H	F	N	I	M	S	H	E	N	W	E	I
V	Y	T	S	I	P	W	M	K	E	G	E	N	K	R	A	M	T	H	R
S	U	N	W	T	H	R	O	F	L	S	H	M	Y	I	E	I	N	V	E
N	V	I	E	M	E	H	T	C	B	G	S	W	T	N	D	W	S	O	T
A	F	R	R	L	S	N	H	G	C	H	R	A	I	H	T	G	O	N	E
I	L	O	B	U	I	N	Y	P	N	T	L	Y	L	S	D	E	I	R	P
S	W	C	E	L	A	E	I	D	S	A	H	E	R	O	T	W	L	A	D
S	E	T	H	P	N	Y	O	R	G	O	F	C	I	C	N	P	R	T	N
O	R	S	A	H	S	S	N	G	H	U	N	O	M	E	L	I	H	P	O
L	N	R	E	V	E	L	A	T	I	O	N	T	R	B	D	T	A	W	C
O	S	I	T	F	R	O	S	A	R	D	W	O	H	L	W	U	Y	N	S
C	T	M	R	C	K	A	L	U	K	E	T	H	I	O	U	S	J	E	S

3. WRITERS OF THE BIBLE

S	W	T	D	B	P	S	C	Y	H	O	C	S	R	U	E	R	P	S	H
P	N	I	A	P	L	Y	A	N	O	S	Y	E	M	G	I	N	H	O	J
O	H	S	V	R	H	G	T	U	D	N	W	S	L	K	A	W	Y	E	M
S	K	N	I	C	S	U	R	G	A	C	T	O	H	D	Q	M	N	D	I
R	G	H	D	T	R	Z	Y	U	N	L	Z	M	W	J	S	T	C	R	X
P	E	T	N	R	P	M	D	O	Y	K	T	H	E	P	N	A	I	P	S
O	U	F	M	Y	A	A	N	I	B	Y	Z	S	H	N	D	S	Z	M	E
W	I	D	E	R	V	R	U	C	R	J	E	R	E	M	I	E	K	R	Z
C	R	P	N	U	C	K	Z	L	L	T	P	Y	D	S	C	N	T	Y	N
F	Z	S	D	G	R	L	S	E	R	G	H	O	U	H	H	V	Y	E	C
R	E	L	Y	N	I	S	I	G	O	N	A	J	A	F	L	R	O	A	G
I	P	B	O	Z	O	K	W	Y	B	R	N	R	U	G	T	Y	E	A	R
E	H	A	I	M	E	R	E	J	D	T	I	Y	I	C	P	I	K	N	C
P	N	Q	Z	Z	E	C	H	A	R	A	A	F	N	A	L	R	U	A	N
R	O	X	E	M	N	S	T	E	H	M	H	S	R	I	G	E	K	U	L
N	M	F	R	I	U	D	T	P	Z	A	A	Q	J	K	Z	G	K	X	E
I	O	M	S	E	O	S	A	J	H	N	B	T	O	V	E	B	A	N	S
C	L	U	K	C	Z	R	M	N	G	A	U	A	H	D	G	O	B	H	F
E	O	W	T	R	A	E	D	G	H	U	K	W	K	W	T	R	A	Y	Z
I	S	A	I	A	H	P	T	H	A	W	A	H	R	K	E	B	H	T	O

4. NAMES FOR THE BIBLE

P	M	O	S	N	E	N	Y	W	A	L	E	H	T	F	O	K	O	O	B
L	V	E	I	W	T	H	O	U	E	T	A	P	R	E	C	T	F	S	M
S	H	D	W	L	A	M	B	S	M	R	W	N	A	B	S	M	L	I	V
A	L	Z	I	S	L	O	P	F	H	S	U	Z	D	X	Q	W	T	R	E
O	K	G	N	E	R	I	C	K	R	M	E	T	B	R	H	E	N	M	S
U	H	T	M	I	A	G	V	E	J	S	T	O	P	L	W	Y	T	H	Y
T	I	F	N	O	K	N	W	I	T	H	N	W	Y	I	O	I	Q	W	M
U	N	D	R	H	S	T	D	S	N	L	P	O	A	Y	R	N	L	E	T
V	S	V	T	B	O	O	K	O	F	G	Z	W	H	R	D	C	G	O	I
L	A	E	M	C	P	L	A	M	P	I	W	C	F	I	O	N	S	L	Y
N	K	N	E	E	W	T	Y	E	H	N	H	O	A	T	F	I	W	K	N
I	O	W	N	R	B	T	R	W	M	E	T	M	R	U	G	Q	E	X	Z
O	A	L	Y	P	C	A	S	A	R	N	D	P	C	D	O	K	N	Q	S
C	W	R	K	S	O	E	N	G	H	I	C	A	M	E	D	E	D	W	J
E	C	O	M	M	A	N	D	M	E	N	T	S	N	G	H	B	O	Y	E
S	V	O	E	U	S	E	T	U	T	A	T	S	L	F	I	R	O	B	A
L	R	C	K	O	W	B	Y	A	I	M	O	N	A	R	D	E	G	S	H
I	D	N	T	U	O	C	S	T	P	E	C	E	R	P	Y	H	W	Y	A
N	A	Y	O	B	D	T	A	C	L	S	E	M	O	S	T	D	I	L	W
C	W	R	G	O	O	D	B	O	O	K	D	Y	M	T	E	R	S	K	E

5. DIFFERENT BIBLE VERSIONS

B	N	B	R	N	O	I	T	A	L	S	N	A	R	T	S	W	E	N	D	O	O	G	S	M
D	A	H	B	E	V	N	G	K	I	N	G	J	A	M	E	S	V	E	R	S	I	O	N	L
R	W	W	S	S	V	O	L	O	U	T	D	H	P	F	Y	L	T	W	E	T	Q	R	E	E
A	L	A	N	H	R	I	I	M	F	H	E	C	T	B	W	E	Z	L	X	H	N	Z	W	I
D	I	N	E	G	D	S	S	H	C	E	F	S	I	I	E	L	B	I	B	E	O	X	A	W
N	V	O	R	E	N	R	E	E	T	M	N	B	G	B	S	B	R	V	Q	L	I	Y	M	H
A	I	A	D	O	F	E	G	N	D	E	L	D	A	L	R	I	E	I	A	I	S	U	E	L
T	N	M	L	T	P	V	F	L	U	S	S	M	I	E	N	B	D	N	O	V	R	A	R	N
S	G	P	I	A	B	L	K	O	E	S	T	R	L	T	F	G	L	G	I	I	E	B	I	O
N	T	L	H	G	O	A	U	F	C	A	V	A	D	I	J	S	T	T	N	N	V	H	C	I
A	R	I	C	I	T	N	L	S	T	G	I	N	N	O	P	N	U	R	F	G	D	C	A	S
I	A	F	L	S	R	O	R	K	N	E	N	C	G	D	D	G	Q	A	A	B	R	W	N	R
T	N	I	A	N	I	I	I	M	N	I	H	L	B	B	A	M	N	N	E	I	A	X	S	E
S	S	E	N	E	T	T	M	T	L	B	Y	L	F	E	I	R	W	S	B	B	D	Y	T	V
I	L	D	O	O	K	A	R	N	S	H	M	A	W	T	R	U	D	L	X	L	N	L	A	Y
R	A	L	I	A	T	N	G	B	I	B	L	E	L	A	X	W	H	A	N	E	A	Z	N	R
H	T	L	T	I	B	R	C	T	E	J	E	U	T	E	T	B	S	T	W	B	T	P	D	U
C	I	V	A	M	N	E	A	V	N	L	H	R	U	C	P	L	C	I	T	C	S	Y	A	T
N	O	R	N	D	E	T	L	D	B	P	G	R	L	I	F	B	S	O	N	R	H	H	R	N
A	E	A	R	T	S	N	R	I	W	T	H	M	C	W	E	L	B	N	B	P	S	A	D	E
M	G	T	E	E	B	I	B	D	R	A	D	N	A	T	S	N	A	I	T	S	I	R	H	C
L	Z	L	T	Q	Y	W	H	N	O	N	W	D	N	K	R	F	C	X	M	K	L	V	I	W
O	V	M	N	X	P	E	T	G	R	T	B	I	B	L	E	T	H	W	R	J	G	F	S	E
H	J	K	I	R	S	N	A	S	H	S	E	M	A	J	G	N	I	K	W	E	N	Y	H	N
C	O	N	T	E	M	P	O	R	A	R	Y	E	N	G	L	I	S	H	U	H	E	P	L	O

6. COMMON SAYINGS FROM THE KJV

Y	N	T	R	E	P	E	E	K	S	R	E	H	T	O	R	B	Y	M	N
V	B	H	Y	C	S	Z	T	R	F	E	U	I	N	H	J	K	M	E	T
S	S	E	W	Q	V	A	H	W	R	A	P	P	E	L	B	G	F	V	H
W	Y	A	F	A	S	G	E	Q	S	T	T	U	V	O	K	G	E	O	E
A	L	P	T	Q	A	D	P	E	O	N	P	O	W	R	S	O	E	L	R
L	D	P	E	Y	E	F	O	R	A	N	E	Y	E	O	N	T	D	F	O
W	A	L	M	G	H	J	W	Q	K	U	X	Z	C	W	D	H	F	O	O
I	L	E	W	Q	D	Z	E	R	H	G	Y	D	O	H	E	E	N	R	T
N	G	O	D	I	F	T	R	E	M	S	I	E	O	W	B	E	R	O	O
G	S	F	J	T	G	A	S	H	V	B	W	Y	Z	R	Q	X	L	B	F
T	L	M	F	B	O	T	T	O	M	L	E	S	S	P	I	T	U	A	T
H	O	Y	Q	X	T	Z	H	O	H	Y	T	J	A	X	O	R	K	L	H
U	O	E	W	S	H	O	A	F	F	T	S	W	E	Q	A	A	Y	L	E
D	F	Y	F	L	E	S	T	E	S	T	A	H	X	C	R	M	I	S	M
R	R	E	A	L	E	Y	B	T	E	E	H	O	R	B	N	I	I	U	A
N	E	Z	R	U	X	I	E	Y	O	P	Q	E	B	E	T	L	D	W	T
C	F	R	E	H	Z	H	O	D	R	I	Z	U	L	O	S	E	R	O	T
R	F	H	A	V	R	E	N	M	O	P	Q	R	S	A	G	O	A	V	E
I	U	E	E	B	A	U	I	F	H	J	Q	L	D	U	N	Y	M	A	R
Y	S	O	B	I	T	E	T	H	E	D	U	S	T	B	D	D	R	O	P

7. NAMES OF GOD

Y	A	W	E	H	O	P	Q	Y	A	H	W	E	H	E	L	O	H	I	M
I	K	J	T	U	B	Y	A	H	U	K	L	Z	I	M	W	E	H	Y	L
M	E	Y	A	H	W	E	H	R	I	M	B	D	C	Z	Q	W	A	Y	Y
I	E	H	H	Y	B	G	F	W	I	L	P	O	N	Y	Q	S	T	X	A
H	E	Y	A	W	A	H	Y	A	H	W	E	H	S	A	B	A	O	T	H
O	A	H	W	U	Y	H	L	A	O	M	N	P	R	Q	S	Z	V	X	W
R	O	B	Q	D	K	H	W	G	H	X	Z	A	Y	R	I	T	F	O	E
H	P	E	I	L	O	N	S	E	B	W	E	H	A	H	Q	X	Z	R	H
E	H	M	E	H	M	P	O	E	H	R	E	L	V	O	Y	I	L	X	T
W	P	O	N	J	K	Y	E	W	D	S	A	H	E	W	T	Y	U	I	S
H	A	L	C	E	D	A	U	K	I	D	H	L	J	M	Z	X	Q	A	I
A	B	A	D	Y	I	H	O	P	X	Z	A	A	R	I	P	M	V	B	D
Y	E	H	B	P	O	W	D	F	G	S	J	K	M	K	R	L	W	A	K
S	B	S	Y	L	A	E	W	B	A	I	O	L	M	M	J	E	K	T	E
A	H	H	P	O	W	H	Z	Q	S	B	I	E	H	H	A	Y	H	U	N
O	Y	E	H	W	E	N	P	S	Z	X	H	B	R	C	E	H	F	D	U
I	L	W	N	M	Y	I	I	B	G	E	O	E	A	W	E	W	T	H	E
B	I	H	N	Y	T	S	A	E	F	L	R	M	P	Q	Z	D	H	X	R
U	A	A	W	E	H	S	K	J	S	A	H	W	B	H	J	M	N	A	O
N	B	Y	E	E	A	I	T	H	A	H	P	A	R	H	E	W	H	A	Y

8. NAMES OF JESUS

Z	F	M	B	N	C	V	E	M	O	O	R	G	E	D	I	R	B	Q	S
O	J	L	K	D	Y	I	L	I	V	E	D	M	N	D	B	C	L	E	R
O	D	A	R	E	T	U	V	A	L	O	V	P	I	K	W	A	I	K	E
P	L	L	Y	L	F	W	I	T	J	C	W	B	E	O	X	O	V	P	S
Q	R	B	N	I	A	I	S	A	Q	D	Z	V	R	J	L	P	I	U	U
R	O	C	K	V	P	O	L	R	D	E	W	D	A	P	V	K	N	D	R
E	W	A	W	E	G	H	K	F	L	M	S	T	F	S	G	H	G	J	R
C	E	C	P	R	W	T	O	G	O	D	Y	U	X	I	Z	H	W	D	E
A	H	V	J	E	H	Y	P	I	L	D	X	A	Z	E	D	A	A	R	C
F	T	W	T	R	U	F	V	I	N	F	A	I	R	I	W	M	T	F	T
P	F	S	F	A	D	V	E	L	Y	O	Q	E	D	O	E	Y	E	H	I
F	O	M	T	V	S	O	S	A	B	K	J	T	R	L	I	Q	R	P	O
O	T	E	B	Y	O	E	T	P	T	S	L	B	Y	B	O	V	I	E	N
E	H	D	A	L	W	P	E	A	W	V	T	S	M	Y	A	V	A	H	A
C	G	R	M	O	M	E	D	I	A	T	O	R	Q	S	T	B	Y	S	N
N	I	Y	U	P	A	O	N	H	R	E	L	Q	W	F	G	J	K	D	D
I	L	A	M	B	O	F	G	O	D	P	A	B	D	O	L	P	C	O	L
R	F	D	S	A	E	L	P	Y	I	L	I	N	M	C	X	E	Z	O	I
P	E	S	W	I	T	E	Y	Q	R	E	B	C	L	Z	I	X	N	G	F
W	A	Y	T	R	U	T	H	L	I	F	E	J	Q	X	O	M	G	F	E

9. NAMES OF THE HOLY SPIRIT

H	E	B	T	A	W	O	E	I	L	R	O	U	R	Z	C	B	A	M	Y
I	K	L	W	Q	Z	D	A	R	E	P	X	E	Y	E	S	M	W	H	T
D	P	T	N	G	T	G	E	W	B	N	T	H	T	G	C	Y	T	R	Y
I	N	T	E	R	C	E	S	S	O	R	R	M	I	A	O	A	V	G	S
Y	U	I	Y	A	E	O	X	G	O	B	C	X	R	D	N	Z	T	I	P
K	T	J	I	L	C	M	E	F	P	W	R	S	I	N	V	D	N	P	H
R	S	B	W	S	K	H	M	O	S	E	H	N	P	E	I	T	R	S	P
K	E	L	H	T	K	O	E	L	Y	B	T	W	S	N	C	O	L	T	R
T	H	A	P	W	C	E	T	R	B	K	U	I	Y	W	T	Y	U	R	T
S	R	E	V	E	I	L	E	B	F	O	R	E	L	L	E	W	D	N	I
I	D	S	O	T	R	T	R	N	O	Y	T	A	O	T	R	I	M	N	R
P	T	G	L	K	N	G	N	K	A	R	F	D	H	H	O	T	O	N	I
Y	S	U	F	Y	L	O	H	E	U	M	O	F	C	E	F	N	S	U	P
S	P	I	R	X	Q	T	C	H	S	V	T	U	O	X	S	S	Q	A	S
G	F	D	T	L	R	K	B	N	G	S	I	S	T	U	I	S	B	E	Y
H	O	E	D	E	U	V	R	H	W	Q	R	X	V	C	N	U	T	I	L
A	J	O	H	T	T	A	Y	U	C	N	I	O	D	U	E	D	I	M	O
O	H	P	E	O	T	H	O	L	Y	S	P	I	R	I	T	U	K	A	H
S	H	A	W	A	H	N	G	S	H	A	S	M	O	N	T	J	U	F	A
F	Y	E	R	U	T	P	I	R	C	S	F	O	R	O	H	T	U	A	B

10. A SOURCE OF HOPE

V	L	L	N	H	B	T	U	E	T	W	P	X	Z	T	F	G	N	A	E
N	A	H	L	K	E	I	T	R	H	I	S	K	N	N	W	O	W	H	N
E	H	D	R	I	P	H	O	P	E	K	J	V	C	E	N	B	Q	Z	D
P	D	L	Y	J	M	A	S	A	P	O	H	D	S	M	C	I	T	O	U
Y	W	I	I	T	T	N	R	C	I	C	T	O	M	E	E	P	O	H	R
S	T	P	V	E	S	V	X	Z	A	B	M	W	Q	G	P	Y	U	V	A
E	U	Q	C	O	H	L	K	E	Q	Z	X	V	B	A	U	O	L	N	N
F	B	E	V	E	R	Y	T	H	I	N	G	A	S	R	S	Y	H	T	C
P	O	C	K	E	Y	P	D	O	T	H	H	U	D	U	E	L	T	W	E
S	N	G	L	W	R	Q	W	U	S	R	O	B	T	O	A	D	W	R	C
F	G	H	T	R	L	S	E	R	U	T	P	I	R	C	S	N	D	D	N
M	R	E	C	H	A	S	I	S	T	A	E	I	N	N	B	E	F	E	I
T	H	N	G	S	I	N	W	C	Z	X	V	C	I	E	T	S	A	P	F
S	N	G	O	I	E	V	E	R	Y	T	H	N	G	D	N	T	C	O	Z
H	B	E	L	T	I	E	V	I	M	E	Y	S	M	L	B	A	O	H	T
O	W	R	T	E	A	C	R	P	E	N	O	M	T	C	H	E	X	P	L
P	L	I	A	Y	B	L	V	T	R	S	G	T	O	L	A	D	R	F	T
E	R	B	N	D	W	H	E	P	O	H	A	S	T	H	N	G	I	C	N
W	T	H	N	K	W	K	L	G	D	N	T	Z	X	Q	W	I	D	W	M

11. IN THE BEGINNING

S	Y	N	M	I	A	T	E	N	A	H	T	L	G	H	T	I	M	I	P
E	H	E	F	R	E	I	S	W	G	S	E	F	I	L	F	E	S	L	D
A	K	Y	S	N	G	O	H	S	T	H	G	I	L	Z	X	I	A	W	N
S	I	E	S	T	R	Y	I	D	A	R	H	C	T	Y	P	N	C	N	F
D	M	D	B	T	V	I	C	R	T	N	E	H	G	O	T	R	A	F	O
T	A	N	I	M	L	S	R	I	L	N	G	W	H	S	P	R	I	N	R
H	M	Y	K	J	N	D	T	B	E	S	R	P	S	E	D	M	D	A	S
O	F	I	T	H	D	A	K	N	W	O	Q	C	K	U	I	L	A	N	D
V	R	U	C	I	T	R	C	L	N	M	G	T	A	M	W	U	T	O	N
H	S	I	T	L	I	K	N	Z	A	X	C	D	N	V	S	R	A	Q	T
E	P	R	B	D	C	G	H	T	U	A	R	M	I	G	T	A	T	B	Z
A	X	I	A	U	M	A	S	G	L	Y	D	F	M	R	H	E	L	V	O
V	U	O	E	T	H	A	R	U	X	O	E	K	A	J	G	R	V	N	G
E	S	N	O	N	S	E	O	H	N	C	G	H	L	T	I	G	H	A	R
N	O	R	Q	V	I	R	T	C	L	E	Y	A	S	C	N	K	J	Z	X
S	V	N	M	O	O	N	C	G	H	T	N	B	Y	U	W	T	E	R	Y
H	K	R	F	F	R	A	H	T	F	B	X	V	M	N	M	I	L	C	P
S	I	Y	T	E	U	S	C	N	D	S	I	P	O	K	R	E	R	O	M
M	A	R	G	U	I	B	R	F	E	A	R	T	H	R	W	A	G	U	G
N	D	S	N	F	S	P	E	D	S	M	S	I	F	T	N	A	M	T	W

12. OUTER SPACE

S	C	N	D	E	O	B	D	Y	S	T	A	N	G	I	H	L	T	H	Y
H	L	V	A	U	R	H	I	O	P	Q	L	U	A	T	Y	B	T	E	R
E	K	S	M	L	E	R	A	P	A	C	S	E	C	S	L	I	O	R	M
A	G	E	T	I	M	L	Z	A	C	T	L	U	A	S	Y	S	T	O	D
V	H	L	G	D	H	P	Y	T	E	D	Y	A	R	E	E	I	O	T	H
E	N	J	S	D	S	N	X	T	E	P	S	D	N	N	X	N	V	D	O
N	T	N	Z	P	T	B	S	Y	U	T	G	H	K	K	S	T	M	E	I
S	V	E	E	T	A	Y	H	L	F	R	O	U	V	R	Z	D	B	L	C
V	P	R	L	G	R	C	O	N	S	T	E	L	L	A	T	I	O	N	S
B	S	L	Y	F	S	Q	E	F	L	I	N	G	M	D	B	R	G	A	N
T	E	I	N	D	V	I	U	A	L	S	R	E	Y	R	D	C	U	E	C
W	D	S	F	R	K	N	H	P	Y	W	K	T	H	S	I	G	S	U	Y
F	A	G	N	L	D	Y	A	E	S	U	N	C	A	V	G	N	T	R	L
R	I	Z	I	C	E	A	R	T	H	O	Y	O	C	L	N	O	I	R	O
O	E	R	D	U	B	R	G	A	I	N	C	H	E	E	H	T	M	S	H
F	L	T	A	Z	H	S	T	H	G	E	E	N	C	G	A	L	K	G	R
S	P	A	C	E	S	P	A	G	T	C	I	M	A	L	D	L	D	S	N
N	C	H	I	O	B	F	R	S	P	A	Y	H	P	N	T	B	R	C	L
P	S	T	A	X	E	L	Y	A	R	P	U	E	S	O	Q	C	K	U	I
J	N	T	E	F	O	R	T	L	K	S	T	L	R	N	E	D	L	V	A

13. BIRDS

L	L	U	G	B	R	E	G	M	L	K	T	C	H	U	P	E	M	Y	L
C	S	T	O	E	N	M	L	T	H	R	M	D	N	L	D	S	C	H	Z
A	H	C	I	R	T	S	O	A	S	N	G	I	M	K	S	B	R	V	D
B	R	K	T	H	E	P	C	N	T	E	T	A	B	R	D	W	U	O	W
G	S	W	H	Q	L	E	R	U	T	L	U	V	T	H	V	D	V	L	E
Q	U	A	L	T	Y	R	E	T	H	N	K	U	F	R	W	E	H	T	A
U	C	P	E	W	K	N	S	B	A	K	C	T	H	S	G	D	O	U	L
A	B	Y	U	H	A	W	C	K	F	D	S	V	N	E	A	G	L	E	P
L	W	K	N	R	T	R	I	B	A	V	U	E	A	B	D	Y	C	Y	R
I	P	O	C	S	E	V	A	T	L	R	E	G	D	I	R	T	R	A	P
N	T	D	L	W	T	H	I	G	R	W	T	E	W	L	N	T	H	N	G
S	T	R	N	E	A	M	S	R	S	T	O	R	K	P	L	A	Q	T	R
T	S	C	E	V	L	A	U	E	P	R	T	E	I	O	B	N	U	E	A
Q	L	I	V	Y	C	N	T	O	A	F	I	Y	T	S	X	O	A	P	N
T	O	L	A	O	F	S	P	E	R	U	M	A	I	V	E	S	I	B	R
S	W	C	R	D	W	R	I	D	R	N	H	R	E	D	O	A	L	N	L
D	N	T	K	N	H	T	W	U	O	A	B	N	T	L	P	T	C	E	A
X	W	O	L	L	A	W	S	Z	W	T	E	O	H	Y	O	W	R	D	O
N	R	L	X	J	S	O	U	K	M	R	G	L	I	A	O	B	T	W	I
B	E	T	S	N	O	H	I	C	R	M	H	O	C	G	H	D	K	S	O

14. SMALL CRITTERS

M	N	H	V	I	F	N	O	T	H	R	E	N	R	G	C	L	M	B	V
W	H	D	R	O	L	B	R	K	B	T	H	D	S	U	R	T	R	H	N
B	L	A	N	T	Y	R	P	R	C	K	N	I	C	L	D	B	Z	C	K
T	M	E	V	R	Y	O	O	T	I	E	F	N	F	X	S	E	U	R	T
D	S	C	L	S	E	R	N	C	A	E	G	T	I	G	H	T	J	T	S
O	K	U	I	N	D	Y	T	O	N	A	N	D	E	T	W	C	H	C	A
H	A	L	C	H	A	S	U	L	I	Z	A	A	N	D	R	N	O	B	R
L	D	T	H	O	M	P	H	P	R	S	T	U	B	N	O	R	E	C	H
A	N	G	A	E	L	I	Z	A	R	D	S	T	R	N	P	G	O	F	D
L	S	B	M	D	H	N	T	M	B	E	R	F	Y	I	E	G	L	R	O
C	H	B	E	A	K	V	A	L	H	L	A	C	O	P	L	C	K	B	O
E	D	A	L	C	S	E	T	M	F	R	E	N	W	V	E	S	A	E	R
K	G	M	E	T	L	I	A	N	S	E	T	R	N	I	T	Y	V	E	H
A	V	G	O	S	W	A	Z	C	X	G	Q	N	K	J	P	L	E	S	Y
N	T	C	N	P	H	J	E	W	F	R	E	M	O	T	H	Q	D	S	H
S	H	Y	G	I	F	H	L	D	M	U	M	A	G	R	O	S	H	T	N
M	P	R	Y	D	G	O	S	M	E	I	N	O	M	A	Z	G	Q	V	F
T	S	O	A	E	L	F	D	U	Q	B	C	T	C	H	I	O	G	Q	J
D	I	T	F	R	N	W	P	H	A	T	R	W	R	G	H	T	N	A	W
N	E	A	P	M	S	C	O	P	I	S	A	E	O	D	W	L	E	G	M

15. ANIMALS

O	N	V	B	D	F	R	N	T	B	K	E	S	I	N	T	H	S	K	E
H	L	D	E	C	H	W	D	R	V	S	E	T	P	F	R	A	M	N	T
R	M	B	A	B	T	L	E	F	D	P	W	R	D	M	O	L	E	S	H
Y	S	T	R	C	H	N	G	I	O	A	L	M	T	E	N	T	H	B	L
A	G	N	T	N	A	I	T	L	R	N	G	Y	N	G	R	A	S	N	I
D	R	K	S	T	N	G	E	P	A	H	T	I	C	H	O	E	S	S	O
C	H	N	G	E	A	T	I	L	M	T	E	O	N	B	T	A	L	E	N
X	R	M	J	F	N	G	H	T	I	C	A	M	E	L	F	R	R	M	N
T	F	E	S	A	F	R	E	X	A	R	Y	H	I	N	Y	A	L	Y	S
P	C	I	T	H	C	S	T	R	N	G	I	N	M	H	R	T	Y	A	L
B	R	T	L	E	S	K	C	L	D	H	V	A	I	T	H	N	D	P	F
T	H	N	K	D	E	P	A	T	H	S	D	N	P	R	A	R	M	L	M
R	L	N	G	I	N	E	D	L	C	L	U	E	H	R	T	E	O	P	Y
C	O	T	U	N	S	R	W	O	E	N	S	Y	V	L	O	W	A	L	H
E	L	I	N	H	Q	I	N	S	D	O	O	H	U	R	H	N	D	B	T
I	V	E	A	B	N	S	T	R	N	G	P	W	T	E	R	A	N	V	E
B	T	R	E	E	D	P	T	H	I	T	K	A	S	L	G	H	T	I	W
S	E	L	I	A	G	O	I	F	H	W	F	L	R	I	L	S	R	B	D
M	N	E	S	T	I	S	F	D	P	L	U	Y	A	D	B	I	A	N	I
S	K	C	L	M	E	F	A	R	S	T	E	A	Y	G	O	J	T	A	B

16. DOMESTICATED ANIMALS

L	W	B	E	R	D	E	I	S	A	E	G	S	L	C	M	E	P	N	W
E	O	S	R	T	E	Y	R	U	N	I	V	N	E	K	C	I	H	C	Z
C	B	T	N	I	O	N	O	L	H	K	E	U	P	M	B	O	Z	U	N
D	U	C	M	E	Y	M	O	R	E	X	C	T	H	I	R	V	L	Y	H
N	G	E	G	O	A	T	S	A	N	V	R	I	N	S	V	T	E	D	B
K	B	R	N	U	I	E	T	H	R	F	T	Y	E	H	G	L	N	G	I
G	A	K	T	H	T	Z	W	N	E	W	G	R	N	K	L	E	S	O	Z
I	M	D	N	E	R	O	Q	R	H	E	I	M	T	O	S	R	P	T	V
R	O	I	S	T	C	X	F	N	X	T	P	B	F	Z	V	Y	A	I	N
T	E	R	U	K	D	I	N	B	R	U	G	H	R	P	Q	B	M	A	L
D	I	M	A	Y	Q	J	S	M	I	N	A	U	T	O	S	P	R	H	M
E	S	T	R	E	F	B	U	L	E	L	U	M	U	V	O	L	O	S	R
D	P	R	F	K	C	T	W	T	G	H	E	R	A	P	Z	S	H	E	A
A	N	E	C	N	B	S	P	N	O	S	N	G	B	V	N	P	T	D	A
U	R	H	L	O	S	T	Y	V	W	E	I	C	N	Y	C	H	R	E	M
H	T	E	R	D	K	N	H	D	S	T	O	R	F	L	E	E	D	T	R
E	U	F	A	L	G	H	T	Z	H	R	E	I	N	W	K	S	A	K	L
R	O	W	D	T	O	F	V	N	T	A	G	S	J	H	A	O	R	D	E
E	A	I	R	V	A	E	S	P	C	Y	B	D	K	O	M	I	A	B	N
K	L	M	B	A	L	M	C	E	N	I	D	O	G	Y	T	R	K	N	D

17. TREES

T	L	N	O	P	Q	S	C	R	A	F	S	T	S	P	D	E	N	A	O	L	E	E	R	T
T	R	G	M	E	O	Y	U	N	D	O	N	C	I	R	S	N	A	C	I	M	K	H	R	I
L	K	E	O	G	F	C	R	T	N	N	D	G	N	E	O	R	U	A	P	W	R	E	S	C
R	T	Y	E	P	D	A	M	O	O	R	B	Y	I	T	F	M	E	C	O	P	E	E	A	R
U	C	H	A	S	R	M	V	D	M	L	F	R	Y	A	E	R	C	I	V	H	N	C	K	W
W	I	L	L	O	W	O	U	B	L	I	T	K	S	I	R	A	M	A	T	F	U	O	N	S
V	M	E	R	S	T	R	N	D	A	S	L	O	G	Y	C	H	R	T	O	R	G	H	T	L
R	G	I	H	T	S	E	O	U	D	O	S	C	I	N	E	C	E	X	Z	B	T	T	A	U
P	R	I	K	N	G	G	C	H	R	M	A	Y	T	G	M	T	C	H	B	S	R	N	E	L
N	E	E	R	T	N	L	R	P	O	F	L	I	C	P	E	Y	G	I	F	P	O	I	F	Y
H	Y	P	C	R	T	P	O	A	L	G	U	M	D	C	T	S	R	T	Y	E	V	B	L	S
N	O	T	H	N	K	T	Y	U	P	T	L	K	W	M	A	E	U	C	H	S	M	E	R	O
C	D	N	T	D	A	E	R	S	L	E	K	J	S	G	N	M	W	I	E	L	T	R	Y	M
Y	P	S	A	B	S	L	U	E	T	E	V	I	L	O	A	N	V	M	E	M	S	E	D	H
P	U	E	R	P	I	O	R	P	E	R	W	I	T	J	R	C	T	R	E	E	R	T	L	E
R	R	N	I	D	P	S	B	L	M	Y	I	P	N	R	G	S	N	T	O	E	C	N	R	P
E	Y	P	O	E	Q	L	W	H	Y	P	L	A	N	E	E	J	K	M	E	V	B	E	I	Q
S	N	M	V	R	S	C	E	D	A	R	L	S	H	R	M	K	Y	N	O	I	P	A	P	C
S	K	I	P	A	M	N	V	O	P	E	I	M	Q	S	O	U	P	B	A	C	T	R	D	E
N	L	A	P	W	R	U	C	E	D	S	W	B	T	T	P	H	D	Y	K	A	H	E	S	E
T	W	C	L	R	S	O	P	B	R	D	C	R	D	Y	C	L	N	E	Y	T	R	E	E	R
V	L	V	E	T	Y	B	L	O	C	K	E	R	W	N	O	R	T	D	M	U	S	F	E	T
C	T	R	E	E	N	G	I	N	L	E	A	F	H	T	N	G	S	R	E	G	L	A	P	R
W	N	T	R	P	I	N	C	Y	E	S	R	O	U	I	G	N	A	L	P	M	U	G	L	A
P	C	K	E	T	S	O	A	N	G	L	N	S	L	S	T	N	O	M	E	S	P	N	I	Y

18. FLOWERS, HERBS AND SPICES

A	L	O	E	A	N	D	M	F	D	C	H	O	U	L	I	S	A	W	T
O	B	U	L	B	A	E	F	I	U	J	R	G	S	T	R	Y	I	E	D
J	R	B	D	G	A	R	L	S	V	E	L	T	R	A	L	S	U	B	C
Y	U	O	S	L	F	L	I	E	X	C	T	C	R	O	C	U	S	N	G
C	A	F	H	W	C	U	M	I	N	R	U	Y	F	B	M	K	E	S	U
N	D	S	Y	R	L	E	A	V	J	Q	W	E	K	A	R	D	N	A	M
A	B	H	A	I	N	E	Y	B	L	V	E	F	R	N	P	C	E	U	O
S	Q	A	Z	F	X	A	L	S	N	I	O	X	T	O	W	R	K	D	Y
I	T	R	A	M	F	Z	O	N	T	L	E	M	S	M	N	T	L	V	E
C	R	O	E	T	V	R	I	M	G	T	P	S	D	A	S	I	G	U	D
L	G	N	F	V	C	E	O	I	C	K	Y	S	O	N	B	Q	M	S	H
R	H	P	R	S	Y	O	B	N	L	H	M	A	F	N	V	Z	X	P	Q
M	U	E	D	L	S	B	R	T	H	R	E	T	T	I	B	L	K	S	N
Z	N	G	S	H	L	V	E	I	S	P	R	B	L	C	M	I	N	M	C
S	T	M	Y	R	R	H	Y	N	A	D	C	O	R	S	L	T	U	R	Q
V	L	G	R	C	D	P	O	D	C	N	S	T	A	H	Z	S	X	J	K
Y	C	T	M	S	G	T	R	N	G	T	D	H	G	D	T	A	U	L	V
L	D	S	U	T	D	A	M	P	Y	C	K	E	R	A	S	M	L	E	R
I	G	N	E	S	N	E	C	N	I	K	N	A	R	F	I	R	D	Y	T
L	N	T	D	Y	T	I	O	E	H	N	R	D	E	P	R	N	T	N	G

19. METALS AND PRECIOUS STONES

E	R	I	H	P	P	A	S	G	C	M	E	S	R	K	E	T	Q	U	A
D	S	D	Y	A	X	Y	N	O	I	R	Y	C	T	C	H	M	Y	G	M
N	P	T	S	O	I	N	P	G	F	D	R	N	K	F	S	I	A	V	E
C	N	L	A	C	M	P	L	E	R	A	W	K	E	N	D	T	F	R	T
I	R	F	C	H	E	S	I	O	N	S	T	H	F	R	E	W	O	N	H
V	Y	D	B	R	L	U	T	Y	E	H	A	D	N	T	Z	K	L	W	Y
T	N	O	F	Y	M	N	E	I	B	X	O	S	W	O	C	A	A	Z	S
I	R	E	P	S	A	J	F	W	D	F	R	N	D	D	P	V	P	X	T
I	D	S	A	E	A	S	N	E	I	T	I	H	L	E	S	M	I	O	Q
L	S	T	Y	C	X	R	I	D	A	C	H	O	A	T	N	G	S	P	T
C	O	L	I	Z	E	M	S	N	M	U	G	R	R	C	H	K	L	C	L
G	A	N	T	H	D	A	M	D	O	E	L	C	E	O	A	S	A	D	R
P	T	R	I	N	O	N	L	C	N	U	W	O	M	D	E	N	N	P	N
H	L	A	E	S	T	G	Y	X	D	B	X	T	E	L	A	T	U	O	S
Y	C	S	N	O	R	I	R	V	E	I	M	S	T	E	A	P	L	N	K
A	E	C	L	L	N	U	E	R	A	L	Y	F	N	A	H	S	I	B	F
S	D	Y	A	U	E	D	B	T	R	E	V	L	I	S	R	V	E	A	H
I	H	G	N	M	A	Y	M	Y	A	L	R	D	G	A	N	M	Q	J	Z
T	J	L	S	I	T	W	K	E	S	C	B	F	O	E	R	V	R	Y	O
A	O	B	V	E	Y	O	U	S	L	N	W	N	T	E	Z	N	O	R	B

20. RIVERS, LAKES AND SEAS

E	F	D	G	U	C	K	A	E	M	R	I	N	A	E	S	D	A	E	D
G	A	L	I	M	J	Z	P	L	S	E	L	V	E	U	M	A	L	M	E
K	E	O	F	L	Y	U	D	S	T	R	C	T	I	P	G	N	H	V	O
O	I	A	G	D	U	I	E	C	N	F	I	N	O	H	S	I	K	N	K
B	D	C	H	N	I	D	S	H	E	D	C	U	L	R	P	T	N	E	D
B	A	L	Y	T	E	R	O	S	E	A	O	F	G	A	L	I	L	E	E
A	Y	I	A	W	S	G	T	G	R	T	A	E	S	T	R	P	I	O	D
J	O	R	D	A	N	R	T	U	E	R	L	O	A	E	I	L	N	A	B
M	A	S	O	T	R	I	U	H	E	H	P	E	Y	S	W	G	T	H	I
P	U	A	E	S	T	U	E	S	T	R	S	B	X	O	B	T	E	J	S
K	E	A	S	N	M	K	A	H	N	D	G	C	P	L	E	O	Y	R	T
I	L	E	I	O	B	X	S	A	E	T	N	K	W	O	N	O	H	I	G
F	S	J	K	R	C	L	R	R	O	I	L	T	E	T	J	U	E	Q	Z
H	A	T	I	D	A	N	B	A	N	T	F	L	N	I	I	W	R	K	T
D	T	O	P	I	O	T	G	M	T	H	O	R	P	G	T	N	A	G	E
O	Q	H	Z	K	X	N	K	J	U	E	G	A	M	R	S	O	G	H	T
C	E	O	R	E	S	O	P	E	L	S	I	L	Y	I	L	H	R	T	H
Y	S	A	G	T	L	H	V	I	B	O	A	J	X	S	Z	S	F	G	Q
F	Y	T	O	R	L	C	N	A	E	N	A	R	R	E	T	I	D	E	M
R	F	S	F	T	P	I	R	I	L	T	O	E	D	S	M	P	G	A	E

21. MOUNTAINS

C	L	R	O	N	I	G	T	H	Z	I	O	N	H	R	E	S	K	T	Z
B	K	A	L	T	X	E	C	H	L	Y	P	A	E	C	L	P	I	I	A
G	T	D	I	S	R	T	E	D	B	E	X	C	S	U	V	E	O	T	Y
S	N	M	P	L	H	A	I	R	O	M	E	W	L	C	M	N	T	M	D
Z	B	I	K	W	T	R	Y	S	V	N	T	R	H	E	W	T	H	C	L
I	M	A	C	L	E	A	S	C	R	O	U	E	S	T	H	L	R	A	O
O	T	N	D	H	I	R	W	H	T	A	I	F	A	L	T	S	Y	S	A
N	N	W	Y	R	D	A	E	L	I	G	H	B	E	B	O	J	K	Z	X
T	M	E	I	Y	E	S	N	Q	D	H	O	R	K	N	I	D	A	C	L
M	K	A	S	U	R	T	A	I	B	R	Y	U	S	E	A	G	L	V	E
P	N	T	O	I	F	V	E	D	S	M	T	H	U	O	R	S	N	D	A
N	H	R	W	L	D	B	N	C	I	E	S	T	B	U	P	T	H	E	S
O	C	L	R	S	T	H	P	A	T	C	S	L	H	Y	L	A	L	R	G
M	S	T	N	G	O	R	D	E	G	M	I	Z	I	R	E	G	P	U	L
R	F	L	S	K	N	G	U	A	N	G	U	M	C	L	M	D	N	T	S
E	K	I	E	O	P	C	T	R	U	N	I	F	G	C	R	M	P	Z	I
H	Z	X	I	J	V	S	I	P	O	R	E	T	C	H	A	K	M	I	T
P	R	Z	L	Y	A	O	G	B	L	G	H	T	B	L	C	E	U	O	M
T	X	T	U	E	R	N	E	T	S	R	E	U	O	N	L	K	H	N	B
G	L	V	M	O	U	N	T	O	F	O	L	I	V	E	S	B	R	N	U

22. VALLEYS

R	C	G	N	E	T	H	S	K	W	N	D	O	M	D	E	W	A	U	H
T	O	R	P	S	R	C	T	V	I	E	S	W	L	K	B	L	U	I	T
B	K	H	W	A	H	R	S	L	N	S	C	M	O	V	R	W	H	K	O
P	Y	N	C	G	M	T	H	R	E	P	H	A	I	M	U	N	L	G	C
B	D	U	Y	A	L	B	R	S	H	U	A	O	D	O	T	A	V	B	C
W	H	T	A	W	D	N	D	V	R	O	C	S	N	Y	B	N	G	C	U
S	O	R	E	K	N	E	G	E	A	S	A	H	K	N	G	E	B	T	S
T	Y	A	G	N	R	I	A	B	D	Y	R	T	R	S	O	L	Z	G	K
Q	Z	R	O	E	F	S	H	I	O	N	E	S	K	T	I	R	B	Y	N
C	T	U	Z	A	G	E	D	T	R	M	B	I	N	H	A	T	K	N	W
T	H	M	B	U	N	L	A	I	F	K	I	D	R	O	N	L	R	S	T
M	I	D	D	I	S	O	F	W	N	D	W	S	H	A	V	E	H	C	H
R	D	S	N	W	T	B	L	C	X	G	E	R	C	S	C	E	V	R	A
C	H	K	E	D	C	O	N	O	L	A	J	A	E	R	N	R	U	N	H
P	E	R	S	N	H	R	E	M	Y	B	B	C	T	A	O	Z	N	S	T
T	N	G	O	E	M	T	O	I	N	S	P	L	M	N	T	E	Y	E	A
O	U	D	T	R	O	W	N	D	W	C	H	R	S	T	H	J	M	S	H
R	F	H	A	L	E	A	T	R	S	R	F	O	O	E	D	R	K	C	P
L	B	A	S	W	A	C	E	H	D	T	A	I	G	L	B	R	C	I	E
N	T	H	M	D	L	S	O	F	N	G	H	T	J	S	T	C	L	A	Z

23. THE FIRST PEOPLE

P	N	C	L	D	W	N	O	K	L	A	T	I	A	G	N	I	O	H	S
V	T	S	O	M	A	D	A	N	G	V	E	N	R	Y	C	H	T	R	D
D	R	W	T	B	G	T	H	R	T	I	L	T	E	D	L	U	D	K	T
S	L	O	E	D	W	N	C	H	A	S	V	N	V	H	U	N	E	R	P
E	N	L	B	L	A	S	L	W	M	D	E	O	E	H	V	Y	R	S	K
R	I	N	S	T	L	L	K	E	Y	R	U	T	H	A	K	C	A	I	N
Q	T	Y	U	E	N	O	S	H	L	I	E	C	D	L	N	T	J	K	W
B	S	C	A	I	P	E	O	F	S	K	O	R	T	E	M	S	O	U	M
V	D	I	S	O	E	S	T	R	M	N	E	N	D	S	W	H	T	H	A
W	H	Y	H	I	T	S	H	T	E	S	D	T	H	U	S	T	R	T	H
P	R	T	E	C	O	O	T	W	N	T	Y	S	O	H	C	L	S	E	A
D	N	G	H	B	E	I	B	U	O	R	B	D	A	T	M	D	B	W	L
A	S	M	T	H	G	M	L	K	E	J	S	Q	L	E	C	T	E	U	A
R	J	E	V	R	L	E	A	H	S	U	H	T	E	M	B	N	C	S	L
I	N	T	P	E	T	A	I	L	X	B	A	G	A	E	R	T	E	D	E
B	R	O	I	N	G	W	F	A	S	A	E	L	J	T	N	H	R	I	L
S	T	C	K	I	M	Y	H	D	E	L	B	A	U	N	D	A	L	C	M
Y	H	A	O	N	W	N	G	I	S	M	B	W	H	S	M	O	N	S	A
K	N	G	E	W	Y	R	K	O	C	A	L	D	E	N	T	C	R	E	L
J	H	L	V	P	N	Y	M	K	L	E	S	N	M	S	E	H	B	R	K

24. ALL ABOUT ADAM

N	A	P	R	N	O	R	L	Z	E	A	B	N	T	Y	L	W	P	D	A
P	E	A	I	P	K	N	G	R	Y	T	O	D	W	N	M	N	A	C	H
T	M	D	T	K	E	S	A	E	W	N	E	Y	E	C	T	L	R	Y	T
N	C	L	E	B	L	D	G	Z	Q	I	B	T	A	R	N	U	O	G	R
Z	V	V	P	F	S	R	S	H	D	A	R	H	S	I	E	L	F	Y	E
X	E	T	X	T	O	U	C	R	E	C	E	L	O	R	P	G	T	O	A
M	Y	A	B	E	T	N	H	O	M	N	A	M	T	S	R	I	F	C	H
C	N	T	R	A	S	T	E	H	R	E	T	W	E	G	E	O	B	A	C
B	T	C	K	G	R	N	R	D	N	O	H	P	N	T	S	R	L	Y	O
T	S	R	P	E	S	I	U	C	R	Z	O	Q	E	V	N	S	P	C	D
D	O	W	T	R	C	L	B	L	L	A	F	P	A	L	T	E	F	R	T
S	L	I	Y	W	S	H	I	E	S	D	G	N	T	W	N	L	K	O	C
T	E	D	L	R	Y	T	M	H	B	R	O	S	U	H	T	H	S	T	M
R	S	X	P	C	E	I	N	G	T	M	D	R	E	R	A	C	N	P	A
C	I	N	T	H	R	L	K	S	R	L	Y	G	T	O	H	T	A	E	D
T	D	G	O	O	D	A	N	D	E	V	I	L	Q	E	J	R	D	O	R
F	A	N	E	D	S	L	P	O	F	R	D	A	R	N	D	O	A	N	G
M	R	G	R	E	N	I	S	W	M	P	W	U	M	C	L	B	U	E	K
O	A	I	T	S	W	T	N	C	L	O	D	P	A	P	R	C	S	T	U
T	P	R	G	D	L	A	T	S	U	D	O	T	T	S	U	D	Y	R	B

25. MOMS ...

M	N	E	A	R	M	O	M	E	H	J	A	B	E	H	S	H	T	A	B
O	T	L	I	C	N	G	T	O	N	Q	X	C	L	T	E	V	Q	K	E
M	V	R	Y	W	H	R	E	N	D	E	W	R	I	K	N	G	R	G	H
M	T	H	N	K	M	A	M	A	R	I	O	T	Z	C	I	L	T	P	R
Y	R	E	C	L	R	M	G	H	T	R	B	M	A	M	A	O	A	T	E
Z	C	L	Y	M	M	O	M	Q	J	X	E	P	B	N	F	U	W	E	H
L	K	S	C	L	R	N	W	L	E	S	T	H	E	K	T	H	S	I	T
W	R	D	E	I	D	R	O	N	W	H	R	A	T	V	S	O	N	Y	O
D	L	I	C	O	U	S	V	I	G	F	L	U	H	O	E	W	F	L	M
H	E	O	L	N	E	N	L	H	A	L	J	P	A	N	M	H	L	W	N
Z	N	R	B	S	P	G	A	T	P	O	L	K	H	S	N	I	V	H	Y
J	M	T	A	H	U	K	J	F	I	N	S	D	M	A	G	E	N	R	L
O	C	I	R	G	E	C	T	B	E	R	B	X	D	F	R	K	N	D	P
B	A	G	N	B	A	N	V	M	R	Y	F	M	L	R	O	A	R	S	M
T	H	D	E	B	E	H	C	O	J	A	E	X	C	T	N	Y	S	L	Y
E	S	R	M	I	S	M	E	M	Y	B	X	G	R	N	G	T	R	M	D
D	C	O	U	R	T	E	M	C	R	O	P	H	O	C	L	P	O	I	Y
R	S	E	R	T	I	N	K	N	T	H	W	T	N	E	O	H	R	J	R
A	K	C	T	U	H	H	W	L	E	H	C	A	R	W	L	Z	N	S	A
M	O	I	T	M	E	I	G	T	P	N	B	M	G	C	I	S	O	T	M

26. AND THEIR SONS

P	N	T	A	I	M	K	E	W	A	Z	O	U	S	K	Y	B	G	R	I
S	T	D	O	U	T	P	M	K	I	N	T	W	H	D	P	H	N	O	E
B	H	M	G	H	E	R	S	E	A	S	M	L	E	R	A	M	T	H	U
T	T	S	L	C	K	N	G	Y	E	G	H	S	T	Y	I	E	S	R	E
S	E	F	R	T	S	R	I	S	O	U	B	T	H	S	T	P	D	G	L
I	S	A	A	C	C	M	O	V	R	T	B	M	G	K	P	I	C	T	D
Q	Z	F	A	S	X	P	C	K	C	H	O	N	S	M	L	A	P	E	R
J	X	K	R	G	T	E	R	D	O	F	C	H	K	E	I	B	N	Y	O
V	N	H	O	J	H	A	M	T	G	H	A	N	T	N	A	Y	S	M	S
W	E	S	N	H	L	D	O	N	E	W	J	B	H	F	L	W	E	R	C
C	R	W	N	K	N	A	F	N	Y	S	U	S	E	J	U	G	D	O	O
S	T	C	I	A	O	H	T	E	R	N	I	H	R	L	X	E	S	T	A
T	H	E	R	L	N	I	P	L	T	E	F	R	K	N	B	Y	J	U	I
C	Y	M	A	K	R	S	M	E	C	H	U	B	T	O	E	R	O	I	N
L	F	T	A	N	D	M	U	A	S	E	V	O	R	M	G	H	T	S	P
S	M	E	O	T	M	I	S	M	K	O	S	T	K	O	E	S	G	I	G
T	R	N	U	H	S	W	Y	A	S	M	J	P	I	L	C	O	O	D	Z
Q	A	L	O	N	T	P	D	N	G	O	S	E	S	O	M	D	M	R	S
D	C	I	D	B	E	N	J	A	M	I	N	S	P	S	C	A	E	T	O
I	S	H	M	A	E	L	D	R	W	H	M	K	E	I	L	K	N	G	D

27. DADS ...

F	N	U	C	L	R	S	C	H	M	E	G	R	Y	S	I	N	T	I	D
B	U	Y	N	N	S	N	D	F	L	W	S	T	L	D	M	E	B	F	C
J	S	T	O	U	C	L	R	H	S	I	L	K	E	N	C	L	S	E	O
S	W	E	H	A	T	H	T	R	P	O	F	M	Y	B	D	I	O	Y	L
Q	B	L	U	L	R	O	H	O	O	D	Y	I	D	L	B	S	E	A	H
T	R	X	E	M	K	N	W	F	S	H	B	L	U	B	T	M	R	E	I
O	U	N	E	B	D	A	D	Y	M	R	E	D	T	A	I	E	B	C	K
B	L	U	P	H	O	B	T	S	N	O	H	E	A	N	O	T	Y	E	S
J	R	A	C	R	P	A	R	K	M	R	T	I	C	L	B	O	J	R	D
E	V	R	Y	T	C	L	I	D	N	G	B	P	C	H	E	A	C	E	S
H	P	E	F	L	U	D	A	H	E	H	P	O	L	E	Z	R	J	G	D
P	O	C	R	N	P	D	M	N	Z	X	Y	P	A	P	A	V	H	T	A
R	M	K	E	B	E	T	H	U	E	L	T	S	H	E	F	N	B	U	N
N	Y	G	R	N	D	S	A	T	I	U	R	T	Y	L	W	F	O	R	T
W	R	O	Y	L	T	E	I	D	R	D	E	I	A	M	N	D	F	M	X
X	A	C	L	T	Y	R	E	H	T	A	F	W	H	T	I	M	L	K	G
G	O	F	T	V	E	S	M	O	C	V	S	O	P	O	N	T	S	W	H
L	K	S	O	G	D	R	K	M	L	I	B	R	W	N	S	P	O	G	R
N	D	A	I	E	A	L	F	D	A	D	D	Y	S	H	P	A	E	V	Y
P	C	E	L	S	K	T	C	I	R	L	K	N	G	F	R	C	T	A	Q

28. AND THEIR DAUGHTERS

O	H	B	V	S	I	O	L	U	Y	T	S	I	E	D	G	R	L	Y	S
B	G	A	R	C	T	N	A	G	L	E	H	B	G	S	Q	U	H	S	E
C	K	L	Z	G	B	T	L	I	S	F	R	A	Y	A	B	O	P	U	L
M	T	H	O	R	U	W	O	T	R	H	N	K	E	Z	G	D	F	R	N
I	P	R	F	E	I	M	C	E	T	A	U	R	T	L	R	C	H	E	L
C	R	T	A	S	M	T	B	H	O	O	C	Y	A	P	N	O	I	S	A
K	P	U	N	D	R	E	A	L	Y	S	M	H	L	I	C	T	R	O	P
L	R	G	A	I	K	I	L	M	N	G	A	T	E	K	N	G	H	D	R
R	E	F	J	A	Z	E	R	N	A	C	E	I	E	L	S	D	O	U	A
A	D	Y	H	E	T	O	A	D	S	R	M	R	L	N	I	A	R	T	C
T	R	N	K	D	M	N	S	R	I	L	E	F	T	O	E	S	H	O	O
I	G	O	N	R	E	I	T	H	A	N	T	B	S	A	W	T	C	L	R
C	H	N	U	D	A	T	M	H	H	E	R	A	D	C	N	A	M	N	T
L	G	H	T	P	R	L	X	A	Z	U	K	N	O	F	U	C	F	H	E
B	U	E	L	I	S	H	P	J	H	L	H	P	H	C	T	E	A	O	D
S	T	A	D	T	N	P	Y	B	T	A	S	F	O	A	U	C	G	T	R
B	G	L	N	G	U	S	K	N	I	N	O	Y	R	N	L	D	P	H	A
L	K	O	O	C	L	K	E	A	T	U	R	N	P	I	C	H	T	R	K
D	F	R	H	N	T	G	I	B	L	E	I	G	M	T	L	G	A	L	S
W	H	T	E	I	G	E	L	P	N	V	R	M	G	H	I	S	D	M	T

29. THE FLOOD BY NUMBERS

D	N	T	O	K	W	I	F	D	S	O	W	L	E	T	R	B	L	E	A
Y	B	V	N	W	F	L	S	E	W	H	T	A	S	I	P	L	N	F	R
T	J	X	E	T	N	M	I	U	T	E	S	Q	C	S	K	Y	H	P	N
F	W	Q	H	L	P	E	A	D	R	K	T	H	G	I	E	P	N	T	S
I	Z	O	U	S	E	C	I	L	P	F	R	S	T	V	O	V	X	T	O
F	S	Q	N	U	A	R	E	B	D	Y	O	R	I	W	R	D	E	A	S
D	N	T	D	S	Y	I	N	G	A	N	T	F	O	R	T	Y	J	N	G
N	S	H	R	P	E	A	S	O	N	H	Y	E	R	E	D	N	K	E	Y
A	L	U	E	O	D	I	T	M	P	T	R	V	E	T	H	A	S	W	L
D	G	O	D	L	M	N	U	E	R	L	F	I	W	H	R	M	U	N	G
E	A	T	A	I	N	A	R	O	T	D	S	M	P	L	I	F	C	A	T
R	O	R	N	E	V	I	F	Y	T	N	E	V	E	S	P	R	B	L	M
D	S	E	D	S	T	H	S	I	U	A	T	R	I	O	N	F	R	S	T
N	O	X	F	C	U	A	P	H	O	W	Y	B	D	T	R	E	M	U	B
U	T	R	I	N	Q	T	E	R	G	I	A	R	V	N	A	E	R	K	J
H	B	D	F	O	U	R	Y	B	C	K	L	G	E	S	U	R	N	Y	E
R	S	E	T	M	C	H	D	T	A	I	E	R	C	T	N	H	G	L	S
U	F	O	Y	R	O	L	U	O	W	T	Y	T	N	E	W	T	X	R	N
O	W	R	T	E	I	N	X	T	A	N	M	L	I	A	M	B	E	I	A
F	E	Y	N	S	O	S	M	L	E	B	G	R	H	A	I	F	R	U	S

30. ALL ABOUT NOAH

N	E	W	B	E	G	I	N	N	I	N	G	M	S	C	M	N	T	H	N
B	S	C	L	Y	B	S	M	L	I	R	T	L	T	W	E	P	N	Y	O
S	H	P	E	E	L	G	H	T	Y	P	N	K	S	I	H	A	D	R	C
L	S	T	A	T	M	P	T	D	N	L	V	E	A	C	N	Y	S	P	A
A	R	F	O	T	N	A	N	E	V	O	C	H	X	K	P	R	O	T	I
M	L	K	E	I	T	H	S	W	L	H	V	A	Q	E	T	B	E	H	L
I	X	T	U	P	W	M	B	A	T	N	E	M	G	D	U	J	Y	C	N
N	W	H	O	U	J	R	S	G	N	A	L	K	I	P	N	O	L	N	A
A	D	E	R	A	S	A	L	T	L	Y	A	P	M	E	H	S	M	A	T
F	B	T	M	Y	C	Y	P	R	E	S	S	W	O	O	D	R	B	R	S
O	W	E	C	N	D	O	T	H	S	L	F	T	E	P	R	C	S	B	L
S	N	X	T	T	L	A	I	W	E	K	S	O	O	L	P	O	L	E	V
R	A	V	E	N	M	L	N	T	O	T	S	Y	D	E	W	R	H	V	I
I	B	G	C	H	K	E	S	R	S	B	H	C	R	B	Q	D	W	I	T
A	S	M	P	L	I	F	D	E	O	D	N	H	G	A	P	O	K	L	C
P	B	V	E	R	A	K	L	V	D	H	W	I	D	R	F	R	N	O	H
O	N	G	U	L	R	T	E	D	C	N	O	P	A	A	C	E	T	L	K
P	G	Y	N	A	M	S	U	O	E	T	H	G	I	R	T	R	N	D	E
D	C	N	T	I	M	R	L	V	Y	F	N	R	E	A	L	T	A	R	N
F	L	O	O	D	W	A	T	E	R	S	I	M	C	T	N	X	T	K	W

31. TRIBES OF ISRAEL

C	N	T	S	E	L	S	A	M	T	H	N	G	I	F	T	W	S	N	T
E	P	H	R	A	I	M	B	R	G	H	T	A	B	L	D	O	U	H	E
H	R	D	I	T	F	S	T	H	E	R	W	R	E	H	S	A	D	R	A
D	O	W	R	E	A	C	L	M	D	W	N	S	N	R	P	I	S	E	D
T	K	L	S	T	W	E	X	M	A	S	E	R	J	N	A	L	Y	R	T
L	N	I	K	S	R	W	S	N	T	H	N	K	A	B	E	H	W	H	A
H	V	T	O	M	E	B	R	T	H	R	E	D	M	N	P	L	C	E	S
T	B	I	N	T	L	N	G	E	N	G	N	H	I	O	U	S	T	U	P
S	E	L	V	R	A	E	L	D	S	A	U	Y	N	E	R	A	L	Y	W
Q	J	A	O	F	C	I	R	E	O	N	L	R	D	B	Y	E	V	N	L
Y	R	T	E	N	R	G	Y	I	O	S	U	O	I	N	V	S	T	G	V
T	I	H	S	O	F	L	O	E	D	U	B	T	R	N	I	P	W	T	H
C	N	P	E	I	S	D	M	R	O	N	E	B	U	E	R	T	R	P	E
E	O	A	M	S	U	I	C	P	L	Y	Z	L	S	T	A	E	V	B	Y
M	R	N	A	I	S	D	O	J	T	F	T	S	I	P	H	C	T	U	R
P	B	L	C	B	E	A	T	U	C	H	W	H	P	N	C	G	I	T	K
U	M	B	R	L	A	D	N	D	W	N	R	L	Y	E	A	P	R	F	O
F	N	D	R	S	K	P	D	A	G	E	A	S	I	T	S	U	A	J	Z
L	R	E	A	H	W	C	T	H	M	C	F	S	H	D	S	I	N	G	Y
P	C	K	L	E	I	L	V	E	O	P	T	Y	A	L	I	O	J	S	T

32. ALL ABOUT JOSEPH

B	R	F	S	T	I	S	U	O	E	P	R	A	Q	C	H	N	E	S	D
S	B	T	E	A	M	L	K	H	R	Y	U	C	N	T	A	S	K	P	E
U	S	C	N	O	T	D	H	L	A	U	S	F	R	C	I	D	F	C	A
W	T	E	H	L	R	N	G	T	B	O	C	A	J	I	N	F	R	M	T
H	L	O	N	W	N	B	I	N	L	S	E	V	R	T	L	R	D	O	L
G	R	L	C	E	P	R	V	D	E	J	P	O	T	I	P	H	A	R	E
A	M	X	Y	O	V	S	T	L	P	H	A	R	O	A	H	W	T	E	M
R	E	S	A	U	R	I	R	W	A	G	R	I	C	E	L	P	H	C	N
C	G	N	I	T	V	E	G	L	V	E	S	T	L	Y	A	B	L	O	D
B	Y	A	M	O	H	D	C	R	S	M	A	E	R	D	P	G	H	N	B
A	T	N	S	T	I	O	N	W	O	Q	P	D	S	Z	E	X	V	C	E
P	R	H	U	N	G	T	K	P	N	F	G	M	L	K	N	W	O	I	L
A	S	U	O	A	P	L	P	R	B	L	E	O	U	D	T	E	N	L	K
B	E	Q	L	I	U	E	T	B	R	D	Z	L	I	A	S	G	M	I	E
G	R	T	A	O	C	L	U	F	R	O	L	O	C	E	I	Y	S	A	T
I	N	L	E	V	W	T	H	H	S	B	N	D	C	L	W	P	O	T	H
W	H	S	J	I	N	R	G	I	A	L	K	E	T	L	F	T	M	I	A
T	R	N	W	R	C	K	E	B	Z	F	A	M	I	N	E	U	B	O	S
B	L	Y	U	H	T	M	S	F	R	N	D	S	A	Y	N	W	H	N	M
A	W	F	R	E	H	T	O	R	B	H	N	E	S	T	O	G	D	A	T

33. ALL ABOUT MOSES

T	M	O	E	I	T	S	N	D	U	L	K	E	W	R	E	L	A	T	H
D	N	S	V	L	E	Y	C	R	K	O	D	L	I	F	R	M	U	L	A
R	V	W	N	G	T	K	O	I	B	R	N	F	D	S	P	R	O	D	C
H	R	E	D	T	A	R	Y	H	N	D	E	L	L	A	R	S	C	H	A
I	T	M	O	F	B	T	E	A	U	Y	R	A	Y	T	W	T	H	O	U
S	N	D	U	O	L	C	P	R	T	D	E	C	N	C	V	O	R	G	E
C	O	L	N	E	R	I	A	N	I	S	T	N	U	O	M	P	W	D	M
R	M	B	U	L	S	H	E	S	L	R	A	E	M	R	C	I	E	S	A
L	U	N	A	S	M	D	E	I	N	C	N	D	A	O	H	V	R	Y	P
N	C	E	H	T	R	E	L	D	G	H	Z	L	M	S	C	A	R	A	E
P	R	C	I	E	S	N	M	X	S	E	D	O	O	P	I	N	A	O	R
F	A	N	T	L	T	C	I	U	P	L	A	G	U	E	S	E	D	S	I
L	K	E	M	B	I	P	B	C	E	T	A	H	R	O	S	T	A	F	F
C	R	S	D	A	E	G	Y	L	D	M	Q	V	J	D	I	M	P	R	S
W	H	T	E	T	N	V	R	T	H	E	A	Z	E	K	N	S	T	O	U
I	Q	U	A	I	L	N	C	A	P	T	B	R	X	S	M	B	C	A	F
N	S	T	N	E	I	N	A	E	C	M	P	U	A	F	T	N	G	S	H
T	E	R	I	V	G	T	O	S	M	E	B	D	N	H	W	S	P	R	N
S	U	D	O	X	E	P	U	M	T	I	P	L	M	S	P	N	I	Z	X
B	E	L	A	N	H	A	O	R	A	H	P	I	Y	T	R	A	T	I	O

34. 10 PLAGUES

P	G	P	E	R	O	N	Y	F	X	E	U	G	A	L	P	A	T	R	P
L	L	F	U	P	E	L	P	C	I	F	O	A	D	V	C	E	D	N	L
A	Z	A	O	S	C	I	S	Z	R	S	C	T	F	N	G	R	O	F	A
G	B	C	M	E	N	T	A	B	T	O	U	I	B	B	D	T	H	I	G
U	E	N	L	K	S	N	O	C	L	K	G	D	O	W	R	E	A	K	U
E	U	S	P	U	R	E	U	G	A	L	P	I	M	S	Y	G	O	C	E
S	G	O	C	M	G	B	T	F	E	U	L	H	R	C	H	N	E	O	H
P	A	O	D	G	R	M	N	F	G	S	A	K	T	I	S	M	L	T	C
I	L	A	R	S	P	H	A	I	L	E	G	C	L	T	K	E	N	S	N
R	P	L	A	G	U	E	O	F	A	I	U	B	V	E	L	S	T	E	F
Z	Y	E	S	O	N	G	F	R	I	T	E	U	G	A	L	P	Q	V	I
A	H	W	R	Y	U	D	N	T	O	D	H	S	X	N	I	S	J	I	D
R	T	C	H	N	I	Q	U	E	S	P	R	W	R	D	A	G	Z	L	N
D	E	A	T	H	O	F	F	I	R	S	T	B	O	R	N	T	D	F	C
N	S	C	I	E	N	R	N	T	G	O	B	C	K	D	A	I	S	O	E
G	T	X	T	R	U	O	S	B	D	A	R	K	N	E	S	S	X	H	D
B	P	R	L	Y	C	G	U	E	P	L	T	F	P	R	T	A	F	T	G
S	T	A	O	N	B	S	A	M	L	N	G	H	E	F	I	L	S	A	I
C	G	D	N	S	D	O	O	L	B	T	Y	D	G	R	E	S	Z	E	R
L	C	P	T	A	R	U	L	T	P	L	A	G	U	E	P	R	E	D	W

35. 10 COMMANDMENTS

L	T	E	B	T	I	T	H	R	E	G	T	A	O	R	M	E	B	R	H	S	T	Y	L	S
P	H	S	M	H	W	I	S	L	W	R	K	E	D	I	N	L	V	E	W	I	M	S	E	F
C	O	Q	Y	R	E	T	L	U	D	A	T	I	M	M	O	C	T	O	N	O	D	Z	X	C
I	N	U	C	N	U	S	R	T	M	E	L	V	E	Y	T	X	R	A	L	F	E	N	O	J
E	O	B	G	M	E	Y	N	O	P	O	I	C	F	L	A	I	S	T	D	O	Y	M	A	G
S	R	H	L	C	O	M	M	A	N	D	M	E	N	T	S	T	C	H	E	C	M	N	F	R
T	T	M	P	J	N	I	G	F	T	I	F	R	Y	U	O	D	Y	A	B	A	T	H	L	T
C	H	O	N	O	R	Y	O	U	R	P	A	R	E	N	T	S	W	T	N	C	N	G	P	E
K	E	X	P	I	C	E	N	S	E	T	U	S	R	Y	W	L	A	D	E	B	L	C	H	S
O	S	L	A	E	T	S	T	O	N	O	D	M	K	E	O	T	M	U	I	N	M	A	L	N
U	A	R	K	O	S	M	T	E	L	M	B	U	F	N	S	E	D	O	K	F	U	O	Y	D
T	B	I	L	G	H	T	E	N	R	T	O	O	S	F	N	R	N	T	B	M	D	U	N	R
H	B	C	T	N	G	M	Y	H	E	A	I	R	I	T	N	C	L	D	D	I	B	E	F	S
S	A	F	L	D	T	F	O	I	L	M	L	K	S	H	E	A	T	R	O	T	S	D	N	L
T	T	Y	E	W	O	L	N	D	T	U	D	R	L	Y	M	T	K	N	N	I	O	U	H	T
N	H	E	M	A	N	S	D	O	G	R	O	N	O	H	D	J	E	K	O	D	B	T	I	U
E	D	S	C	N	D	R	O	N	U	N	D	O	A	Q	N	V	F	B	T	L	C	H	E	C
M	A	L	G	H	T	I	E	O	G	H	U	T	S	M	A	Y	Z	X	L	F	R	N	T	T
D	Y	N	T	A	S	R	H	T	D	S	C	L	R	H	M	E	D	N	I	T	D	O	E	Q
N	W	H	L	E	D	O	R	M	C	L	M	D	W	N	M	O	R	A	E	N	M	D	R	U
A	O	B	V	S	I	U	L	U	Y	T	R	H	E	E	O	I	C	D	S	C	T	I	Y	A
M	U	N	N	E	V	A	N	R	C	R	Z	Y	A	I	C	A	I	N	T	N	O	W	R	L
M	F	R	K	I	N	G	V	D	O	N	O	T	C	O	V	E	T	G	R	E	A	H	M	T
O	S	G	N	W	T	F	O	E	R	T	P	A	E	R	N	S	H	R	Z	T	I	L	S	Y
C	V	R	T	A	C	E	L	R	H	S	D	O	G	R	E	H	T	O	O	N	E	V	A	H

36. WORDS OF HEBREW LAW

L	T	S	R	Y	A	N	H	A	R	O	T	D	F	N	E	S	H	I	N
I	V	R	Y	E	S	W	L	E	N	W	H	A	O	G	E	D	R	E	C
C	O	F	S	D	U	F	H	O	R	Y	U	L	K	E	W	A	I	I	S
A	R	U	C	A	L	Y	A	L	H	P	R	E	C	E	P	T	S	C	W
I	A	S	T	M	S	O	W	T	I	R	D	T	N	G	O	I	C	H	T
G	C	M	O	D	S	T	S	N	G	H	T	A	S	B	S	U	N	A	G
R	L	W	H	N	A	H	T	A	D	R	E	Y	D	O	M	I	B	C	K
P	E	E	A	A	E	T	I	G	O	I	J	S	T	I	W	N	T	E	J
Q	X	Z	W	M	R	A	M	B	R	K	A	Y	Q	E	A	H	N	O	T
T	H	D	E	M	G	S	R	I	F	T	G	Q	A	U	E	D	L	K	E
D	A	W	N	O	B	L	V	E	S	I	U	R	G	T	N	W	Q	Z	S
R	M	R	I	C	E	O	W	T	R	H	D	S	C	R	H	E	S	A	T
O	E	Y	A	R	S	M	C	H	U	F	P	T	O	D	N	T	E	R	I
W	A	H	T	B	D	U	O	Y	L	K	E	A	P	Z	L	S	C	E	M
A	B	S	L	U	A	B	S	T	W	N	U	R	T	B	R	D	N	V	O
S	W	T	P	M	I	D	I	Q	Q	I	P	O	A	I	S	H	A	F	N
G	N	T	B	E	D	B	L	E	F	R	T	H	E	D	G	O	D	T	Y
E	A	F	I	H	P	E	O	L	J	U	D	G	M	E	N	T	I	K	W
W	H	A	T	I	M	G	N	A	D	G	V	A	E	M	T	O	U	T	A
T	N	I	G	E	D	U	T	H	K	R	L	S	W	L	N	B	G	F	R

37. KEY TABERNACLE PIECES

F	R	M	N	R	W	A	N	D	T	E	O	F	T	L	H	N	E	I	Y
J	S	T	W	E	O	I	H	A	S	M	P	Z	X	I	Q	T	C	O	S
S	O	C	N	V	T	E	N	B	T	R	G	H	N	O	W	R	S	T	F
C	H	L	H	O	R	G	I	R	N	M	N	T	U	G	A	I	N	S	T
A	B	V	E	C	S	L	V	E	W	N	D	P	N	N	C	K	E	D	U
P	N	T	G	T	U	T	S	A	D	V	N	T	U	I	R	E	W	H	A
R	S	O	N	N	L	A	H	D	M	J	S	F	R	T	S	M	S	I	L
S	S	W	O	E	W	R	M	O	T	H	O	H	E	N	F	A	R	E	Z
M	D	N	I	M	S	T	R	F	M	D	F	R	S	I	T	N	B	O	W
G	N	I	R	E	F	F	O	T	N	R	U	B	F	O	R	A	T	L	A
L	A	U	Y	N	I	L	V	H	S	T	N	G	B	N	T	L	G	N	D
M	T	L	S	O	E	K	T	E	N	M	H	S	L	A	O	J	I	F	A
I	S	A	E	T	R	S	R	P	W	S	E	O	I	T	U	A	N	R	T
T	P	L	B	A	T	H	F	R	T	H	R	P	C	W	T	U	J	O	L
S	M	V	R	L	E	S	N	E	C	N	I	F	O	R	A	T	L	A	T
W	A	N	T	C	E	J	B	S	U	T	B	T	U	F	R	N	M	B	O
H	L	G	S	T	L	Y	O	E	F	L	Y	C	M	T	D	P	M	M	L
T	E	N	C	O	M	M	A	N	D	M	E	N	T	S	S	E	T	D	Y
R	V	D	E	S	B	H	D	C	T	H	S	C	E	N	V	R	W	E	A
E	F	B	R	U	R	A	Y	E	D	F	I	L	T	U	C	H	K	N	L

38. OFFERINGS AND FEASTS

R	N	D	M	O	P	R	K	B	F	D	A	E	R	B	D	E	N	E	V	A	E	L	N	U
Z	N	I	O	F	R	N	I	R	U	T	W	L	Y	N	E	I	G	O	E	R	V	R	X	C
E	X	S	C	T	D	E	S	N	T	L	T	O	B	H	R	E	S	T	S	A	E	F	L	T
N	T	K	U	I	O	N	L	A	R	I	K	P	F	T	D	N	D	R	V	N	G	T	N	L
M	R	E	O	Y	C	M	P	N	S	U	G	L	S	E	T	A	T	W	N	Y	M	L	E	S
I	Q	E	I	L	G	V	E	I	T	G	O	Y	U	O	S	D	R	S	H	T	H	E	U	N
L	S	W	T	S	N	V	W	Z	X	J	N	P	R	K	T	H	G	I	P	L	A	T	V	E
M	G	H	I	C	M	E	B	C	K	T	O	I	M	W	I	E	N	D	O	T	F	W	R	L
S	H	G	T	A	D	R	M	F	L	N	I	A	R	G	U	D	S	B	E	H	R	I	M	D
O	O	B	F	M	I	S	X	R	T	Y	D	O	M	E	R	H	W	P	L	D	T	S	E	V
D	I	H	S	D	E	N	T	O	B	N	E	C	W	S	F	A	B	Y	O	N	M	A	D	F
N	T	R	I	G	W	R	Y	R	A	L	I	T	S	E	T	F	N	T	S	H	A	N	Y	B
U	P	T	N	R	U	B	S	D	W	N	S	X	A	M	S	N	O	H	E	T	S	O	V	A
M	N	H	S	M	X	T	O	M	N	T	H	S	T	W	R	L	F	V	L	E	L	F	M	L
E	P	I	P	C	L	E	A	W	Y	O	T	M	N	G	I	R	F	O	C	N	B	G	E	T
X	Y	E	H	W	T	F	N	D	V	S	P	F	R	N	F	C	E	M	A	D	E	M	R	H
T	T	F	R	C	M	P	S	T	E	I	D	T	N	E	T	V	R	D	N	W	B	C	K	A
S	M	O	N	T	N	A	C	E	H	N	W	K	S	A	L	N	I	L	R	E	O	S	C	I
R	E	G	D	L	R	E	L	S	F	E	I	H	R	D	C	P	N	Y	E	W	T	H	D	I
O	T	H	E	N	D	B	W	V	E	S	C	N	T	M	E	A	G	P	B	V	N	L	F	S
L	M	S	L	T	H	O	A	N	L	F	E	S	R	E	V	O	S	S	A	P	T	Y	E	T
D	S	T	N	C	L	E	F	R	M	L	F	I	S	T	L	Y	E	T	T	A	H	O	W	S
A	K	E	T	L	A	O	L	T	G	H	A	U	A	N	L	C	R	W	E	S	M	T	H	A
M	T	P	E	O	N	T	H	R	D	T	N	E	M	E	N	O	T	A	F	O	Y	A	D	E
O	F	F	E	R	I	N	G	S	G	O	S	P	L	A	T	I	G	H	D	P	I	M	I	F

39. WEIGHTS AND MEASURES

W	S	N	T	H	K	E	I	P	L	O	N	I	H	S	M	I	P	K	Y	P	C	K	F	H
E	M	L	W	T	R	P	S	C	R	N	B	R	D	E	E	S	Y	L	N	G	E	T	Y	A
I	H	G	O	N	P	H	L	R	S	I	L	E	A	R	P	B	R	N	U	D	W	N	R	N
G	U	R	I	C	N	A	E	C	T	D	A	L	D	W	A	N	A	B	J	S	T	A	T	D
H	A	L	M	S	T	H	H	N	K	N	T	M	I	N	T	W	R	I	E	D	O	B	W	B
T	P	T	Y	V	C	M	O	R	U	P	E	U	P	R	D	L	U	L	K	I	F	Q	Z	R
S	R	U	S	T	C	K	S	M	K	A	T	L	K	E	C	O	M	P	E	L	M	N	T	E
M	L	F	E	I	S	B	C	X	S	N	E	E	A	K	N	G	A	N	T	T	S	O	V	A
V	D	O	P	R	D	C	T	U	I	N	O	H	W	T	L	R	N	E	A	L	E	K	E	D
W	N	D	R	F	L	U	R	P	B	L	T	F	R	M	N	V	I	G	T	E	A	K	A	T
C	T	U	S	A	F	E	R	S	M	I	N	A	T	O	W	K	E	U	P	G	T	R	Y	H
A	A	U	N	V	S	F	N	D	S	H	T	R	E	B	D	Y	O	S	F	W	T	V	E	R
B	E	C	I	M	P	A	R	V	N	R	E	G	N	I	F	B	R	E	A	D	F	G	L	S
I	M	N	D	B	N	E	G	L	S	T	P	L	E	S	A	N	T	R	L	Y	S	U	R	P
S	P	T	F	W	H	R	S	H	O	U	H	R	F	L	N	G	V	U	N	F	M	O	M	N
F	E	L	C	R	L	E	T	Y	A	R	I	S	T	E	R	A	L	S	T	H	G	I	E	W
G	R	A	E	K	O	R	S	E	C	R	B	L	D	H	M	E	F	A	R	O	V	R	A	M
N	M	A	H	H	N	X	G	M	N	T	E	I	R	T	Y	R	N	E	G	U	W	T	E	R
C	L	D	V	I	S	D	E	O	F	X	C	G	L	V	E	I	T	M	H	I	S	A	T	E
S	R	V	C	Y	T	R	A	F	N	L	A	Y	H	P	N	D	E	G	V	A	U	P	O	M
B	L	E	K	E	H	S	O	E	V	E	N	G	I	X	T	O	M	E	R	I	P	T	B	O
A	S	C	T	O	G	W	L	D	I	V	C	M	P	F	R	E	B	K	L	N	S	J	O	H
T	T	K	A	W	I	C	U	T	V	A	T	E	N	W	S	H	P	S	A	H	T	E	A	R
H	A	L	T	D	E	E	R	L	S	F	X	N	G	F	U	L	E	P	L	N	E	F	T	U
D	B	G	D	A	W	G	D	B	Y	E	D	R	W	N	X	T	S	E	R	U	S	A	E	M

40. ITEMS WEIGHED

W	H	T	A	G	N	S	N	G	O	R	G	Z	X	F	S	H	I	Q	R
B	T	E	R	U	B	H	I	C	L	K	P	I	H	B	R	T	S	D	S
Y	Z	C	V	X	T	E	U	L	I	V	R	E	K	Y	I	E	X	F	V
S	D	N	M	O	I	F	G	R	V	N	L	M	P	G	H	Q	T	H	S
R	N	U	F	C	G	D	H	O	E	E	U	D	N	C	O	E	W	A	I
B	A	R	L	E	Y	L	X	Q	O	W	R	S	P	L	N	K	T	R	W
Y	L	G	O	H	A	S	Z	T	I	Y	U	F	A	U	E	I	F	S	H
K	N	I	U	L	T	E	G	O	L	D	A	E	L	V	S	N	M	Y	T
O	R	Y	R	A	F	G	S	T	W	D	M	E	T	Q	T	X	Z	V	S
H	O	N	E	S	T	W	E	I	G	H	T	S	F	H	E	G	U	P	E
S	H	P	D	R	W	B	N	A	F	U	F	H	I	B	P	Z	Q	Y	L
I	K	O	M	G	I	Y	E	N	I	W	S	O	B	T	H	U	J	I	A
D	T	T	N	S	R	J	G	O	F	S	H	I	Q	X	A	R	Z	V	C
R	K	H	N	E	H	M	W	T	H	J	Y	G	S	I	H	E	K	N	S
N	O	R	H	E	S	A	R	W	S	E	I	N	L	O	R	Z	E	I	T
K	I	L	M	F	M	T	N	D	N	K	V	R	J	P	T	N	A	M	S
J	C	S	P	R	R	T	H	N	E	C	P	S	K	C	B	O	R	N	E
L	O	I	D	W	A	C	N	I	A	R	G	D	E	H	C	R	A	P	N
K	H	E	U	D	O	H	R	I	N	M	N	V	R	U	Z	B	X	Y	O
T	A	L	B	N	W	S	N	U	O	B	T	R	W	E	N	O	R	W	H

41. ALL ABOUT JOSHUA AND THE PROMISED LAND

S	S	T	E	L	H	A	S	L	L	A	W	E	M	S	M	R	E	S	V
Y	R	O	N	S	C	H	W	I	N	P	O	S	C	N	F	I	D	N	T
A	W	S	E	L	R	F	E	S	T	M	S	L	O	U	D	C	H	Q	Z
D	R	D	O	F	A	T	R	A	P	E	H	D	P	N	G	L	O	S	R
N	I	C	T	I	M	O	N	S	T	R	A	I	B	R	N	V	G	C	M
E	K	A	M	E	D	V	I	G	N	T	O	M	Y	O	I	W	N	I	S
V	H	S	B	U	L	S	O	H	B	Y	S	H	R	C	J	E	S	E	U
E	L	E	C	H	R	A	C	A	N	A	A	N	T	N	D	Y	S	H	R
S	P	R	K	N	E	C	K	L	C	E	C	O	O	K	A	B	G	T	W
C	L	O	U	R	P	N	K	H	R	A	R	I	H	P	U	R	P	L	S
S	T	E	P	M	U	R	T	S	R	Y	P	E	C	S	L	V	E	S	A
M	A	P	C	L	R	O	L	U	N	G	A	N	I	D	F	N	U	M	S
I	L	H	O	E	U	T	F	C	O	P	C	K	R	A	L	O	N	G	O
T	R	U	M	P	W	R	K	N	G	H	W	T	E	N	T	S	W	H	L
A	D	N	C	L	R	S	D	A	R	Y	S	B	J	L	R	U	E	L	D
S	P	I	E	S	E	Y	B	R	W	B	L	A	C	A	K	H	R	B	I
B	D	S	H	T	I	N	T	R	V	D	A	U	H	S	O	J	S	Y	E
T	N	E	W	O	C	N	W	O	D	L	L	A	F	S	L	L	A	W	R
S	P	B	G	U	S	F	R	M	G	T	B	N	G	I	N	Y	R	S	S
F	L	E	K	E	I	H	D	A	R	S	N	E	A	Q	S	E	O	H	K

42. JUDGES IN THE BIBLE

P	N	T	O	I	H	Z	E	R	T	H	E	I	L	E	F	V	E	P	O
J	O	S	H	U	A	A	S	M	L	R	W	H	A	I	S	T	W	I	T
N	C	H	E	S	I	W	H	D	I	C	S	F	S	H	C	K	J	R	H
C	N	V	A	R	O	P	R	T	W	T	D	B	D	A	F	N	E	A	N
B	R	W	N	P	S	C	M	U	H	R	U	X	T	R	C	T	U	L	I
F	I	N	L	A	R	S	T	P	L	P	H	Y	U	G	L	D	E	S	E
O	N	R	E	Z	I	M	T	H	O	O	E	T	I	O	P	Q	G	A	L
F	T	O	P	B	W	O	I	B	S	L	D	J	O	S	H	E	U	P	N
N	U	L	Z	L	K	S	E	K	E	C	O	P	C	D	R	S	I	E	B
R	I	A	J	W	H	T	I	B	L	S	A	M	S	O	N	D	T	H	R
P	N	N	E	O	P	L	S	C	A	P	R	W	B	R	N	Y	E	I	C
B	R	K	G	I	S	R	O	H	Z	F	E	V	I	T	O	E	N	Y	T
C	L	R	S	C	H	E	S	M	E	D	R	W	R	L	E	H	U	F	N
T	H	M	B	N	A	H	A	R	O	B	E	D	A	B	D	O	N	I	L
W	E	A	L	S	H	V	M	E	H	C	E	L	E	M	I	B	A	S	W
L	K	S	Q	R	U	A	U	P	N	D	R	O	O	B	G	D	L	E	C
J	T	J	O	T	B	D	E	S	H	A	I	D	Z	N	T	H	M	J	O
N	O	L	E	R	I	T	L	Y	N	L	T	A	M	I	L	U	S	T	R
J	L	S	B	U	B	C	E	A	F	S	M	H	R	A	G	M	A	H	S
X	A	W	H	L	E	D	L	P	I	N	K	L	S	E	T	U	R	T	L

43. ALL ABOUT RUTH

S	M	E	C	T	H	R	E	S	H	I	N	G	F	L	O	O	R	N	Q
R	L	S	G	I	L	Y	R	M	A	T	H	W	V	N	G	A	T	U	S
B	M	U	B	R	E	M	E	E	D	E	R	N	A	M	S	N	I	K	L
D	W	A	N	M	O	H	G	R	T	W	H	I	S	A	F	S	H	I	E
N	O	S	H	Q	E	J	A	D	S	H	R	K	W	H	O	B	N	U	S
F	D	I	R	L	N	T	X	R	T	U	E	S	R	L	M	T	O	H	U
A	I	X	H	Z	O	R	A	S	V	N	I	G	P	N	T	U	R	I	A
N	G	T	F	N	U	N	L	E	T	E	H	M	A	S	C	N	D	Y	T
L	E	S	M	L	A	T	S	H	A	W	S	L	D	O	I	F	R	N	I
B	T	N	B	U	L	M	G	F	E	G	H	T	S	B	R	M	E	F	D
S	Q	D	U	I	A	D	S	L	Q	C	R	A	U	R	O	E	M	R	C
R	C	K	O	S	H	P	R	O	E	T	H	E	E	A	U	A	G	L	Y
B	A	S	C	L	Y	V	A	L	V	A	R	Y	B	T	H	N	Z	G	O
L	U	F	R	S	I	H	E	T	O	L	N	I	K	D	P	T	H	A	B
E	T	Y	A	D	P	M	N	K	I	J	T	P	R	O	B	N	L	I	E
L	S	R	I	T	I	O	O	L	F	E	M	H	A	P	R	O	U	T	D
T	I	S	M	L	E	S	K	A	S	Y	C	L	O	U	T	I	P	A	L
F	B	C	E	K	G	R	N	S	N	D	W	T	E	R	A	L	V	T	O
T	P	A	L	J	T	E	H	W	M	H	C	U	A	D	J	I	S	L	I
Z	X	W	A	C	T	U	L	A	K	E	B	L	P	O	D	K	M	R	E

44. HANNAH'S PRAYER

I	F	T	Y	A	G	O	V	R	B	E	T	A	N	Y	D	G	R	N	E
P	R	C	F	T	T	R	A	E	H	I	D	W	R	M	B	T	L	K	S
M	S	H	R	M	B	O	P	J	R	O	N	S	K	I	S	L	V	E	R
F	R	V	S	K	N	T	I	O	C	T	L	I	M	W	T	N	R	T	D
P	S	C	A	D	W	H	T	I	U	L	K	Y	P	O	N	D	V	B	E
D	T	O	R	S	H	R	D	C	W	D	O	U	L	R	E	N	X	P	R
E	I	M	N	T	P	E	V	E	E	F	W	R	K	L	F	N	L	C	A
L	L	V	E	W	H	I	G	S	L	R	N	E	I	T	S	G	D	O	O
I	D	S	A	U	R	A	T	D	T	I	W	V	O	N	R	L	Y	K	W
G	A	L	T	I	F	S	E	T	G	H	E	G	N	A	U	H	C	L	R
H	C	M	P	E	T	O	W	Y	Q	R	D	F	R	T	S	O	E	W	K
T	Y	E	H	I	A	H	U	J	A	C	N	S	I	A	R	R	N	L	S
R	F	L	U	T	D	O	G	N	X	T	L	Y	C	H	L	N	A	R	T
P	T	C	H	P	C	K	C	E	D	S	W	N	D	B	G	R	E	G	N
C	W	E	X	S	T	E	E	F	T	A	U	M	P	G	O	I	U	N	A
M	D	O	D	R	C	L	Y	C	N	C	T	D	E	A	R	T	H	O	V
B	T	C	R	V	R	Y	I	T	R	S	T	I	P	U	N	G	L	E	R
L	V	E	A	L	X	C	P	E	A	V	E	S	O	L	R	S	I	A	E
N	T	I	U	Z	D	X	B	S	D	R	W	B	E	N	T	O	V	R	S
T	C	L	G	F	A	I	T	H	F	U	L	H	L	I	S	N	G	O	D

45. ALL ABOUT SAMUEL

P	M	O	R	E	A	P	R	A	Y	E	R	F	U	L	H	R	E	N	C
C	H	S	T	H	G	S	K	N	G	H	T	I	S	P	T	S	D	F	E
W	R	F	A	I	N	D	W	H	D	S	Y	H	K	E	E	H	S	P	N
I	F	L	S	U	P	E	U	D	P	R	E	X	U	A	H	S	P	T	D
S	V	E	M	F	R	O	M	J	Y	S	L	F	B	C	U	T	E	D	I
G	D	Q	Z	X	J	M	R	I	A	B	G	T	O	L	E	I	A	V	Y
O	I	N	S	T	A	H	A	N	N	A	H	Y	U	F	T	V	K	M	L
K	P	W	R	K	N	G	J	S	T	U	S	W	M	N	I	G	L	G	O
D	J	X	S	W	Y	S	O	M	N	Y	J	U	G	D	S	P	O	S	B
R	Z	A	N	M	F	C	E	A	I	M	S	O	T	R	E	D	R	F	E
O	U	C	L	E	A	U	P	U	R	K	A	C	D	M	N	A	D	N	D
L	W	R	D	S	C	T	R	T	S	E	I	R	P	H	S	E	G	R	I
K	I	Y	C	R	K	E	N	G	A	E	O	N	C	I	T	A	H	I	E
A	L	S	T	N	G	H	O	N	U	L	R	G	B	N	C	N	B	R	N
E	F	A	Y	M	T	P	H	W	K	K	Q	J	I	O	H	L	V	E	T
P	G	M	N	D	I	O	K	A	X	A	Z	O	S	G	N	I	B	L	N
S	L	S	A	E	D	R	E	T	Y	N	N	W	A	I	L	E	S	V	E
I	F	E	I	N	A	P	S	Y	A	A	B	T	U	W	E	M	K	E	L
T	R	O	H	G	S	U	J	S	T	H	R	S	I	V	N	F	T	H	R
G	N	I	K	H	E	W	L	C	R	Y	A	U	W	E	H	W	L	K	N

46. SING TO THE LORD

K	L	N	I	K	D	R	E	T	H	S	D	C	M	B	R	P	O	S	C
A	P	E	F	N	U	T	X	U	R	E	A	R	Y	C	L	I	N	F	R
Q	U	A	E	G	R	N	L	V	N	D	C	O	L	A	K	D	A	L	G
X	E	P	N	S	V	E	M	R	K	A	S	B	C	R	H	U	B	N	A
R	T	Y	W	L	C	O	T	N	A	I	N	D	O	L	D	N	I	G	S
M	G	I	R	A	L	M	N	S	T	E	R	C	L	R	S	S	E	A	B
L	N	D	T	E	H	Y	L	S	A	Y	T	H	I	D	B	T	I	F	N
U	S	L	Y	U	J	R	P	W	R	K	I	N	G	C	H	E	Y	B	E
T	M	I	A	L	C	O	R	P	D	W	S	T	P	O	F	P	N	C	L
S	W	T	E	A	R	L	I	L	N	G	E	R	D	L	E	A	W	I	H
I	R	A	S	C	M	G	P	C	X	T	A	Y	E	N	I	R	S	M	D
D	G	P	N	L	C	R	T	O	E	N	C	L	U	O	T	C	L	D	H
N	E	R	V	S	O	S	U	T	A	D	I	N	T	S	E	R	O	F	C
F	I	N	L	Y	N	D	T	E	L	K	E	H	A	G	D	C	H	O	I
Y	V	A	R	E	A	I	O	S	N	P	R	F	C	Y	T	S	R	A	J
U	T	I	V	S	D	L	E	I	F	T	L	N	E	T	H	E	G	N	S
O	A	A	Q	B	L	C	K	A	O	U	S	K	N	I	M	T	A	Y	B
S	E	E	R	T	P	U	L	R	E	H	R	D	E	C	L	A	R	E	H
H	R	P	O	B	A	B	Y	P	T	I	C	K	R	L	I	B	J	O	Y
Z	G	X	Q	S	U	O	L	E	V	R	A	M	S	H	N	E	G	T	W

47. KINGS OF ISRAEL

K	L	C	M	E	J	B	C	K	J	S	T	H	I	Q	U	A	R	T	R	M	L	I	O	N
I	R	T	P	I	E	T	O	F	I	D	A	L	G	G	H	T	C	B	L	T	U	N	C	G
N	H	S	T	Y	R	U	M	E	T	L	D	F	N	T	E	L	Y	G	E	C	V	D	F	N
G	D	G	I	H	O	S	H	A	A	Y	S	P	I	B	W	M	N	S	K	T	C	H	E	I
H	U	E	V	M	B	M	E	H	N	U	K	R	K	W	L	N	A	I	R	B	A	Y	R	K
P	R	W	D	T	O	H	R	M	R	A	E	T	R	L	C	G	N	F	O	U	B	W	N	I
Q	E	O	H	U	A	U	K	I	N	L	D	Y	A	S	N	G	H	B	E	S	F	N	E	L
X	J	K	Z	E	M	R	O	P	T	H	I	H	N	T	F	V	E	A	Z	B	A	D	A	N
R	B	I	A	S	R	H	T	I	Z	P	S	N	B	T	R	A	N	H	A	S	P	R	E	T
Z	N	N	R	H	Z	O	U	A	R	L	C	A	H	U	P	T	E	A	E	H	S	A	R	P
W	R	G	T	O	I	N	H	S	F	I	T	R	O	S	W	C	S	T	C	L	D	O	Y	A
U	S	P	A	P	G	A	D	R	W	O	N	W	L	J	E	H	O	A	H	A	Z	B	F	E
F	V	T	Y	S	N	E	H	A	K	E	P	V	N	H	A	I	Z	A	H	A	K	P	S	H
R	M	N	I	A	I	N	H	P	E	F	L	U	O	A	M	T	R	W	T	H	P	N	D	S
N	B	A	O	R	K	I	N	G	A	L	W	U	J	H	D	N	K	O	U	S	E	M	C	O
A	U	M	T	N	V	B	S	I	R	E	S	T	E	C	R	O	I	W	T	H	I	S	O	H
S	L	P	U	E	I	N	G	B	M	A	R	O	H	E	J	E	N	U	Y	T	N	D	L	E
C	A	S	L	L	A	C	I	M	S	U	C	I	U	Z	L	S	G	N	C	R	A	F	U	Y
L	M	N	G	T	L	R	L	E	X	A	H	R	E	A	T	B	V	E	R	I	B	E	R	A
G	E	T	H	R	U	A	N	T	H	O	G	N	G	N	P	V	R	G	I	R	V	U	P	N
N	H	R	A	E	L	A	H	G	E	M	N	P	H	M	E	H	A	N	E	M	I	D	L	E
I	N	G	I	R	S	I	T	S	R	S	I	O	P	E	K	O	P	L	R	I	N	B	I	T
K	M	E	D	Y	A	I	Q	U	T	J	K	E	U	P	A	W	T	H	G	Z	U	Y	S	H
I	O	R	E	T	N	A	J	S	A	N	M	B	R	M	H	R	E	C	M	I	O	C	G	V
Z	E	C	H	A	R	I	A	H	S	T	R	N	G	O	Y	D	N	T	L	E	G	N	I	K

48. KINGS OF JUDAH

A	N	G	S	I	F	J	U	D	A	B	G	T	P	I	W	R	O	K	H
S	W	R	N	T	A	T	H	M	O	H	E	J	A	S	O	U	D	E	M
A	R	O	S	W	R	E	A	N	V	M	A	O	B	O	H	E	R	Z	Q
Y	U	T	H	M	T	N	S	W	H	E	R	Z	C	J	A	N	T	R	L
N	D	N	T	F	A	R	G	T	O	I	G	T	P	O	I	W	A	T	F
I	H	E	Y	S	H	W	A	S	D	N	J	S	T	A	K	F	N	E	Z
H	T	L	S	J	P	U	R	F	I	E	N	R	D	S	E	M	V	O	E
C	A	E	Z	X	A	N	T	S	P	O	L	U	M	H	Z	N	L	S	D
A	H	Q	J	E	H	O	R	A	M	A	T	O	B	L	E	A	D	R	E
I	R	M	A	T	S	B	C	K	H	B	L	D	E	R	H	O	E	V	K
O	L	K	A	S	O	G	D	A	S	A	D	Y	I	M	T	H	U	Z	I
H	E	Z	E	K	H	I	A	H	B	R	Z	K	S	E	A	E	F	A	A
E	H	T	O	L	E	B	R	M	I	K	A	I	O	H	E	J	I	H	H
J	E	V	R	G	J	H	T	N	G	O	L	E	A	D	R	G	N	A	T
H	W	A	N	T	A	I	B	C	H	A	I	L	A	H	T	A	S	O	A
M	T	R	S	I	E	W	V	G	T	N	G	O	E	R	Z	X	A	H	B
Q	U	Z	Z	I	A	H	Z	S	O	C	A	U	B	N	G	Z	T	E	I
J	K	A	B	T	R	M	T	H	F	I	R	O	L	I	S	H	E	J	J
D	M	R	E	V	Y	A	O	V	Y	E	A	J	O	S	I	A	H	A	A
A	R	A	M	H	F	S	H	N	L	F	I	J	O	T	H	A	M	Y	H

49. KINGS OF OTHER NATIONS

S	V	N	E	M	N	L	D	X	A	I	E	S	F	R	S	R	U	G	W
R	L	E	U	W	R	E	S	E	N	L	I	P	H	T	A	G	L	I	T
N	I	T	O	F	V	D	C	R	R	M	E	A	P	R	T	Y	H	U	R
W	R	L	D	W	A	N	A	X	S	T	I	C	S	U	L	K	P	C	S
Q	X	E	R	X	E	S	H	E	O	J	F	S	D	H	R	U	E	L	T
T	O	R	P	H	Y	W	V	U	Y	U	O	A	E	S	L	K	P	B	Y
B	R	B	R	I	S	H	I	S	R	T	D	S	M	T	Y	H	E	L	I
L	K	E	A	E	G	E	R	L	D	A	C	L	S	H	H	D	O	A	S
S	O	T	Z	U	N	R	N	T	H	B	M	G	I	E	C	L	G	K	R
H	W	C	Z	S	D	E	S	N	E	P	U	L	U	N	D	B	R	C	R
N	T	F	E	A	L	K	E	T	A	H	S	P	R	S	U	D	A	E	H
E	D	I	N	N	S	B	K	O	R	C	N	M	A	T	B	I	S	F	Y
R	L	L	D	O	E	T	L	G	I	L	H	N	G	H	E	E	T	S	K
F	T	S	A	R	G	O	N	E	R	C	K	E	S	D	N	O	M	G	H
B	U	R	H	T	N	A	H	T	A	W	T	H	R	A	E	X	O	P	O
H	E	A	C	Y	E	N	S	O	C	Z	E	B	M	I	C	L	A	Z	X
J	L	V	U	Q	I	S	H	T	N	H	A	L	O	H	B	V	E	O	S
R	S	O	B	Z	E	P	O	P	L	E	A	H	C	M	E	H	T	A	E
Z	Q	V	E	W	H	R	S	I	V	H	K	A	H	S	I	H	S	C	H
X	J	R	N	O	V	L	E	H	S	A	O	H	K	I	A	C	H	I	N

50. OTHER NATIONS AND PEOPLE GROUPS

M	Y	A	G	U	S	H	A	M	A	L	E	K	I	T	E	S	T	P	R
O	W	T	R	C	L	O	U	R	M	B	L	C	K	I	N	E	D	S	N
A	S	R	F	U	G	R	M	B	S	T	C	H	P	A	G	S	M	E	T
B	A	C	Y	L	R	I	G	U	L	O	B	V	S	O	U	I	L	Y	O
I	S	N	A	I	T	P	S	G	S	E	N	I	T	S	I	L	I	H	P
T	B	N	C	U	H	O	F	T	K	U	F	A	N	D	N	T	U	S	E
E	A	Y	O	T	S	G	R	U	I	M	B	C	K	E	K	E	S	T	C
S	C	R	A	M	E	T	H	I	T	T	I	T	E	S	A	L	I	N	O
V	D	I	E	O	T	S	U	A	E	P	L	E	I	S	W	R	K	W	I
P	A	M	O	R	I	T	E	S	S	H	W	O	N	E	G	L	V	E	T
E	R	I	S	N	V	A	L	S	Y	N	B	U	D	T	N	I	G	O	P
S	Q	D	Y	E	I	R	S	Y	O	P	S	E	T	I	N	O	M	M	A
N	U	I	A	Q	H	U	E	R	C	A	C	I	Y	M	P	A	T	I	E
A	T	A	B	G	F	A	B	I	S	L	V	E	B	O	C	G	R	N	D
E	Y	N	G	C	A	N	A	A	N	I	T	E	S	D	T	L	E	O	P
D	S	I	O	Y	H	Q	L	N	U	Y	V	R	A	E	N	P	U	Q	M
L	B	T	R	S	E	T	I	S	U	B	E	J	F	L	S	H	T	N	E
A	U	E	H	A	T	H	K	P	E	S	P	A	I	T	N	W	E	F	D
H	L	S	D	R	Y	I	T	G	A	R	D	N	E	H	W	A	Y	U	E
C	A	C	P	E	G	Y	P	T	I	A	N	S	R	Y	B	G	R	D	S

51. DAVID AND GOLIATH

T	R	U	Y	S	D	F	I	N	T	R	M	E	D	M	U	S	D	T	H
F	L	M	D	A	W	E	N	S	E	N	I	T	S	I	L	I	H	P	A
S	E	P	N	C	I	L	C	O	R	O	U	A	D	G	E	C	N	V	D
T	S	W	H	M	S	Y	I	G	M	A	I	R	E	E	P	F	V	R	T
M	T	U	G	O	N	E	P	S	D	R	E	H	P	E	H	S	I	O	E
E	O	F	R	T	H	W	M	P	R	O	M	L	T	S	R	M	R	Y	A
C	N	B	A	N	R	C	E	H	S	I	N	T	I	R	N	E	T	G	D
O	E	G	R	D	E	N	B	U	R	T	E	L	T	T	A	B	M	C	H
M	S	I	T	P	O	U	C	H	A	P	D	R	O	F	E	W	H	R	E
S	A	C	W	R	K	L	E	D	O	B	E	S	M	A	Y	S	E	X	I
M	X	U	S	C	E	U	I	K	N	U	T	P	C	R	T	L	A	W	N
N	N	I	L	E	V	A	J	E	R	T	A	H	Y	B	R	I	L	A	I
G	B	L	T	Q	X	S	C	K	S	I	E	N	R	G	A	N	T	V	E
T	S	P	C	N	J	G	A	W	F	R	F	A	U	L	T	G	X	U	R
H	H	V	G	I	A	N	H	A	T	X	E	T	R	E	D	P	I	H	L
N	B	R	W	N	O	I	D	W	L	P	D	H	A	L	F	E	T	S	U
I	M	S	I	F	R	K	G	M	S	A	I	O	T	N	U	N	D	R	T
G	Q	T	U	E	P	A	T	C	N	I	H	N	F	O	C	L	U	J	S
T	H	F	D	P	T	H	L	I	R	D	A	E	H	E	R	O	F	B	R
D	R	O	W	S	R	U	X	T	E	V	R	S	R	P	L	B	T	S	C

52. MIGHTY MEN OF DAVID

S	H	A	M	M	A	H	U	R	I	S	Q	C	I	A	R	A	A	P	T
U	K	S	N	W	O	E	T	H	W	K	E	N	V	E	L	Y	E	R	J
B	N	A	I	S	U	L	B	F	R	O	S	G	N	O	I	P	I	A	N
M	A	R	K	R	I	E	R	U	H	S	P	E	F	C	T	V	S	E	L
S	L	G	H	T	L	A	D	I	N	A	Y	E	D	L	E	H	F	T	R
A	D	B	T	O	F	H	R	E	P	D	T	H	L	C	O	K	E	M	G
C	H	N	G	E	T	Z	I	A	H	N	G	S	U	B	P	A	L	I	T
T	A	H	P	A	H	S	O	J	H	X	H	Q	E	U	M	P	H	M	K
W	R	N	G	T	P	A	H	E	A	A	R	A	Z	A	E	L	E	S	A
B	G	R	O	U	J	C	L	K	I	Z	M	J	N	D	C	O	A	D	W
N	V	E	A	R	T	E	N	C	R	J	T	Q	U	A	P	N	T	M	E
A	C	R	Y	L	D	L	I	S	U	O	L	F	E	S	N	B	R	S	K
N	N	J	T	E	Y	O	X	E	I	S	B	C	K	O	T	U	P	E	E
A	H	I	C	B	T	U	S	M	L	H	L	I	R	E	A	S	O	R	L
H	A	U	M	E	B	L	J	O	N	A	T	H	A	N	W	T	I	H	E
L	V	T	R	N	K	S	T	C	R	V	U	A	D	H	I	N	K	P	Z
E	Y	B	N	A	M	P	R	O	N	I	T	H	A	U	S	L	S	W	K
I	A	H	T	I	I	V	A	R	I	A	E	Y	L	E	A	I	D	E	J
U	P	L	D	A	O	N	G	O	R	H	I	N	S	T	G	R	B	M	A
U	R	I	E	H	C	B	S	U	A	D	N	E	K	L	T	N	C	A	C

53. DAVID'S CHILDREN

A	K	R	N	M	A	R	E	K	S	B	T	H	Y	N	P	E	S	I	N
S	B	A	C	W	S	E	I	D	V	N	M	O	L	O	S	W	D	H	T
B	C	S	S	H	O	B	A	F	M	H	A	J	I	N	O	D	A	W	K
U	F	O	A	K	V	L	N	G	H	R	E	P	K	M	C	L	B	N	O
Q	X	G	J	L	I	F	Y	U	V	E	A	D	I	A	S	G	M	U	I
Z	O	D	F	N	O	M	O	L	O	S	F	N	O	N	K	A	T	C	E
N	U	T	A	S	Y	M	R	G	A	L	A	N	G	A	E	M	I	H	S
A	E	V	R	Y	T	H	N	A	S	T	G	S	T	R	B	D	O	U	T
T	C	L	B	O	S	U	T	E	H	K	L	I	H	L	W	S	Y	L	R
H	L	S	T	P	R	S	O	A	I	B	N	T	A	Y	D	R	A	K	E
H	W	I	E	D	K	D	N	A	M	W	I	T	H	R	E	M	N	L	I
A	R	E	V	L	S	C	K	L	A	B	N	O	L	U	F	T	I	F	O
I	T	K	A	G	N	I	O	V	T	R	C	M	I	O	N	P	G	P	N
T	E	L	E	P	I	E	R	A	T	E	E	L	I	S	H	A	M	A	T
A	W	Y	L	S	O	C	D	A	L	M	N	T	F	E	O	H	T	L	A
H	G	R	C	E	N	A	O	T	M	C	R	A	L	Y	L	W	O	S	T
P	C	H	O	I	I	C	N	D	F	A	L	E	X	I	B	T	Y	I	R
E	L	I	S	L	H	N	M	A	K	C	T	P	T	N	Y	A	R	C	S
H	M	T	E	A	C	I	A	R	D	E	S	H	O	B	A	B	T	N	E
S	G	C	P	O	N	G	A	D	R	I	E	R	W	S	W	R	B	Y	O

54. DAVID AND JONATHAN

L	N	G	F	D	L	W	O	Y	L	N	I	S	E	P	S	T	I	M	A
R	S	D	N	E	I	R	F	U	T	X	R	O	M	T	B	A	L	E	G
E	N	M	V	P	M	N	T	P	D	O	A	Y	T	I	M	M	O	C	K
F	L	U	R	E	B	I	E	A	T	S	N	I	U	R	E	T	Y	V	I
R	T	A	B	N	O	C	X	I	O	U	B	T	W	H	I	S	A	T	N
I	U	E	L	D	C	V	K	B	T	E	C	J	O	D	R	P	L	K	D
E	K	T	B	A	R	T	H	G	N	I	T	P	E	C	C	A	F	N	D
N	H	E	Y	B	O	W	L	C	M	E	O	T	N	H	E	R	V	I	E
D	S	U	B	L	R	F	T	E	N	Z	T	A	M	R	G	N	T	L	O
S	V	R	I	E	N	W	S	V	D	I	S	N	V	I	G	R	O	F	T
H	P	W	L	V	P	T	E	F	M	E	T	L	A	S	N	G	D	R	P
I	I	A	T	R	D	L	N	M	E	G	B	I	H	W	I	O	N	T	C
P	H	V	Y	H	T	R	O	W	T	S	U	R	T	Z	V	D	L	I	U
I	S	A	R	M	A	C	H	V	U	L	T	P	A	T	I	E	N	T	O
P	D	I	M	N	T	Q	S	T	I	E	N	C	V	U	G	R	I	O	S
O	N	L	O	V	E	N	O	X	I	N	S	O	A	S	R	O	P	A	Q
T	E	A	G	U	S	T	R	E	D	M	G	F	I	V	O	L	E	U	G
B	I	B	W	N	A	P	I	H	S	D	N	E	I	R	F	T	P	A	I
M	R	L	M	A	N	E	K	A	T	E	L	I	A	H	W	R	E	T	W
F	F	E	A	R	O	T	I	V	B	R	A	N	B	T	S	G	U	A	C

55. ALL ABOUT QUEEN ESTHER

G	L	D	A	M	Z	I	G	N	O	R	A	G	N	E	B	L	C	R	T
S	V	N	E	C	L	R	T	H	W	L	E	T	H	G	F	R	A	B	L
N	E	W	T	R	T	P	A	F	R	P	U	S	I	N	U	O	H	T	D
P	R	T	Y	S	M	I	L	C	O	I	C	M	R	K	P	A	C	B	K
K	C	S	I	G	N	E	T	R	P	A	L	S	N	J	G	I	A	G	A
J	E	W	S	T	Y	N	D	G	U	G	N	I	R	T	E	N	G	I	S
Q	Z	O	C	H	L	O	U	H	D	A	E	F	M	O	Q	D	Y	U	O
J	X	L	N	O	R	F	I	L	O	L	P	T	N	U	R	P	L	C	M
S	N	L	G	T	J	B	O	D	N	L	E	C	E	M	O	R	D	E	C
H	B	A	N	Q	U	A	R	L	I	O	U	T	C	I	D	E	K	C	Q
W	L	G	M	L	G	H	T	F	A	D	S	O	H	R	U	H	M	R	K
H	N	D	R	A	U	D	B	L	E	N	R	P	S	U	S	V	N	T	Y
T	W	V	A	S	H	T	I	O	I	D	L	E	L	P	R	S	K	C	H
V	D	E	O	C	N	D	L	Y	A	N	X	T	P	A	E	R	G	N	M
I	N	V	I	D	U	A	V	B	C	R	C	H	B	R	S	H	U	C	H
S	L	D	A	S	T	E	M	D	E	T	N	E	L	G	I	T	S	E	T
T	K	E	L	B	O	U	A	X	D	I	R	M	A	C	R	B	L	N	D
H	W	O	F	T	N	A	I	S	R	E	P	F	T	A	H	E	R	I	G
B	G	I	S	U	E	D	P	E	O	N	D	N	E	E	U	Q	A	W	T
W	T	R	F	I	V	R	Y	S	M	U	R	P	S	T	H	M	B	N	L

56. GOD QUESTIONS JOB

W	H	K	N	W	S	R	D	E	O	H	R	S	H	L	E	F	T	I	S
S	P	E	Y	D	B	L	S	L	I	D	O	N	F	D	I	V	S	N	T
C	L	T	H	N	G	S	C	A	L	S	E	P	R	N	A	T	O	E	D
O	H	S	U	M	R	A	K	S	R	E	T	D	S	G	I	W	R	L	V
L	V	F	R	O	Z	N	E	A	B	N	O	C	P	M	R	A	F	K	S
A	O	Y	L	E	U	B	R	K	E	S	F	L	T	Y	A	T	U	C	H
S	Q	U	I	A	T	S	H	Y	B	T	R	E	F	I	S	E	M	P	T
D	L	T	A	F	G	A	U	R	E	W	O	S	T	N	H	S	G	B	E
T	E	R	H	I	B	L	W	A	S	N	G	I	A	P	N	R	A	I	M
N	O	G	D	F	R	A	I	J	S	T	U	N	R	T	H	D	P	G	E
S	T	A	V	G	N	I	N	T	H	G	I	L	P	O	E	R	C	S	M
X	P	W	E	R	C	E	D	I	T	N	K	A	H	W	T	S	U	I	B
J	D	G	N	I	F	U	S	D	R	W	N	I	G	H	I	E	R	C	O
L	O	U	R	B	R	I	N	A	P	H	I	H	N	T	E	G	S	P	N
S	K	T	C	H	O	K	S	B	X	P	E	R	M	I	L	R	N	E	A
C	R	Z	J	T	Z	G	H	L	I	M	C	P	T	D	A	O	H	U	C
B	L	Y	N	D	E	C	I	G	C	H	S	L	E	B	U	R	L	T	N
V	R	Y	H	L	N	P	F	L	U	C	R	A	T	N	E	G	S	B	I
F	T	O	U	A	C	L	R	P	I	T	E	S	D	O	P	U	H	T	S
Q	X	Z	S	T	I	G	T	O	B	Y	U	L	O	B	A	N	B	I	W

57. WHO WROTE THE BOOK OF PSALMS?

P	I	N	T	P	H	R	E	S	M	L	A	S	P	Y	E	L	K	S	P
S	K	E	O	A	D	W	S	O	N	S	O	F	K	O	R	H	F	S	E
A	R	T	K	S	N	E	T	L	C	H	T	A	N	E	T	I	A	G	K
L	H	M	U	N	B	G	P	O	A	D	E	S	G	I	N	L	D	Y	O
M	A	S	A	O	S	E	C	M	P	T	L	P	N	K	M	L	W	I	H
S	J	M	D	R	K	R	V	N	S	A	U	B	L	S	U	I	O	N	T
X	E	P	O	B	A	L	Y	O	A	W	L	H	E	R	M	A	M	G	H
H	L	Z	N	H	S	T	R	G	L	I	P	M	T	N	G	P	O	T	A
B	R	W	N	A	I	R	H	B	M	A	L	G	H	S	N	U	A	N	C
X	V	O	R	G	N	A	L	N	S	O	H	U	L	D	R	S	M	K	R
T	N	E	S	O	G	D	F	A	R	M	B	S	H	U	L	O	P	S	T
W	I	R	F	U	S	K	N	H	I	T	L	G	S	H	S	N	A	D	E
E	Y	S	H	D	W	B	L	T	U	S	H	A	W	E	R	S	M	U	P
P	N	K	C	I	R	C	S	E	H	R	T	E	S	C	U	O	N	C	S
S	W	I	E	S	F	A	P	U	L	H	I	S	H	P	N	F	S	E	A
A	S	E	N	O	M	O	L	O	S	P	W	R	F	U	L	K	M	C	L
L	N	F	I	D	N	T	E	H	D	A	V	I	D	N	S	O	L	D	M
M	O	S	M	L	A	S	P	C	S	U	O	N	T	P	E	R	A	O	S
S	Q	H	R	T	E	I	N	B	A	C	G	K	R	O	U	A	S	N	L
X	J	W	O	G	N	C	P	S	A	L	M	S	E	D	N	H	P	K	Y

58. A PSALM OF GRATITUDE FOR DELIVERANCE

P	S	K	E	D	I	T	H	N	K	Y	U	F	O	W	A	T	C	H	N
R	W	F	L	A	G	C	L	E	I	H	S	T	R	E	N	G	O	T	H
O	B	Y	I	E	R	K	N	V	E	P	E	R	F	C	T	F	R	K	D
V	D	X	B	D	E	E	F	A	M	B	C	U	L	O	R	S	F	C	U
N	A	L	T	H	A	R	O	T	E	H	M	S	C	T	X	P	E	R	I
E	I	C	X	W	T	E	E	F	N	R	I	D	N	S	U	O	T	N	M
T	M	N	E	T	P	R	O	B	L	A	Y	E	M	R	E	S	A	D	N
E	G	A	N	C	I	T	H	S	A	L	V	A	T	O	I	N	S	O	C
S	N	R	A	S	M	P	L	I	F	O	Y	N	I	S	G	P	M	U	G
G	H	S	L	E	H	G	W	O	R	D	A	L	B	T	E	O	L	R	D
O	F	I	U	R	T	E	H	P	B	C	K	H	T	R	U	S	T	O	I
K	N	D	E	A	E	S	T	E	R	M	N	X	F	E	T	O	E	A	C
N	W	O	X	L	C	A	Y	W	A	O	T	E	S	N	H	I	S	U	P
C	L	G	R	E	D	L	E	I	H	S	C	Y	H	G	L	M	T	W	S
H	O	E	N	Y	L	V	W	P	N	T	E	K	U	T	W	O	L	L	Y
T	S	L	A	Z	E	A	R	T	H	M	P	R	E	H	K	Y	B	N	D
Q	M	C	T	A	U	T	L	Y	A	C	D	N	T	S	P	N	K	I	R
U	R	O	M	E	P	I	R	Z	E	R	O	E	W	H	I	C	L	O	U
O	A	K	E	R	H	O	G	E	S	F	M	T	E	L	G	H	T	U	R
I	S	E	C	G	E	N	T	L	E	N	E	S	S	R	D	A	R	K	E

59. MUSICAL TERMS IN PSALMS

P	S	T	E	P	C	H	S	C	O	H	T	H	B	N	L	A	I	M	R
I	D	A	L	A	M	O	T	H	E	T	A	S	T	G	S	E	C	R	T
F	W	E	J	S	A	T	I	D	W	I	N	A	G	F	L	A	H	E	S
O	U	T	L	E	S	F	E	M	U	T	H	L	B	I	N	M	I	H	P
H	P	E	I	Y	K	L	D	N	R	T	F	S	Y	H	U	V	T	S	O
I	M	N	T	R	I	A	T	L	M	I	D	C	X	T	N	G	H	E	R
G	D	E	S	O	N	N	O	I	A	G	G	I	H	I	T	R	N	S	P
G	F	R	N	M	G	B	E	K	N	D	I	L	O	N	V	E	W	A	I
A	W	H	L	A	S	E	I	S	T	W	A	N	T	I	H	U	O	S	K
I	O	D	P	H	O	P	L	A	E	B	M	K	E	M	A	F	R	I	N
S	C	E	M	A	K	T	I	M	B	C	R	A	S	E	K	T	E	B	O
Z	E	Q	J	L	S	H	W	E	A	S	E	C	T	H	R	I	F	S	A
W	H	L	X	A	R	E	N	D	O	Y	U	S	A	S	T	K	N	D	I
X	T	R	A	T	S	K	I	C	L	S	D	E	F	O	A	B	I	K	E
B	E	V	S	H	I	G	G	A	I	N	O	T	L	P	C	E	O	F	C
H	G	R	I	N	T	R	P	O	U	Y	S	V	R	N	K	T	S	D	R
D	I	A	G	O	A	L	N	E	F	T	M	A	N	C	H	A	R	T	C
S	C	E	R	T	L	S	H	C	W	A	L	O	T	H	T	F	I	H	J
Z	L	B	W	P	D	A	E	F	S	H	I	G	G	A	I	O	N	X	Q
D	E	X	C	M	E	S	I	E	S	T	C	U	R	S	E	R	S	T	H

60. MUSICAL INSTRUMENTS

M	V	E	O	N	T	X	T	N	C	O	L	R	P	I	N	C	S	M	D
R	D	K	L	I	O	N	A	E	S	R	Y	L	N	O	Y	X	P	N	R
N	Z	I	E	T	M	R	O	C	R	P	M	S	T	F	L	T	G	P	A
P	C	K	O	S	Y	L	W	D	S	N	T	W	R	K	O	W	H	S	K
A	T	S	R	A	E	R	E	H	T	I	Z	N	S	O	E	N	T	N	I
L	E	C	I	F	S	W	L	G	D	A	R	T	N	K	X	P	E	R	M
F	M	A	L	R	P	A	S	T	L	E	L	V	A	U	S	W	T	H	S
S	C	T	N	A	T	L	I	O	L	K	I	T	C	E	O	U	L	A	F
T	E	H	V	U	S	R	E	D	S	H	R	O	P	R	A	H	T	S	P
R	A	T	R	N	E	C	U	T	E	D	F	T	S	Y	O	H	E	G	L
I	H	P	E	S	A	R	N	M	C	K	S	G	N	L	D	V	S	L	R
N	B	O	U	T	N	E	P	I	P	D	E	E	R	W	A	R	D	B	E
G	R	S	T	K	L	B	U	E	D	E	N	I	T	M	Z	P	E	I	B
S	A	W	L	I	B	W	N	G	T	O	T	W	E	U	A	H	O	R	M
O	H	P	A	C	H	T	W	R	K	F	L	A	T	S	L	Z	A	E	I
L	M	B	S	L	A	B	M	Y	C	I	R	E	G	U	A	F	H	R	T
H	G	I	L	W	S	A	I	T	E	D	Y	W	N	T	O	M	E	C	O
E	D	E	G	O	F	P	G	E	S	U	P	S	E	H	F	L	D	S	U
Z	B	Y	E	L	W	O	F	R	H	A	I	V	S	M	K	E	I	T	L
Q	X	M	T	A	C	G	V	P	D	E	N	I	R	U	O	B	M	A	T

61. ALL ABOUT SOLOMON

L	V	E	I	P	H	T	O	C	V	E	R	T	A	T	M	D	R	F	T	R	N	U	F	O
N	D	R	L	U	I	O	N	T	S	A	B	E	H	S	H	T	A	B	H	P	A	C	T	U
I	M	A	T	T	S	E	D	I	A	T	S	P	R	F	C	E	N	U	T	G	U	O	E	S
S	L	U	H	I	Y	E	F	T	R	E	D	B	H	N	S	L	W	I	L	E	D	M	P	Y
K	I	D	R	N	O	P	V	Q	J	I	C	N	R	T	H	A	M	L	H	I	I	N	T	M
I	U	L	E	H	I	E	N	I	V	E	M	Y	J	E	C	K	S	T	O	N	E	R	H	O
N	I	M	E	I	N	G	T	A	W	O	U	R	P	R	V	D	M	T	S	D	N	U	N	D
G	Q	U	H	S	T	X	D	M	U	D	C	H	B	T	E	O	F	E	N	B	C	H	S	S
S	T	E	U	H	R	P	E	N	R	H	E	T	P	R	Y	P	R	M	A	L	E	G	Y	I
O	P	L	N	E	T	U	E	I	U	S	F	R	L	V	O	L	Y	P	S	W	T	C	A	W
L	O	B	D	A	A	I	T	F	L	Y	U	S	D	K	I	N	T	L	N	E	O	M	X	H
O	T	R	R	R	L	R	O	U	B	H	L	S	G	N	O	S	C	E	K	L	V	L	Y	T
M	A	K	E	T	Y	A	B	Y	I	T	U	N	T	H	U	E	S	F	R	T	Y	E	A	R
O	E	W	D	L	B	R	S	H	U	L	P	E	C	A	L	H	T	A	L	G	O	U	E	A
N	V	E	C	R	S	D	O	M	S	A	Q	J	X	Z	V	R	N	S	W	J	Y	S	T	E
K	S	T	O	I	R	A	H	C	D	E	R	D	N	U	H	N	E	E	T	R	U	O	F	E
E	R	H	N	S	E	M	T	X	S	W	I	G	B	N	M	H	T	I	V	F	T	E	S	H
S	T	R	C	P	S	I	P	A	P	R	G	H	O	U	T	X	U	R	C	E	L	D	H	T
P	S	Q	U	E	E	N	O	F	S	H	E	B	A	P	R	O	M	N	A	T	S	I	B	F
C	Y	S	B	O	L	G	E	R	L	A	T	Y	L	T	H	I	L	S	E	V	H	O	K	O
N	G	N	I	K	E	S	I	W	V	R	H	I	N	G	Y	S	C	O	C	W	K	T	E	S
T	M	P	N	K	I	O	K	L	H	S	E	S	R	U	B	E	L	H	I	A	U	L	O	G
R	Y	O	E	P	L	A	T	T	O	P	N	C	I	E	L	S	A	N	E	S	R	N	G	N
D	A	R	S	W	H	O	L	E	W	O	R	L	D	S	A	E	P	Y	L	S	A	U	C	I
T	W	E	L	V	E	T	H	O	U	S	A	N	D	H	O	R	S	E	S	D	R	S	A	K

62. WISE WORDS FROM PROVERBS

B	R	N	T	Y	C	I	A	N	S	T	R	N	G	O	R	S	T	N	A
D	K	A	R	V	L	U	E	O	P	A	G	V	R	Y	U	E	L	O	T
T	B	E	U	I	G	H	T	L	C	O	U	A	S	W	L	R	M	S	I
A	L	S	M	O	B	E	F	R	S	T	I	M	P	R	S	E	I	Y	Z
Q	A	P	G	E	T	H	G	U	A	C	N	T	S	T	V	Y	C	O	T
L	O	D	I	U	L	B	T	H	G	L	Y	A	O	R	O	P	M	E	N
T	G	U	V	S	H	R	E	A	Y	R	S	R	I	M	L	A	R	A	C
B	Y	L	T	A	S	F	T	N	M	H	E	C	R	P	I	C	L	Y	R
C	K	W	N	G	N	I	D	R	F	I	D	W	A	L	R	Y	G	H	T
S	U	S	E	R	V	C	S	D	P	H	O	L	O	C	U	S	T	S	V
F	L	T	A	P	R	N	E	H	T	M	O	N	W	P	R	B	I	N	E
H	V	Y	B	D	O	C	X	R	Y	L	F	D	C	A	I	W	H	O	L
T	N	I	G	N	B	S	A	C	U	O	E	G	R	L	S	Y	E	N	V
M	D	S	U	M	M	E	R	D	L	E	N	J	O	A	Y	D	I	T	L
N	I	H	C	T	W	A	Y	O	R	F	K	A	D	C	Z	H	T	Y	B
G	E	W	A	W	G	E	H	C	S	A	N	M	N	E	K	I	W	D	O
T	Y	N	C	S	I	H	T	O	K	U	B	G	A	S	T	N	L	I	H
O	R	A	G	N	E	O	K	F	N	E	M	O	H	F	G	E	S	O	N
M	T	F	R	C	S	I	N	R	A	D	W	L	C	E	R	U	T	X	T
A	C	H	S	E	H	O	R	I	R	Z	N	B	U	C	G	N	C	O	L

63. A TIME FOR EVERYTHING

M	R	K	A	L	T	R	N	V	A	I	T	R	I	P	S	M	A	C	O
Y	S	P	C	T	U	M	R	N	U	E	M	L	E	S	T	N	E	R	B
R	E	I	V	D	E	A	S	B	L	O	K	H	C	A	R	D	A	W	U
C	K	T	C	T	H	F	V	E	I	D	A	R	L	S	C	H	O	E	I
B	O	H	M	R	E	K	R	S	A	G	E	T	M	A	R	E	V	O	L
A	N	C	I	P	C	A	F	M	T	C	P	I	A	O	E	I	N	T	D
C	T	U	L	A	B	O	R	N	S	T	S	E	V	R	A	H	K	B	I
D	E	S	G	N	G	N	A	L	C	E	N	P	I	N	R	T	D	C	L
H	R	O	K	I	L	L	I	D	B	L	G	H	T	S	I	M	A	E	R
S	V	A	E	Q	P	Z	X	I	J	R	E	F	I	L	Q	U	I	T	F
T	I	R	A	V	R	O	M	E	A	K	H	B	R	S	H	N	B	A	O
C	K	E	W	S	E	H	B	A	L	G	R	E	L	C	P	E	A	H	U
I	H	S	C	E	L	I	N	B	U	U	L	T	F	N	I	N	O	I	D
D	B	L	O	U	B	I	R	A	E	T	N	D	O	H	R	D	E	S	R
T	P	S	T	A	D	N	L	G	U	O	R	N	E	L	B	I	C	G	L
A	F	E	R	B	E	T	H	R	E	C	A	E	P	G	O	A	S	E	A
U	Q	A	S	P	R	A	C	D	N	S	T	M	O	D	T	E	I	R	D
I	T	R	E	H	T	A	G	W	L	I	N	K	Q	T	U	A	L	T	Y
S	U	C	T	R	N	F	W	I	T	Q	U	I	E	T	H	R	T	P	O
Q	J	H	Z	X	C	L	R	A	N	C	E	R	F	V	E	C	N	A	D

64. PROPHETS IN THE BIBLE

E	I	G	H	T	O	N	Y	H	E	A	S	W	T	C	H	N	I	G	B
P	M	T	E	N	E	R	G	I	M	B	C	A	R	K	Y	L	C	S	A
L	G	H	A	B	A	K	T	U	R	N	D	L	I	N	A	E	R	T	K
I	H	T	W	E	M	I	V	D	A	E	S	V	E	L	R	V	O	R	F
S	R	U	T	K	S	T	M	A	N	J	O	S	Y	J	T	P	C	E	S
P	B	O	R	M	U	H	A	N	M	R	C	L	O	S	L	E	R	A	Z
N	R	L	G	E	M	O	S	I	W	D	G	E	O	M	N	P	L	S	I
C	O	P	E	C	N	L	Y	E	G	R	L	E	B	E	A	D	Y	T	O
P	D	H	A	I	A	S	I	B	C	N	I	S	A	I	H	G	E	V	F
R	C	I	T	N	K	O	T	R	A	L	U	C	D	N	T	C	R	S	O
S	T	K	G	A	S	E	D	J	E	R	E	M	I	A	H	U	P	D	U
O	E	H	I	G	C	T	Z	A	S	L	T	N	A	G	L	D	E	A	S
Y	U	N	A	H	U	H	L	E	I	N	A	D	H	I	C	S	O	C	B
D	R	E	D	A	I	G	N	J	T	H	O	E	G	D	E	R	N	X	T
N	I	Y	A	C	L	I	A	W	A	K	I	W	U	O	J	L	C	I	M
G	O	E	L	I	S	H	A	B	T	U	R	T	N	M	O	A	Y	R	U
Y	I	A	R	M	G	O	F	A	D	N	K	R	H	T	N	G	O	E	T
L	K	S	M	O	R	S	O	L	K	U	K	K	A	B	A	H	I	D	F
G	R	O	U	S	U	E	D	T	A	R	T	E	C	N	H	O	C	J	Q
A	N	H	A	I	N	A	H	P	E	Z	I	C	S	A	P	G	R	X	Z

65. ALL ABOUT DANIEL

I	E	H	V	A	T	L	S	T	E	F	R	P	L	M	U	G	T	H	M
H	U	L	U	F	I	A	O	T	U	E	B	C	M	E	I	W	N	S	E
G	T	E	S	P	C	G	H	C	A	R	D	A	H	S	F	S	A	T	N
O	A	I	D	U	E	C	A	N	R	U	F	T	S	H	R	T	U	P	E
N	T	G	W	N	T	H	S	I	B	C	S	E	I	A	M	N	S	T	R
K	S	R	D	A	B	O	N	T	N	T	R	M	S	C	E	V	I	G	B
W	D	E	F	R	E	I	E	B	S	E	P	U	R	H	P	L	S	E	M
H	B	W	D	N	V	E	G	E	T	A	B	L	E	S	R	B	T	A	C
A	M	O	I	T	S	O	R	A	N	L	V	O	B	R	M	A	E	R	D
J	S	T	P	R	I	A	W	N	T	S	L	A	B	L	E	S	L	T	H
T	A	R	T	S	U	L	T	A	R	F	E	M	Y	T	I	W	B	O	R
O	U	N	B	X	T	E	E	R	C	E	D	H	M	O	N	T	O	E	A
D	B	T	O	A	D	P	C	I	A	X	O	X	B	A	F	O	G	S	B
C	U	M	T	I	O	R	A	N	D	P	T	H	N	G	S	B	A	E	S
W	T	Z	N	E	M	A	E	B	H	C	S	T	I	W	U	L	K	C	Q
S	V	W	T	Y	K	Y	N	I	E	S	A	R	M	F	I	W	H	I	M
M	R	E	Z	I	R	E	D	E	O	N	T	H	G	O	M	S	N	A	E
I	F	D	N	T	F	R	L	H	L	E	D	A	N	S	T	Q	Z	X	J
C	B	S	U	R	E	I	S	T	N	O	N	S	Y	L	E	N	I	F	D
N	M	I	S	P	A	P	W	E	R	C	R	D	O	N	I	S	R	A	P

66. ALL ABOUT JONAH

M	T	H	O	U	N	D	A	F	O	T	O	N	T	I	C	E	X	P	E
T	A	S	P	Y	P	C	N	T	H	R	E	E	D	A	Y	S	M	I	R
R	E	Y	A	R	P	M	V	E	O	N	I	T	R	C	T	I	E	S	T
R	F	N	U	S	E	P	H	S	R	L	P	M	S	D	N	A	R	G	N
O	T	A	T	U	L	Y	R	G	H	T	S	H	N	A	P	D	E	L	F
B	G	B	W	O	G	T	A	R	C	E	R	T	J	P	Q	Y	N	H	T
E	P	O	H	E	V	E	N	I	N	H	M	O	O	I	N	T	R	S	N
D	A	W	R	D	T	U	F	O	T	S	N	J	A	R	S	A	E	P	G
I	H	T	O	L	C	K	C	A	S	I	D	R	W	E	M	V	R	Y	C
E	C	N	K	A	E	P	E	R	G	H	U	O	N	Y	R	T	C	A	H
N	P	X	I	C	U	T	L	I	T	S	I	D	E	S	H	F	I	T	D
T	R	D	S	E	U	G	N	D	A	R	Y	P	R	F	I	R	E	H	E
Y	A	S	M	R	K	E	R	B	R	A	L	E	L	U	D	E	V	A	S
V	N	I	S	H	L	N	G	P	N	T	O	I	R	M	S	T	K	E	B
R	T	E	D	A	H	S	R	O	P	D	K	Y	P	E	R	C	M	O	O
T	A	M	H	P	A	Z	E	D	H	I	N	O	N	T	E	L	K	N	I
M	R	W	F	E	U	Q	W	Y	B	L	U	I	S	U	R	Y	O	T	G
O	R	I	G	D	R	A	O	B	R	E	V	O	A	N	L	S	K	X	Z
S	U	B	R	T	S	D	R	E	G	D	H	T	P	U	D	E	N	L	C
R	T	E	A	M	B	G	M	A	N	M	A	H	R	L	T	W	H	A	T

67. THE BIRTH OF JESUS

I	N	N	K	E	P	R	E	E	S	N	E	C	N	I	K	N	A	R	F
B	S	T	R	C	H	A	N	G	M	V	I	S	G	C	S	P	I	M	R
E	Y	H	A	U	T	C	I	A	R	H	N	T	I	S	W	N	B	A	T
T	H	P	E	S	O	J	C	H	O	S	G	A	B	R	A	E	D	N	V
H	I	G	U	R	E	S	I	N	D	E	O	B	G	N	D	I	R	G	C
L	V	E	T	O	O	R	C	A	E	F	D	E	I	T	D	N	Y	E	R
E	D	R	W	N	M	D	Y	S	K	T	C	L	H	B	L	N	C	R	Z
H	L	M	A	G	I	N	I	T	J	O	S	E	P	F	I	K	R	E	T
M	W	H	N	A	Z	A	R	E	H	U	T	V	R	I	N	E	T	H	K
S	H	T	G	E	I	R	A	T	S	D	N	R	F	T	G	E	B	G	N
H	U	M	E	O	W	S	I	N	N	G	T	S	U	P	C	P	G	R	L
E	F	R	L	A	L	M	E	H	E	L	H	T	E	B	L	E	Q	S	E
P	C	E	S	X	P	C	R	S	I	O	T	U	R	L	O	R	N	C	I
H	U	F	O	E	R	M	T	H	G	R	E	L	A	N	T	S	P	K	R
E	N	S	Q	D	U	A	E	R	B	L	R	D	G	O	H	T	N	I	B
R	D	N	R	T	L	F	S	Y	S	T	A	B	L	E	S	C	T	S	A
D	O	U	C	N	E	O	C	T	I	O	Z	N	S	H	R	E	L	V	G
S	C	E	H	N	U	P	G	S	T	N	A	P	O	G	C	O	S	T	B
I	N	Y	R	A	M	T	H	E	F	C	N	E	A	R	L	Y	B	G	I
R	O	S	T	E	K	C	P	U	G	H	A	P	K	H	R	R	Y	M	C

68. THE GENEALOGY OF JESUS: FIRST 14 GENERATIONS

A	T	P	D	C	I	N	G	J	A	C	O	D	T	F	I	T	C	K	U
B	F	B	G	N	O	T	N	P	B	E	R	H	G	B	O	Y	B	N	I
R	B	O	C	A	J	E	S	S	R	A	N	T	F	L	A	F	T	L	K
A	I	B	G	S	A	L	M	O	A	N	U	E	G	I	M	L	F	I	E
H	Y	E	N	H	P	S	G	L	H	E	Z	R	N	O	M	A	R	G	O
M	B	T	R	O	D	E	I	C	A	C	R	V	S	E	B	T	Y	Z	X
P	U	O	G	N	I	K	L	S	M	T	F	H	T	O	Y	E	B	A	M
W	R	D	S	T	L	I	T	O	A	S	N	D	G	H	E	R	D	T	L
D	N	O	H	S	H	A	N	U	L	A	T	I	R	U	G	I	F	Y	R
S	E	L	A	N	O	G	E	R	N	K	C	O	N	T	H	W	M	K	J
Z	F	O	D	T	R	B	N	F	I	L	D	E	K	O	L	S	E	N	U
G	T	N	U	G	X	A	E	J	Y	B	T	R	F	C	M	E	A	B	D
K	L	T	J	N	Y	D	P	D	R	C	K	I	L	R	D	L	F	T	I
N	I	S	M	E	L	A	K	I	E	F	A	D	N	C	K	F	A	L	V
J	D	T	R	A	E	N	L	O	G	N	Z	E	R	E	P	I	M	S	A
Z	E	O	W	T	H	I	S	A	A	K	Y	A	G	O	T	U	D	H	D
O	W	S	E	R	P	M	L	S	T	E	L	B	U	H	G	O	Z	N	G
A	N	G	S	L	I	M	S	Z	E	A	C	U	T	E	L	T	A	L	N
B	R	H	V	E	Q	A	O	R	M	E	N	V	D	S	R	N	O	A	I
H	E	Z	R	O	N	L	T	E	T	A	O	P	S	L	P	E	B	R	K

69. THE GENEALOGY OF JESUS: SECOND SET OF 14 GENERATIONS

J	O	S	A	I	H	S	W	T	C	H	N	G	O	N	T	L	I	G	U
Y	W	E	M	D	M	A	N	A	S	S	E	H	J	E	H	O	S	H	A
R	B	U	W	A	I	O	O	T	O	G	H	T	S	F	G	U	R	N	B
S	E	Z	Y	T	H	G	M	I	L	A	R	N	W	I	Z	D	E	U	L
M	Y	Z	S	M	O	C	A	Z	O	B	D	W	O	Z	L	V	I	A	N
T	A	I	D	H	S	E	M	Q	M	J	O	S	I	A	H	N	R	L	D
J	E	H	O	R	A	M	J	A	O	Z	L	A	T	R	M	E	T	O	F
O	D	G	N	R	O	L	C	U	H	X	H	O	A	S	A	R	I	U	G
H	Y	L	W	G	D	A	V	I	F	T	N	E	B	L	U	D	K	R	A
T	P	T	H	G	R	B	Y	P	M	P	O	H	T	F	L	I	M	N	D
A	E	O	P	L	E	C	E	A	S	C	N	J	D	A	R	Y	D	G	B
H	R	Y	I	T	A	M	O	N	I	D	A	R	G	S	D	R	W	P	U
P	U	N	D	R	S	B	H	R	T	S	C	N	O	M	O	L	O	S	K
A	T	C	L	A	O	U	I	S	A	C	R	E	H	D	W	E	H	D	T
H	E	R	S	H	F	T	H	J	L	S	T	I	P	L	Y	A	I	F	L
S	V	L	E	I	G	B	S	E	A	R	D	G	N	T	F	V	M	R	U
O	E	R	A	S	M	O	K	N	D	H	O	F	S	P	A	K	N	G	T
H	M	T	K	C	A	J	W	B	R	Y	E	T	I	D	U	Q	E	M	O
E	L	R	G	R	O	Z	A	H	A	H	L	S	N	V	R	D	W	Y	E
J	S	H	E	A	T	P	I	Y	T	O	E	H	A	I	K	E	Z	E	H

70. THE GENEALOGY OF JESUS: THIRD SET OF 14 GENERATIONS

R	S	M	H	L	R	D	W	A	P	R	F	O	L	I	B	L	K	D	J
E	O	R	P	A	U	S	E	R	K	H	C	E	C	F	D	O	E	R	O
T	L	Z	Y	S	I	K	T	I	S	F	T	A	N	F	D	I	R	Y	S
O	D	N	A	E	C	S	D	R	A	P	S	O	R	A	M	E	K	L	E
F	P	D	I	L	T	B	S	T	E	I	N	D	Z	P	U	F	O	U	P
U	O	L	H	S	M	W	N	E	O	T	F	S	X	Q	J	Y	L	T	H
D	R	S	N	E	I	T	Y	S	M	I	K	A	P	E	G	A	H	E	T
H	T	I	L	A	K	N	D	K	Y	L	R	T	C	N	P	O	C	P	I
L	Y	E	A	D	A	R	B	N	C	H	E	O	D	U	F	L	A	O	R
A	D	W	S	H	I	R	E	Y	L	A	N	T	E	R	M	E	C	I	B
R	N	B	T	O	L	W	Y	W	O	I	L	K	S	V	R	B	Y	P	L
I	E	T	U	L	E	I	T	L	A	E	H	S	L	C	D	A	R	E	A
T	A	P	O	I	T	N	Z	H	R	O	F	V	E	A	S	B	H	M	E
M	Y	E	R	G	H	G	L	O	F	L	H	M	T	B	E	B	T	U	C
N	A	C	I	S	O	P	R	T	Y	R	G	H	I	S	D	U	O	F	E
Q	R	B	E	L	D	T	W	B	I	E	O	V	L	D	P	R	H	T	L
U	I	T	I	S	K	Y	S	T	M	R	A	Z	A	E	L	E	G	O	I
Y	H	R	C	H	U	M	H	C	T	K	S	E	L	F	W	Z	Y	B	H
T	C	O	P	L	U	W	E	K	S	A	G	O	I	N	T	R	G	E	U
Y	L	R	S	E	H	D	S	U	R	B	P	N	K	C	S	A	Y	B	D

71. THE TWELVE DISCIPLES

D	T	H	M	B	U	E	L	Y	N	A	H	B	R	J	O	H	E	N	D
T	U	P	H	A	T	G	R	U	O	C	E	M	U	S	T	S	B	O	W
H	R	L	E	N	H	O	J	T	A	Y	R	D	T	M	O	G	E	V	N
O	S	P	S	D	R	D	U	E	V	S	A	M	O	H	T	L	S	O	T
M	U	R	T	R	A	K	D	T	B	S	R	W	U	S	H	M	R	K	E
A	E	P	S	E	C	L	H	J	I	Q	X	Z	E	D	N	I	O	T	N
T	H	O	I	E	Y	J	A	S	N	D	L	Y	A	R	C	R	Z	Y	A
T	P	L	B	W	S	E	C	R	L	C	E	G	N	O	D	T	U	O	B
H	L	R	X	A	G	A	R	T	E	B	N	D	R	P	E	N	A	S	T
I	A	L	S	C	R	U	P	W	E	M	O	L	O	H	T	R	A	B	Y
A	F	D	C	I	T	D	I	T	S	D	G	E	P	I	A	Y	N	G	I
S	O	R	O	A	M	E	N	L	N	R	B	A	S	L	R	H	T	E	F
Q	N	T	J	C	N	O	T	R	A	I	O	N	T	I	K	M	C	H	U
X	O	R	D	A	U	H	N	T	L	T	S	E	M	P	O	G	N	Y	D
Z	S	E	K	N	M	D	E	D	R	A	E	S	H	C	P	E	T	E	R
C	S	R	L	Y	U	E	B	T	J	U	B	A	R	T	H	O	L	O	M
T	E	I	F	J	B	Y	S	U	N	G	F	D	N	C	L	E	N	G	A
O	M	K	B	H	C	T	K	E	R	N	E	U	M	H	T	D	M	H	T
U	A	N	S	C	R	W	I	Y	E	D	R	J	O	P	R	W	E	I	R
I	J	T	B	W	E	H	T	T	A	M	D	E	T	I	X	C	Y	L	D

72. SERMON ON THE MOUNT

T	W	O	T	H	R	V	G	Y	U	S	I	L	B	S	T	L	G	F	D
B	K	R	W	F	E	O	T	A	I	L	A	T	A	R	E	G	N	A	L
U	Y	S	B	D	N	W	L	F	Y	N	E	D	H	G	T	U	L	K	M
V	O	W	E	C	T	S	R	E	T	A	L	I	A	T	I	O	N	M	N
L	P	R	A	Y	E	R	T	S	H	E	A	V	E	M	D	A	O	I	D
A	E	R	T	D	A	L	N	I	O	C	T	C	A	K	L	N	M	Y	R
X	P	O	I	W	O	R	Y	D	E	R	S	W	C	H	E	T	D	F	G
B	L	U	T	S	A	E	T	C	M	O	N	E	E	Y	O	M	E	R	I
T	H	K	U	L	N	I	H	E	R	V	W	R	G	S	T	K	L	N	G
M	Y	F	D	O	W	A	T	I	M	I	S	A	E	N	E	M	I	E	S
I	N	G	E	N	E	M	Y	S	L	D	T	F	T	H	R	T	E	N	I
E	I	M	S	I	O	U	E	R	M	O	H	I	L	A	Y	R	R	O	W
T	L	H	W	T	S	H	T	O	I	E	Y	R	C	D	S	A	H	T	N
O	T	H	G	I	L	D	N	A	T	L	A	S	O	I	E	L	N	K	S
N	S	C	R	A	K	C	M	R	H	O	N	R	D	A	S	T	S	H	V
L	G	N	I	T	S	A	F	I	A	E	H	S	U	N	R	M	N	G	E
I	T	S	A	R	N	G	P	U	V	T	W	I	H	O	P	E	L	S	O
B	C	T	O	P	S	R	W	A	L	K	P	R	A	Y	I	N	U	L	N
L	N	K	W	R	T	I	E	D	W	N	O	D	E	R	S	C	S	R	C
Y	E	G	N	A	C	H	A	S	L	P	E	S	U	F	R	Y	T	L	T

73. THE LORD'S PRAYER

R	T	V	A	L	E	Y	S	Q	M	I	S	H	F	S	U	S	C	R	N
I	A	N	F	T	I	G	H	Y	L	N	A	M	O	D	G	N	I	K	O
E	H	E	V	A	N	D	I	A	O	C	R	E	R	N	T	R	O	U	I
W	I	G	N	K	T	L	P	T	S	E	H	W	G	Y	E	V	E	G	N
O	F	U	T	O	T	H	O	K	I	N	G	T	I	R	S	H	A	B	E
P	B	A	Y	V	W	A	E	C	L	F	P	L	D	E	D	U	T	M	A
R	W	S	O	R	A	L	B	R	E	A	D	V	E	I	L	H	P	S	H
H	C	Y	A	P	H	L	S	U	Y	F	N	C	L	O	E	R	T	E	O
R	Y	A	D	M	S	O	F	A	T	H	R	E	I	A	Y	L	A	R	N
S	T	G	S	T	A	W	R	E	N	O	F	L	V	A	C	T	U	E	T
I	C	H	L	D	S	E	M	A	N	J	S	E	E	B	X	Z	Q	W	G
B	V	D	I	O	C	D	S	M	I	G	N	L	R	S	L	D	N	O	H
R	N	G	W	Y	R	U	B	L	O	N	S	M	U	C	I	O	T	P	R
S	I	S	R	E	F	Y	C	B	K	D	H	U	G	L	E	A	D	E	I
N	O	I	T	A	T	P	M	E	T	E	G	C	E	I	N	V	N	C	N
P	L	O	C	E	I	C	L	D	S	H	E	N	O	P	S	B	D	P	R
H	S	F	A	D	U	D	G	N	A	T	D	W	I	L	L	N	O	S	E
I	O	R	N	A	S	L	P	E	X	P	B	R	N	K	C	E	T	H	A
W	T	M	G	E	V	I	G	R	O	F	I	E	U	G	R	A	W	K	N
H	V	I	O	N	D	E	A	W	H	T	E	R	D	S	Y	N	I	G	O

74. MIRACLES OF JESUS

L	T	M	E	H	S	I	F	F	O	H	C	T	A	C	S	U	O	L	U	C	A	R	I	M
C	A	S	T	O	U	T	D	E	M	N	S	O	J	N	I	T	A	R	N	D	L	O	L	M
M	U	C	W	D	N	U	M	I	R	A	C	L	E	P	O	Y	P	C	I	H	T	M	I	I
I	T	I	A	T	C	H	E	L	C	A	R	I	M	Y	T	A	N	W	A	Y	D	R	H	R
R	C	D	T	L	P	A	F	O	T	S	R	F	R	A	I	S	E	D	T	H	A	D	E	A
A	N	G	E	H	M	L	D	H	A	G	C	H	L	Y	E	B	R	O	N	C	A	C	R	C
C	A	M	R	W	R	E	T	A	W	N	O	D	E	K	L	A	W	T	L	L	T	I	C	L
L	O	B	I	T	H	E	D	R	S	O	F	I	T	F	H	E	L	E	E	N	S	P	R	E
E	N	D	N	L	A	B	E	T	D	I	R	D	W	S	K	U	C	S	X	J	Z	Q	S	M
I	M	G	T	N	O	S	Y	A	H	S	A	M	I	E	N	G	O	T	R	V	E	R	C	I
I	I	E	O	R	B	H	O	W	F	E	D	T	H	O	U	S	A	N	D	S	D	B	Z	I
H	R	G	W	A	L	K	E	D	D	M	S	R	C	I	H	E	G	O	B	C	K	A	D	N
S	A	T	I	K	R	B	Y	E	R	C	I	T	K	N	T	S	Y	W	A	E	R	C	O	T
M	C	E	N	S	M	E	H	L	E	H	A	U	O	F	I	N	S	C	R	M	L	K	E	H
W	L	T	E	R	I	T	S	L	D	N	W	Y	A	R	D	O	A	I	C	W	T	I	S	D
C	E	S	B	L	D	U	C	Y	P	R	S	O	N	P	M	M	E	O	P	L	E	S	U	N
E	F	L	A	E	M	A	N	O	T	K	I	T	G	N	I	E	T	N	I	U	Q	A	L	G
A	T	U	S	R	R	H	E	N	E	Y	C	N	T	A	C	D	P	L	S	O	C	N	A	E
E	E	I	W	I	Y	U	K	A	H	T	U	O	S	D	N	T	E	D	G	W	T	E	Y	W
T	A	B	M	I	R	A	C	L	E	S	H	N	I	T	Y	U	E	L	H	O	B	L	D	G
R	Z	D	S	I	L	O	P	Y	R	V	U	T	C	R	A	O	H	N	C	K	E	C	B	D
Q	J	X	E	E	R	T	G	I	F	A	D	E	R	E	H	T	I	W	B	A	A	A	T	E
L	G	O	T	V	G	E	R	L	A	S	H	S	L	C	I	S	T	N	A	G	R	R	G	O
U	E	P	T	N	P	K	C	I	S	E	H	T	D	E	L	A	E	H	E	O	W	I	I	F
Q	S	E	R	D	L	H	U	M	I	X	M	A	N	B	H	C	S	Y	L	P	A	M	M	R

75. THE PARABLE OF THE FOUR SOILS

C	K	N	T	F	X	S	T	P	I	D	U	S	H	P	L	F	R	T	S
U	F	I	G	R	V	C	I	D	A	I	G	W	I	G	S	E	E	E	D
N	B	C	N	S	P	T	D	E	H	C	R	O	C	S	A	C	M	L	P
E	Y	T	L	G	U	R	C	S	A	T	M	R	G	N	O	D	R	S	A
D	U	A	I	T	D	O	N	C	V	R	N	Z	I	P	R	Q	A	J	R
O	T	R	O	K	S	M	P	S	E	F	I	Y	V	E	M	I	F	N	A
G	H	W	S	C	O	R	O	N	S	T	F	R	H	T	A	P	C	E	B
F	S	T	D	H	A	N	H	R	T	H	I	S	Y	O	Y	S	D	R	L
O	E	N	O	L	I	V	E	O	I	D	R	E	T	S	C	K	S	E	E
D	G	S	O	T	V	U	N	H	L	K	L	Y	I	M	G	C	A	I	V
R	Y	A	G	E	R	O	U	T	G	S	E	E	D	N	K	O	J	T	R
O	U	K	N	W	D	M	B	U	E	N	T	L	G	A	S	R	F	I	S
W	W	O	H	S	G	K	I	N	G	D	O	M	N	R	P	D	B	O	E
K	T	C	E	N	H	U	D	R	E	C	N	D	O	M	S	B	U	S	I
R	N	U	A	T	D	W	P	O	H	L	W	H	P	I	R	T	S	N	R
O	T	H	O	U	E	S	N	D	P	R	O	C	T	R	A	E	O	F	R
O	U	W	I	T	K	C	A	R	T	S	E	V	R	A	H	R	C	I	O
T	P	R	C	R	O	P	E	C	H	I	K	C	A	N	T	O	N	M	W
S	O	Y	V	E	H	T	O	I	D	W	B	N	E	L	R	U	S	L	A
N	F	A	R	O	C	I	S	N	G	Z	X	J	H	Y	S	D	R	I	B

76. JESUS FEEDS FIVE THOUSAND

J	S	T	U	K	P	T	L	F	I	S	H	C	K	E	I	C	R	F	M
D	U	E	O	H	S	U	Y	G	N	L	R	D	F	A	N	D	I	A	E
A	V	G	A	L	I	L	E	E	S	K	N	A	H	T	E	V	A	G	Q
Z	X	T	W	O	B	T	S	H	R	A	L	G	U	S	E	D	E	O	D
W	O	R	P	A	F	O	C	R	O	W	S	P	I	L	I	P	F	N	R
T	H	T	I	S	U	G	B	C	I	R	T	R	O	N	U	E	I	B	L
U	D	L	M	C	W	H	A	S	W	J	B	A	S	K	E	T	V	Y	T
N	S	E	I	E	N	I	T	L	X	Q	V	O	C	H	R	A	E	G	S
I	R	G	R	C	L	O	K	U	I	E	P	T	M	E	W	Y	T	H	T
G	Z	D	A	Q	X	J	B	Q	S	L	D	M	H	C	N	R	H	O	E
R	N	I	C	V	S	D	W	O	R	C	E	G	P	S	R	Y	O	I	K
A	K	B	L	L	E	J	E	D	Y	B	R	E	U	N	I	E	U	P	S
E	T	W	E	E	V	E	S	A	I	N	G	L	K	P	D	T	S	M	A
D	H	S	T	F	K	O	E	T	U	C	S	O	E	S	H	C	A	E	B
P	A	L	E	T	V	R	B	P	D	Y	I	N	V	R	Y	F	N	D	E
E	N	M	O	O	L	S	M	I	R	A	C	E	L	E	G	P	D	S	V
M	K	I	R	V	H	P	T	L	O	A	B	R	K	N	O	H	N	K	L
W	S	L	O	E	T	R	G	I	N	S	A	B	M	E	A	Y	R	C	E
L	B	E	Y	R	I	J	A	H	Z	B	U	C	E	W	R	N	U	Y	W
N	U	N	S	S	M	N	T	P	H	N	G	I	H	S	I	F	O	W	T

77. THE GOOD SHEPHERD

G	O	O	D	S	H	E	P	H	E	R	D	N	H	G	O	M	F	R	I
R	I	S	H	E	P	E	R	D	B	U	E	L	B	M	B	A	L	G	N
E	A	F	T	K	S	T	H	R	T	Y	I	D	L	C	K	M	O	K	S
B	Y	Z	W	L	E	A	N	H	C	A	R	V	H	I	K	N	E	H	T
A	T	I	M	P	T	R	A	N	Q	E	U	S	C	A	T	E	R	E	D
S	H	E	E	E	P	S	T	T	H	I	E	F	O	N	L	F	O	Y	A
Q	O	R	D	I	V	R	Y	P	E	W	S	D	R	I	W	Y	N	W	T
U	I	L	E	F	N	Y	E	U	H	R	V	A	F	D	C	P	E	T	R
E	O	N	I	T	F	H	Y	T	I	C	N	E	P	U	E	S	O	M	W
D	V	I	O	W	S	N	A	P	R	T	M	S	N	G	L	E	M	S	L
W	Y	L	R	F	E	K	C	B	M	O	C	L	W	N	H	T	A	N	J
N	S	T	H	A	L	B	D	R	C	K	E	T	S	I	S	V	R	W	A
W	H	F	N	R	I	O	A	T	Y	M	N	I	Y	N	W	T	O	U	B
D	E	R	E	T	T	A	C	S	I	N	U	T	E	S	M	L	R	I	E
O	E	L	M	U	T	S	G	K	U	A	S	R	Y	O	F	W	T	A	R
U	P	T	O	H	B	Y	S	V	N	M	E	T	A	G	N	O	H	L	E
M	S	L	A	T	D	C	N	P	R	T	G	N	D	W	A	L	M	S	H
A	C	R	O	H	M	G	A	I	T	O	U	L	P	A	I	W	D	N	T
N	I	L	C	D	S	Y	E	K	S	H	E	N	S	U	E	V	H	T	A
E	D	H	I	R	E	D	H	A	N	D	O	U	C	P	R	G	N	A	F

78. THE PARABLE OF THE LOST SHEEP

H	P	R	T	Y	D	R	E	P	E	N	S	C	R	O	T	I	A	S	C
E	I	P	R	A	W	E	O	S	T	P	E	E	H	S	V	D	T	N	E
A	X	C	P	T	O	N	E	C	D	B	R	D	A	Z	L	S	M	E	L
V	R	A	D	L	I	N	T	N	I	A	M	S	B	R	O	W	R	T	E
E	G	R	E	J	O	I	C	I	N	G	I	N	H	E	A	V	E	N	B
R	U	R	L	A	R	S	E	T	A	R	B	E	L	E	C	H	A	P	R
I	I	Y	A	Z	N	U	G	N	B	U	Y	K	N	I	T	N	D	E	A
G	S	H	E	E	P	L	E	F	N	D	R	S	A	I	E	C	S	E	E
H	D	O	P	N	Y	B	S	H	E	P	H	E	R	D	S	J	T	H	T
T	A	M	E	T	U	O	C	N	M	A	G	B	S	T	F	R	I	S	E
E	H	E	E	C	M	W	H	G	D	Y	W	F	H	Y	B	H	O	D	N
O	D	S	H	P	N	D	O	Q	Z	O	I	X	J	G	V	N	G	E	I
U	U	O	S	F	B	M	D	S	T	N	E	P	E	R	I	A	H	R	C
S	I	N	T	A	S	N	E	M	D	E	N	T	L	Y	S	T	B	D	L
E	F	A	S	P	E	E	H	S	E	N	I	N	Y	T	E	N	I	N	E
C	M	P	O	R	M	Z	A	H	I	W	D	G	L	G	H	A	T	U	F
L	N	V	L	T	N	D	G	R	N	U	R	A	P	T	S	R	G	H	S
T	M	S	E	I	W	T	H	M	C	I	W	O	R	I	E	D	H	E	U
N	L	F	N	H	G	L	O	G	N	H	H	T	N	M	C	N	S	N	B
G	S	Y	O	R	U	D	N	C	S	O	U	S	N	T	H	V	E	O	Z

79. THE TRIUMPHAL ENTRY

W	D	N	T	O	L	S	S	A	N	M	R	Y	E	L	K	E	W	C	U
T	U	K	C	Q	K	R	E	I	O	F	T	H	G	F	D	T	R	D	S
S	I	A	F	A	T	F	V	Z	Q	X	V	J	K	L	M	O	N	P	Q
E	K	R	O	B	M	R	I	H	T	B	J	Z	Y	X	W	T	V	U	R
H	J	L	S	H	O	U	L	J	Y	O	E	W	I	D	N	A	S	C	E
G	C	W	T	A	C	Y	O	E	G	N	R	L	T	M	I	Y	R	P	M
I	B	L	E	S	S	I	F	N	D	S	U	G	S	U	E	Q	X	A	Z
H	N	D	I	E	L	A	O	S	E	H	S	I	D	E	S	S	E	L	B
E	G	M	A	O	H	S	T	Y	C	U	A	H	M	A	W	E	D	M	N
H	A	W	D	T	D	U	N	E	I	K	L	R	M	Y	N	A	K	L	T
T	M	O	U	N	T	A	U	I	N	O	E	F	B	E	T	H	P	E	G
N	U	L	A	V	H	G	O	A	P	Y	M	N	A	H	T	E	B	A	F
I	A	T	I	T	O	N	M	W	N	T	E	R	L	Y	W	L	I	V	M
A	Q	O	E	B	Y	A	P	H	Y	R	V	E	G	A	P	H	T	E	B
N	H	B	W	D	I	U	R	S	G	O	T	H	T	O	R	D	Y	S	A
N	R	E	T	B	O	K	B	C	O	L	T	B	E	N	A	O	T	P	L
A	Y	T	U	N	D	R	H	A	H	A	C	D	R	T	V	E	I	E	A
S	C	H	R	L	Y	P	T	U	M	S	I	U	C	A	M	O	E	V	Z
O	E	I	D	I	V	A	D	F	O	M	O	D	G	N	I	K	V	J	Q
H	R	T	W	Q	S	E	L	P	I	C	S	I	D	S	K	J	H	M	X

80. GETHSEMANE AND PETER'S DENIAL

M	R	D	L	P	C	Y	K	N	P	Y	H	N	G	T	G	I	F	D	O
I	R	F	T	W	D	L	T	S	J	E	N	A	M	E	S	H	T	E	G
S	T	D	L	E	N	R	G	W	N	O	M	E	T	N	T	H	R	I	C
X	S	Z	N	Q	D	E	N	I	E	Y	T	H	S	I	Y	L	P	M	S
J	V	I	L	E	U	T	D	I	S	C	I	P	L	A	E	S	P	R	A
K	E	J	K	Z	Q	T	S	E	L	P	I	C	S	I	D	X	R	E	Y
D	R	O	O	S	T	I	E	R	C	E	H	K	N	L	K	U	G	D	O
A	V	S	T	R	A	B	R	W	X	T	H	R	I	C	E	Z	J	A	Q
T	E	R	D	C	M	T	V	Q	V	E	K	U	L	Y	I	R	G	H	T
B	E	T	R	R	A	P	A	A	R	R	E	S	T	D	S	W	O	R	S
H	N	K	B	F	O	E	N	S	O	L	D	I	R	E	U	P	K	E	D
U	G	J	D	Y	U	W	T	L	F	E	R	A	C	Y	N	T	S	L	A
W	E	P	T	B	I	T	S	J	S	T	U	D	W	A	T	I	A	B	T
H	R	S	H	L	Y	O	E	O	A	E	V	C	E	R	S	A	E	L	P
I	M	E	O	V	R	Y	A	H	L	R	O	O	S	T	E	R	U	N	G
Y	T	R	P	E	D	F	R	D	N	D	I	W	N	E	S	H	G	Y	R
P	L	V	Y	S	A	C	N	I	G	O	I	H	M	B	N	E	W	O	I
V	U	A	H	N	D	R	T	M	Y	A	K	E	O	T	A	H	R	T	S
E	R	N	Y	X	H	S	A	U	E	D	T	H	R	D	C	E	H	R	A
P	W	T	N	E	R	H	T	O	G	N	C	P	S	S	U	Y	Z	F	A

81. THE CRUCIFIXION

B	R	K	N	I	A	T	R	U	C	N	R	O	T	C	R	O	S	K	E
E	A	R	T	H	Q	U	A	K	R	U	H	F	O	E	N	S	A	L	G
W	K	E	U	P	E	T	O	M	U	H	E	I	L	N	G	K	S	T	K
F	I	T	Y	T	C	N	S	T	C	J	N	S	I	M	O	N	O	F	C
B	A	R	A	B	S	T	A	L	I	P	E	Y	A	R	L	U	R	C	O
Y	U	L	E	N	S	I	U	B	F	O	R	T	S	P	G	H	T	R	N
R	I	N	U	V	E	L	S	A	I	S	Y	L	D	O	R	E	H	U	B
P	W	E	S	R	N	H	T	Y	X	D	C	B	M	S	O	V	Z	A	Q
M	Y	D	R	N	K	N	K	N	I	G	F	R	A	N	T	W	R	X	P
D	F	R	N	T	R	C	E	B	O	R	O	D	A	R	K	A	N	E	A
O	U	I	E	S	A	O	L	T	N	E	N	S	G	D	B	J	B	O	R
Y	F	S	G	I	D	D	H	R	H	S	O	R	U	B	A	M	E	R	A
D	O	R	N	C	U	R	T	T	X	K	M	W	A	S	Y	R	Q	U	D
O	Y	S	T	P	D	U	H	Q	F	J	I	S	S	O	R	C	A	W	I
G	X	R	N	G	N	I	V	T	N	O	S	G	B	R	K	E	O	S	S
F	E	K	L	R	E	N	D	E	C	R	N	A	F	T	B	A	G	T	E
O	D	G	U	V	A	L	O	S	M	U	T	W	L	N	T	E	D	P	A
N	I	N	E	O	I	T	A	P	G	O	L	G	O	T	H	A	C	I	R
O	R	S	P	R	S	N	M	A	C	I	N	G	N	R	E	G	Y	V	A
S	E	T	S	F	E	K	A	U	Q	H	T	R	A	E	C	I	T	A	C

82. A SCRIPTURE VERSE TO REMEMBER

O	N	L	Y	S	O	V	K	E	F	I	L	B	L	A	N	R	E	T	E
C	W	H	P	N	A	G	T	Y	S	G	O	B	I	S	O	U	T	M	N
L	O	V	E	S	D	F	P	H	B	J	A	G	N	T	D	R	G	A	D
D	R	N	K	U	W	A	E	T	S	W	H	R	T	S	E	C	U	L	R
H	L	T	D	Y	N	O	R	U	Y	H	T	B	I	R	G	Y	R	T	I
N	S	G	B	E	L	E	I	V	N	O	S	Y	L	N	O	O	H	R	E
D	E	I	R	W	M	G	S	I	A	E	R	D	T	R	W	L	F	S	W
K	Y	F	U	O	W	N	C	E	L	V	D	I	H	S	T	G	A	A	L
G	N	R	B	S	E	G	H	Y	T	R	P	T	R	F	E	R	H	V	M
I	H	Y	E	P	R	A	N	T	S	B	Y	H	B	A	S	T	A	E	R
P	N	S	V	N	T	V	Y	F	V	E	S	E	I	S	M	H	N	G	T
L	S	I	A	P	S	E	N	T	Ç	I	N	V	Y	R	D	Y	L	D	O
Y	F	P	W	H	O	E	V	E	R	B	E	L	I	E	V	E	S	H	I
H	U	H	O	W	B	M	T	E	S	L	I	A	T	D	H	A	E	P	S
U	D	E	V	O	L	R	P	L	Z	D	C	H	O	N	D	K	Y	B	R
S	T	N	D	R	E	D	C	E	L	P	S	E	I	P	T	O	H	S	U
D	G	Y	L	A	S	N	I	R	N	R	V	R	F	N	S	T	G	A	I
N	B	I	T	F	O	A	O	S	E	D	R	W	N	G	I	A	L	V	E
E	D	N	K	T	C	W	R	T	S	B	A	S	E	H	C	N	R	B	S
S	A	T	R	E	N	O	E	T	E	R	N	A	L	L	I	F	E	Q	X

83. THE RESURRECTION

M	E	A	R	T	H	Q	U	A	K	E	E	S	U	S	I	S	A	L	I
O	Q	G	U	A	R	S	D	G	M	R	Y	P	N	I	D	W	N	T	O
T	I	G	D	J	Y	Z	L	I	N	E	N	C	L	O	T	H	E	S	B
Y	A	T	L	Z	X	R	W	R	I	E	M	A	T	F	D	L	H	O	K
T	S	U	I	Y	A	W	A	D	E	L	L	O	R	E	N	O	T	S	W
P	S	T	O	N	E	R	O	M	T	R	D	A	N	I	D	N	P	K	N
M	P	G	N	I	K	C	B	I	A	N	P	B	Y	L	C	I	Y	H	G
E	I	C	R	D	A	S	E	Y	G	R	A	L	R	G	C	H	T	U	O
V	C	G	N	V	L	U	A	N	O	I	N	T	Q	E	S	J	A	Y	H
I	S	M	E	H	P	Y	M	I	E	N	D	A	S	Y	O	R	C	T	B
L	E	D	B	G	A	E	V	H	T	L	N	O	G	M	D	A	I	O	R
A	L	S	M	T	M	N	T	O	E	V	A	R	Y	S	P	R	D	U	F
S	D	J	O	S	E	P	H	G	R	G	W	D	N	K	F	L	S	Y	M
I	E	A	T	C	L	A	N	D	E	R	S	L	G	V	N	H	E	P	L
S	R	D	Y	R	O	A	E	R	P	N	D	S	C	A	E	P	I	V	F
U	B	C	T	L	K	T	O	C	L	E	U	N	T	S	M	F	T	Y	S
S	I	S	P	N	P	X	E	R	M	D	N	I	P	L	H	Y	Z	Q	H
E	V	R	M	D	M	G	C	S	T	P	E	D	N	P	O	I	R	S	N
J	O	S	E	P	H	O	F	A	R	I	M	A	T	H	E	A	I	A	S
T	E	V	L	U	R	C	A	D	N	F	O	G	N	T	P	M	R	T	M

84. JESUS IS ALIVE!

C	N	M	G	T	H	R	G	N	O	U	B	R	D	M	H	K	R	L	I
H	T	E	R	W	G	N	K	E	W	N	V	S	F	L	E	S	T	H	G
O	G	F	S	T	F	R	M	S	Q	T	E	B	K	N	H	G	E	A	D
E	H	C	E	I	C	L	S	I	F	O	T	N	M	O	A	M	U	R	T
H	S	J	M	A	R	B	U	R	L	N	E	S	I	R	S	A	H	E	H
B	E	R	Y	S	M	S	E	S	A	R	O	T	S	A	R	T	D	R	N
S	D	H	G	O	M	H	A	A	U	T	H	W	E	M	I	I	T	W	K
I	Y	U	A	L	D	B	O	H	N	G	A	B	R	D	S	H	M	K	R
L	N	W	T	S	N	W	D	E	E	N	O	I	T	C	E	O	L	E	A
A	M	T	A	N	R	D	S	H	G	H	R	T	E	H	N	Q	Z	X	N
T	N	U	O	E	L	I	C	T	S	O	L	C	A	V	S	M	V	J	E
H	R	W	I	G	R	Y	S	L	D	R	S	S	E	P	R	T	Y	A	S
E	S	T	U	S	K	W	O	E	V	T	R	G	W	A	E	S	C	N	I
A	N	O	A	V	R	Y	T	H	N	I	G	S	T	R	N	G	E	A	R
R	L	H	F	N	E	K	B	I	S	R	E	K	C	F	O	L	H	I	S
P	E	Y	M	D	O	A	Y	E	T	S	V	N	R	Z	Y	N	G	T	A
H	T	S	I	M	Y	L	N	F	I	N	E	S	I	R	S	A	H	E	H
G	F	T	S	T	C	H	R	T	H	N	K	U	Y	X	R	C	I	S	E
D	G	A	Y	D	E	U	G	N	A	X	L	R	W	N	T	H	G	R	H
O	C	R	H	E	H	A	S	R	I	S	E	N	O	I	S	K	O	E	A

85. KEY PLACES IN ACTS

C	A	I	A	H	C	A	T	Y	F	E	M	E	R	L	D	B	U	E	W
G	A	L	A	T	R	W	O	B	N	S	R	K	N	P	S	G	N	H	S
T	O	I	B	L	C	K	E	Y	S	E	O	T	B	L	A	S	L	V	R
L	N	F	N	D	T	F	U	O	R	W	M	A	C	E	D	O	N	A	H
Y	A	G	R	O	Z	L	L	Y	C	I	A	K	D	P	I	T	S	R	T
D	R	H	J	U	D	A	E	M	Y	N	R	J	Y	R	H	N	O	D	E
G	L	O	D	P	R	E	P	H	E	S	U	C	T	I	E	C	T	R	Y
O	W	B	S	E	M	R	C	F	J	E	R	U	S	A	L	M	A	S	W
C	E	K	D	M	E	F	O	A	U	O	Q	Z	X	V	C	E	H	S	E
S	A	M	A	R	I	E	L	D	M	F	A	I	T	A	L	A	G	U	O
P	I	S	N	D	E	C	K	E	E	S	R	C	H	A	E	S	F	R	D
H	W	E	C	R	S	T	R	G	L	K	B	Y	I	H	T	R	O	D	M
T	C	H	K	E	D	K	C	N	A	D	W	R	F	R	D	N	L	Y	W
R	A	E	U	G	R	Y	H	T	S	O	Y	L	C	Y	A	E	N	L	C
Y	L	T	O	E	P	H	E	S	U	S	F	N	E	R	I	C	U	I	O
H	G	R	S	R	D	Y	N	M	R	N	U	I	S	B	R	Z	Y	T	S
A	E	D	U	J	N	G	E	R	E	O	S	B	D	E	A	H	F	R	N
S	N	S	L	W	R	C	S	N	J	R	C	E	Y	B	M	D	G	S	D
M	L	C	K	F	C	E	A	H	T	S	T	U	I	S	A	T	R	W	B
F	T	P	O	L	N	T	E	D	F	C	A	E	R	A	S	E	A	C	L

86. MORE THAN CONQUERORS

I	M	C	R	L	Y	T	I	R	D	E	L	R	D	W	H	T	A	S	H
C	O	H	D	I	P	R	E	S	E	N	A	N	G	L	E	S	L	C	D
N	T	R	L	S	E	O	P	R	G	H	T	Q	W	R	K	T	H	O	Z
P	L	I	V	E	I	Z	W	K	E	L	C	X	N	I	C	R	J	C	X
T	Y	S	P	L	U	C	T	E	O	E	U	D	R	M	I	S	T	U	B
R	T	H	G	L	R	A	I	G	R	U	L	F	I	S	T	U	A	C	E
A	U	B	S	A	F	U	T	U	R	S	Z	X	T	J	Q	K	O	S	M
C	O	N	Q	U	E	R	T	O	T	F	S	J	A	E	B	N	T	H	G
P	T	A	T	O	E	U	B	Y	W	H	E	T	N	S	Q	A	P	C	D
R	D	E	L	W	F	W	H	S	P	S	O	P	G	U	E	L	K	R	E
I	F	O	Q	U	I	L	O	T	U	I	N	E	E	P	R	G	A	N	P
T	U	P	E	R	L	H	G	S	N	H	T	R	L	Y	V	E	Z	I	T
H	A	W	Y	P	R	N	T	S	C	A	O	N	S	C	R	T	N	O	H
G	E	D	C	R	Q	X	Z	J	O	R	G	S	B	Y	A	M	U	T	B
I	O	R	W	E	D	T	N	E	S	E	R	P	S	T	C	K	E	R	S
E	Y	D	O	L	H	M	U	Y	I	H	C	N	R	C	S	P	B	T	H
H	M	A	T	R	I	T	E	L	P	R	D	E	O	D	E	M	O	N	S
S	N	G	I	A	L	N	A	G	O	S	C	R	Z	L	N	I	T	B	L
E	T	K	S	B	T	R	D	E	V	O	L	I	H	S	O	R	P	A	E
G	R	N	E	C	R	A	F	L	D	C	N	T	U	P	N	K	B	L	C

87. WHAT IS LOVE?

N	R	E	Z	O	I	C	E	S	W	I	T	H	T	H	E	L	O	V	E
E	O	N	S	P	E	D	H	B	Y	L	N	D	S	C	P	A	T	D	O
N	I	T	A	R	R	O	G	A	N	C	I	E	P	A	M	R	U	L	C
L	S	L	R	N	P	D	S	T	H	B	E	L	I	E	V	E	S	Q	Z
O	O	R	A	E	D	F	N	R	M	E	O	B	R	N	A	M	D	C	N
V	F	M	S	R	S	E	X	B	L	A	P	A	T	I	E	N	C	E	T
E	L	S	T	A	I	E	Z	G	U	M	C	T	O	L	R	D	Y	R	U
N	E	R	S	T	P	C	N	L	S	U	O	I	V	N	E	T	O	N	E
C	T	H	A	N	Y	U	K	T	O	M	C	R	H	U	V	F	S	R	I
E	F	P	Y	L	M	F	O	S	F	T	D	R	E	I	O	R	L	A	M
R	N	D	S	E	C	R	P	T	N	U	K	I	N	G	L	B	I	X	O
F	I	R	I	N	S	T	A	G	R	M	L	T	P	S	T	O	A	K	Y
E	B	L	A	E	M	C	O	N	I	T	C	O	A	R	S	I	F	D	N
S	E	R	U	D	N	E	H	S	T	U	S	N	E	I	M	E	R	B	U
A	T	H	C	N	O	T	A	R	R	O	G	A	N	T	S	V	E	I	S
P	W	R	F	I	U	L	O	A	P	R	F	S	N	L	A	O	V	R	C
E	A	M	R	K	G	F	T	E	N	C	I	E	V	O	L	L	E	O	H
M	I	U	D	S	K	T	P	B	L	D	W	N	L	D	Z	X	N	Q	J
D	O	C	M	O	R	Y	S	I	N	V	D	U	A	P	L	S	H	E	S
H	T	U	R	T	E	H	T	H	T	I	W	S	E	C	I	O	J	E	R

88. FRUIT OF THE SPIRIT

C	T	H	R	L	O	R	T	N	O	C	E	I	K	A	Y	F	N	O	S
J	N	F	E	V	L	S	A	B	M	F	W	R	E	K	C	R	S	M	E
O	D	P	A	E	C	E	P	D	C	P	A	T	I	E	N	U	Q	Z	L
E	U	O	L	B	R	T	N	R	G	F	D	I	Y	R	V	I	J	X	F
Y	I	A	M	S	O	M	P	T	E	S	M	L	T	F	M	T	I	F	T
I	E	M	C	T	E	R	K	I	N	D	O	O	G	H	S	O	H	R	I
N	S	S	E	N	L	U	F	H	T	I	A	F	S	L	F	F	R	U	R
R	O	G	E	N	T	L	E	N	L	S	N	K	E	C	P	T	A	I	I
D	E	R	S	L	F	R	T	Y	E	M	T	H	C	N	G	H	L	T	P
L	M	K	Y	Z	F	A	E	C	N	E	I	T	A	P	E	E	P	O	S
A	D	R	I	E	S	C	R	H	E	Y	T	M	E	U	Y	S	E	F	E
R	I	E	W	N	R	T	O	W	S	X	Z	V	P	C	A	P	I	T	H
D	F	L	N	G	D	U	M	N	S	Q	O	T	N	L	C	I	K	H	T
P	A	R	E	T	H	N	G	B	T	L	Y	H	P	M	E	R	O	E	F
S	T	U	Y	O	J	A	E	X	I	R	T	F	D	O	F	I	C	S	O
D	U	K	C	A	T	C	I	S	N	P	O	I	N	I	M	T	E	P	T
N	L	Y	B	Y	E	G	V	E	S	U	C	L	B	E	T	N	M	I	I
R	D	C	O	N	T	R	O	L	Y	L	N	D	T	F	L	S	E	R	U
P	O	M	E	D	C	G	O	O	D	N	E	S	S	U	N	T	R	I	R
B	U	G	M	O	S	B	R	G	F	O	M	K	C	E	D	S	U	T	F

89. THE ARMOR OF GOD

M	N	D	S	E	T	I	N	W	C	S	A	N	D	A	C	Y	L	N	G
C	P	C	N	T	E	P	M	C	Y	H	S	T	C	R	N	L	E	R	F
K	T	M	O	E	C	A	E	P	F	O	L	E	P	S	O	G	N	Y	E
B	G	H	K	I	R	N	W	Z	L	E	N	B	D	V	N	M	U	A	L
F	E	R	U	M	T	A	E	F	W	S	V	R	T	I	C	X	R	Z	Q
L	M	S	O	D	G	I	T	L	N	K	T	E	O	B	R	H	A	A	B
A	I	R	D	E	M	L	C	S	O	K	C	A	I	S	T	N	D	T	I
B	G	D	R	M	E	S	A	W	B	I	T	S	E	F	K	W	P	R	O
T	A	N	U	T	R	L	O	F	C	M	S	T	H	A	E	D	N	A	P
I	L	S	I	R	V	U	I	N	G	E	U	P	C	I	S	P	S	T	L
R	O	M	R	A	M	S	T	F	N	E	B	L	R	T	E	O	D	H	I
D	V	N	T	W	H	L	E	S	H	R	T	A	D	H	Y	L	P	E	N
E	L	I	E	P	M	S	U	T	R	E	P	T	A	P	N	O	D	L	C
Q	O	Z	M	X	K	O	K	E	S	T	P	E	B	C	K	W	H	T	O
N	P	M	L	J	E	I	R	O	M	R	A	D	W	R	F	E	V	M	T
R	V	O	E	T	S	Y	H	P	O	T	W	N	T	R	Y	H	L	T	I
S	B	J	H	A	W	R	T	R	U	T	H	D	A	O	K	M	Y	H	R
L	N	G	W	N	D	I	J	R	L	N	E	Y	G	M	L	A	O	M	I
G	I	N	M	T	S	T	P	E	M	T	A	E	D	R	I	U	G	S	P
R	L	Z	E	I	C	A	B	T	L	Y	S	T	M	A	D	R	O	W	S

90. THINK ON THESE THINGS

P	R	A	I	S	E	X	P	C	T	A	I	O	N	P	T	H	I	N	K
E	M	B	R	C	W	O	R	T	H	T	E	T	H	G	S	A	R	N	T
T	I	S	A	D	R	T	I	K	N	H	T	R	V	O	T	C	F	R	P
N	L	R	G	H	T	N	W	E	X	C	E	L	E	N	F	I	N	A	N
A	B	I	S	N	O	P	L	S	E	R	Y	T	I	B	A	T	S	L	S
D	T	Y	P	A	I	L	Y	B	L	S	V	E	F	O	T	R	F	U	Y
M	N	M	S	O	E	H	U	T	F	I	M	T	A	E	H	T	G	T	H
I	Y	A	T	C	P	C	T	R	U	E	L	S	R	T	I	K	L	S	T
R	W	H	X	W	K	R	W	E	G	T	N	V	D	A	N	S	I	D	R
E	T	E	U	V	G	T	O	B	S	F	R	E	A	S	G	F	E	R	O
I	Z	S	P	T	X	R	I	G	H	E	L	B	O	N	S	N	L	W	W
B	R	L	V	E	I	N	U	Y	R	S	H	F	P	R	O	F	T	B	E
O	Y	I	N	P	E	T	A	I	T	O	G	T	R	U	A	E	N	I	S
X	C	P	G	T	Z	X	Q	D	A	P	T	B	N	R	G	H	T	W	I
T	S	V	N	H	I	A	K	E	M	Y	L	E	V	O	L	P	U	I	A
W	R	I	E	D	T	O	P	R	U	S	R	T	L	A	K	T	E	R	R
U	A	T	R	A	M	R	F	U	E	M	C	N	I	D	A	N	P	H	P
D	I	N	C	W	H	L	S	P	T	A	B	O	D	N	E	U	I	R	D
G	N	R	P	M	C	G	D	O	W	N	K	I	U	L	B	V	A	H	E
Y	U	S	E	L	F	E	L	B	A	R	I	M	D	A	P	N	T	O	T

91. HOW TO CLOTHE YOURSELF

L	W	J	S	U	S	E	G	N	A	S	B	S	M	T	C	S	A	L	M
U	S	B	D	P	D	P	O	L	Y	P	A	T	I	E	N	T	W	R	T
T	R	Y	H	K	I	N	D	U	I	S	K	M	O	H	O	N	S	A	S
H	M	A	U	N	E	C	G	L	Y	T	I	L	I	M	U	H	E	V	B
A	S	E	N	V	H	O	L	P	A	B	D	T	A	L	S	V	O	L	G
N	I	U	O	A	S	M	S	S	E	N	D	N	I	K	I	W	U	S	N
K	S	L	T	W	R	P	S	J	K	S	I	H	T	O	M	R	T	E	B
G	S	E	I	L	V	A	E	I	H	U	M	B	L	E	N	O	R	M	K
D	E	M	O	R	Y	S	N	T	E	B	S	G	I	S	E	J	C	Z	X
C	N	X	Q	S	Z	S	E	A	U	R	K	Y	L	G	R	O	N	T	D
V	L	B	J	N	S	I	L	W	T	E	F	G	H	L	M	B	S	E	Y
Z	U	Q	P	H	W	E	T	I	O	G	E	T	I	P	N	G	K	L	K
X	F	P	A	T	I	E	N	C	E	Y	O	V	A	G	M	K	I	G	E
L	K	D	N	E	M	K	E	E	N	I	N	S	K	A	L	S	E	O	N
K	N	A	C	T	L	A	G	U	V	Y	S	V	R	N	D	E	I	M	K
T	A	N	E	G	W	I	R	V	B	I	A	Y	M	F	W	G	R	E	V
W	H	T	K	N	I	M	U	W	O	U	G	P	R	T	A	M	N	K	M
D	T	I	T	G	A	R	D	N	K	S	W	R	D	W	K	A	T	I	D
B	R	N	G	M	Y	T	R	U	G	N	A	U	O	A	S	B	H	N	E
E	C	A	E	P	S	T	H	A	N	K	F	U	L	F	N	W	E	D	R

92. HOW TO LIVE

I	W	N	T	O	G	E	B	T	R	S	K	N	A	H	T	E	V	I	G
L	K	E	H	I	W	T	A	E	R	C	O	U	Q	R	K	P	N	T	I
M	A	Y	B	U	O	Y	R	O	F	L	L	I	W	S	D	O	G	E	D
P	R	V	W	R	D	D	Y	V	H	I	N	F	T	N	R	K	O	W	O
S	W	E	G	A	R	U	O	C	N	E	S	R	O	U	F	S	Y	H	N
H	C	P	O	L	C	T	N	A	T	W	L	N	L	M	K	C	L	R	G
T	N	K	I	F	R	U	I	Q	Y	A	I	P	R	S	T	G	L	S	O
C	L	F	R	N	L	I	U	G	N	U	H	C	T	H	G	I	A	E	D
R	E	J	O	I	C	E	A	L	W	A	Y	S	Q	Z	X	J	U	K	Z
O	H	S	T	R	I	O	S	N	C	E	I	E	A	R	I	A	N	G	R
N	D	T	C	O	G	N	I	H	T	B	C	A	V	L	S	E	I	D	A
F	U	Y	S	R	P	O	S	G	L	A	Y	E	C	T	U	C	T	R	O
A	D	L	C	X	Z	A	I	B	E	P	A	T	I	E	N	T	N	Q	S
S	B	K	W	H	N	I	H	P	D	I	T	G	D	R	O	H	O	A	H
C	N	V	E	Y	L	E	N	G	A	O	E	F	C	U	M	S	C	Q	U
E	Y	U	Y	M	K	I	D	R	N	G	M	I	R	S	C	Z	Y	E	Y
A	R	C	B	A	E	C	O	V	A	E	T	L	C	E	O	H	A	T	H
M	H	G	E	V	I	R	T	S	I	W	A	S	H	K	P	L	R	V	E
E	S	T	I	U	C	E	F	L	S	R	U	O	L	A	J	Q	P	X	Z
H	O	L	M	E	B	R	N	G	F	T	C	M	E	M	U	B	R	E	L

93. HEBREWS HALL OF FAITH

P	A	T	R	N	E	O	W	L	P	A	P	E	N	O	C	G	R	S	G
T	S	W	H	J	N	M	H	S	R	W	L	F	E	T	U	C	K	N	P
I	P	R	A	B	E	T	N	I	A	S	T	C	K	R	S	A	N	G	L
V	W	N	T	H	G	P	O	G	B	R	E	M	G	N	O	Y	U	R	F
A	U	R	L	S	T	M	H	E	R	G	S	A	I	S	A	A	K	O	T
D	I	P	O	T	F	E	C	T	A	N	L	B	D	O	U	C	L	I	N
E	M	F	V	R	I	S	K	C	H	P	E	S	O	J	M	K	E	S	O
H	C	O	N	E	F	R	T	B	A	A	E	N	E	R	G	B	I	D	L
L	Y	D	S	U	P	L	C	I	N	T	H	D	N	Q	H	A	R	A	S
Z	X	J	K	E	S	I	M	A	O	R	Y	B	R	S	U	R	F	L	E
U	O	L	C	I	S	K	N	P	E	T	M	H	G	L	I	A	G	N	T
R	S	P	J	A	C	O	P	X	D	I	V	A	D	R	K	C	L	E	C
T	B	E	N	T	C	A	A	S	I	F	L	H	H	W	O	K	N	L	Y
X	U	A	R	E	N	T	I	R	G	S	O	N	O	A	H	I	O	D	O
F	D	N	H	S	I	L	K	A	N	F	E	P	I	D	R	U	S	T	S
O	R	P	I	A	J	A	C	O	B	R	N	T	G	E	A	B	M	S	Y
B	L	Q	J	K	R	W	D	A	T	N	W	A	D	N	K	Q	A	X	Z
N	D	E	C	A	S	G	N	K	C	H	E	L	E	U	M	A	S	O	F
V	O	J	B	N	E	Y	O	J	I	S	A	C	N	W	R	D	E	H	T
B	E	I	G	A	R	N	B	C	K	G	R	N	D	O	U	Y	L	W	O

94. GROWING IN FAITH

S	C	R	T	P	R	E	T	K	Y	C	M	A	O	U	T	S	O	T	S
T	H	N	K	Y	U	O	C	N	P	E	R	S	E	V	E	R	E	E	D
D	A	F	F	E	C	T	S	O	U	L	A	K	N	P	Y	B	L	A	B
I	C	R	P	Y	S	D	O	W	N	S	D	U	S	E	Q	F	E	B	I
M	E	N	S	S	E	N	I	L	D	O	G	J	S	V	C	A	N	A	H
A	U	C	U	E	T	R	U	E	C	T	E	B	E	O	F	C	K	I	G
S	C	T	K	L	U	S	J	D	R	L	O	C	N	L	S	A	D	R	C
L	O	V	U	F	E	A	P	G	C	K	A	T	D	R	D	E	I	S	W
E	N	Z	X	A	Q	R	D	E	M	U	R	C	O	N	T	R	O	T	I
C	T	P	Q	F	L	S	H	T	Y	O	K	N	O	W	I	P	H	N	H
N	R	C	G	O	D	A	U	O	L	S	A	C	G	L	Y	N	F	O	E
A	O	I	V	N	G	S	F	C	R	T	M	U	T	U	A	L	C	H	G
R	L	E	Y	R	T	A	E	F	G	A	K	C	P	L	M	S	P	U	D
E	U	N	A	V	I	O	D	P	E	R	S	E	V	E	R	A	N	C	E
V	B	L	E	T	S	H	R	M	P	C	V	O	L	T	U	I	O	N	L
E	P	O	H	P	C	R	N	C	H	R	T	M	S	A	N	C	A	S	W
S	R	S	E	L	F	O	P	G	O	D	L	I	N	E	S	S	T	E	O
R	T	C	L	I	G	H	T	L	O	R	T	N	O	C	F	L	E	S	N
E	G	O	O	D	N	E	S	S	X	Y	P	E	G	N	I	T	R	Y	K
P	Z	X	F	J	N	O	I	T	C	E	F	F	A	L	A	U	T	U	M

95. KEY PLACES IN REVELATION

C	A	L	D	U	O	S	R	L	A	O	D	N	F	L	A	I	H	V	Y
Z	J	I	Q	G	N	I	N	T	H	G	L	U	R	D	N	H	T	R	Z
N	E	W	H	X	S	U	L	F	U	R	P	N	A	T	I	G	U	N	A
H	L	O	D	P	R	N	D	T	S	I	E	P	R	O	U	F	P	M	R
B	A	M	I	F	L	O	W	A	K	U	Y	X	Y	N	L	B	T	E	K
S	O	D	O	N	S	E	H	P	E	R	G	A	M	U	M	W	O	U	P
V	T	L	R	P	U	T	D	S	G	I	N	H	S	T	Y	V	E	H	Y
I	Y	C	H	E	A	S	O	A	T	S	E	G	B	U	R	N	I	N	G
Q	L	G	O	C	S	A	T	Y	L	C	N	F	E	A	H	Y	S	U	M
Z	A	R	I	T	A	Y	H	T	A	I	N	P	Y	B	R	B	T	P	E
J	K	T	O	B	G	Q	C	K	N	U	H	D	T	E	A	S	L	W	L
F	E	R	M	P	O	T	B	R	C	A	S	P	D	B	H	R	V	E	A
J	G	L	D	A	S	L	U	V	E	I	R	W	Y	L	M	E	D	T	S
E	A	B	L	T	E	B	C	S	D	T	Q	L	T	H	Y	A	T	M	U
R	G	H	S	M	F	T	O	R	L	A	O	D	I	C	E	A	Y	G	R
U	D	M	G	O	N	K	A	C	I	N	H	C	T	L	U	R	T	C	E
S	A	T	E	S	Z	S	U	S	E	H	P	E	X	J	N	F	S	H	J
A	N	K	C	I	D	O	F	R	O	I	G	H	L	A	D	I	N	G	W
L	A	D	R	P	E	R	G	A	S	P	L	U	T	S	E	S	O	R	E
L	S	E	T	S	U	S	P	M	O	D	O	S	H	B	R	E	A	Z	N

96. KEY WORDS IN REVELATION

L	I	V	I	N	G	T	H	R	O	N	E	Y	I	S	T	F	U	V	P
U	F	W	T	U	A	E	B	S	I	R	T	E	L	G	N	S	Y	R	A
G	M	B	O	L	O	K	T	T	R	U	M	P	E	T	S	F	H	P	L
E	X	Z	Q	M	C	R	E	A	T	U	R	E	S	L	A	M	P	O	E
S	E	R	U	T	A	E	R	C	G	N	I	V	I	L	O	C	I	G	F
R	F	D	O	G	R	N	T	M	E	H	O	R	S	E	B	K	S	W	U
O	G	H	I	H	T	S	D	L	T	A	V	E	B	Y	W	Z	H	M	L
H	J	F	N	O	G	A	R	D	S	H	P	D	G	W	L	I	K	A	Y
E	P	L	Y	R	A	T	N	M	E	R	F	U	B	A	T	B	M	Y	W
L	B	V	I	S	G	N	R	G	O	X	B	R	I	D	E	P	E	I	H
A	B	M	A	L	S	L	E	P	E	T	I	Y	S	B	S	U	R	A	I
P	E	G	R	T	I	N	H	R	O	L	M	N	O	T	R	I	T	C	T
E	B	L	A	C	K	E	P	A	T	Y	S	X	A	Z	O	L	V	S	E
S	G	U	I	P	T	Z	A	T	G	R	A	N	P	R	H	Y	S	E	H
S	L	E	T	S	T	B	S	U	R	J	D	F	A	S	K	N	N	S	O
L	R	W	K	C	A	A	C	H	I	S	Y	A	L	T	C	E	O	L	R
A	U	L	O	H	E	Y	K	C	D	H	O	R	S	E	A	H	I	A	S
F	D	E	R	B	M	U	S	R	E	D	L	E	I	C	L	S	T	E	E
L	L	O	R	C	S	E	Q	A	R	S	R	K	N	S	B	X	A	S	I
Z	H	O	R	S	E	A	L	D	S	N	O	B	E	W	H	I	N	E	J

97. NAMES OF JESUS IN REVELATION

S	H	N	O	I	L	E	W	O	R	D	V	L	G	O	F	N	U	D	F
T	A	I	E	M	O	R	N	I	N	G	S	E	I	R	M	E	M	O	I
M	S	O	N	U	Z	X	N	A	M	F	O	N	O	S	Q	J	K	G	R
O	A	G	R	T	R	Y	I	M	E	D	S	T	I	N	A	T	R	F	S
R	I	N	O	E	S	T	A	R	L	F	O	R	F	G	E	O	X	O	T
N	Y	E	P	H	D	H	N	E	K	A	W	T	X	N	T	Y	P	D	L
I	U	O	W	N	T	G	O	D	M	I	S	O	N	A	C	R	S	R	O
N	S	H	O	M	J	I	A	S	W	T	E	T	E	S	F	L	O	O	E
G	W	R	C	N	A	M	K	E	P	H	A	R	U	P	M	O	K	W	R
S	O	L	E	H	O	L	N	W	D	F	C	A	M	F	T	L	C	N	I
T	B	A	L	P	H	A	C	K	R	U	P	S	G	N	C	K	F	R	E
A	I	N	D	L	Y	S	A	L	I	L	D	I	T	E	B	F	O	Z	S
R	G	A	W	T	S	H	G	O	M	J	K	D	W	Q	M	Z	Q	X	T
Y	A	N	J	E	G	N	I	R	P	S	F	F	O	U	G	O	D	S	A
T	M	A	N	S	R	F	S	D	U	O	E	G	R	G	I	N	U	T	R
Q	U	T	I	E	M	O	R	N	I	N	G	T	C	R	F	W	D	E	L
R	I	G	U	S	C	L	P	U	F	A	E	G	C	P	Y	O	L	O	V
W	L	O	R	D	G	O	D	Z	X	J	N	K	S	O	N	Q	N	R	N
R	G	K	E	N	O	G	N	I	V	I	L	H	C	P	T	X	N	O	D
U	P	D	Y	A	K	N	W	O	K	F	Y	R	U	H	E	A	S	U	S

98. TREASURES IN HEAVEN

K	I	Y	S	T	O	R	M	N	E	R	U	S	A	E	R	T	I	O	N
S	E	A	R	A	D	Y	T	R	H	T	O	S	G	U	K	N	C	H	T
F	R	A	N	D	O	U	S	D	E	R	H	E	A	V	C	H	A	B	R
T	I	O	J	E	R	E	H	W	Y	V	E	K	L	W	I	P	R	T	E
H	N	X	T	M	R	E	S	I	Y	S	A	T	E	S	E	S	A	C	A
E	A	R	E	O	V	R	H	E	O	W	R	D	C	X	I	E	C	W	S
R	M	L	T	F	E	I	G	I	R	N	D	G	O	H	S	T	R	O	U
U	U	S	M	E	I	Z	H	O	T	U	N	U	Z	A	I	J	N	D	R
S	N	H	R	H	A	E	T	W	S	E	S	K	C	J	N	T	E	V	E
A	A	I	S	E	Y	A	C	M	E	R	Z	A	X	D	F	U	B	R	N
E	H	S	T	L	E	D	N	E	D	O	A	I	E	Q	H	T	R	A	E
R	U	G	R	C	R	S	T	H	N	I	G	S	T	R	O	C	H	N	G
T	H	U	S	I	U	U	D	E	L	P	I	E	C	S	T	E	A	L	E
P	S	N	H	U	S	A	T	Q	X	R	N	R	R	F	L	C	T	I	N
T	H	O	Y	E	A	V	H	Z	E	Y	H	E	N	U	E	R	L	C	O
N	T	E	T	H	E	R	I	S	D	F	N	I	V	O	S	T	B	E	R
U	O	E	S	G	R	D	E	I	A	E	R	S	U	A	O	A	X	O	N
L	M	A	U	T	T	R	V	B	K	S	H	O	M	T	E	U	E	Y	H
T	N	C	Y	M	N	I	E	R	E	T	U	A	H	G	L	H	U	R	T
R	T	R	A	E	H	O	S	L	F	I	E	N	T	S	M	C	R	Y	T

99. WORDS ASSOCIATED WITH HEAVEN

L	W	A	T	E	R	I	M	F	E	S	U	S	P	R	I	N	G	E	R
I	R	E	T	A	W	G	N	I	V	I	L	F	O	G	N	I	R	P	S
V	C	L	D	K	P	S	M	A	N	M	I	U	T	Q	Y	A	N	P	E
I	Z	Q	T	X	J	G	O	L	D	E	H	A	S	T	R	E	E	T	T
N	C	K	H	O	U	P	C	T	B	L	W	R	W	O	W	N	D	R	E
G	E	C	R	P	R	T	I	E	U	A	Q	D	M	H	I	M	T	L	R
T	O	L	O	B	E	F	G	H	L	S	G	H	E	N	T	B	Y	E	N
D	F	I	N	J	N	N	Q	Z	S	U	X	A	S	R	I	P	L	S	I
O	W	G	E	H	I	Y	C	R	Y	R	V	S	T	L	W	A	N	D	T
G	Z	H	Q	Y	A	N	L	P	S	E	O	D	A	O	R	G	P	F	Y
F	X	T	R	M	P	U	T	E	N	J	D	W	E	V	Y	T	H	O	G
O	J	C	U	O	M	C	I	A	G	W	R	O	C	T	U	C	O	S	N
E	O	T	S	N	G	U	N	E	D	E	B	Y	B	U	M	F	N	I	P
N	D	L	W	S	A	D	G	V	C	N	W	N	A	L	R	T	Y	A	L
O	S	T	R	E	E	T	S	O	F	G	O	L	D	O	H	S	C	K	U
R	A	Z	D	A	M	N	B	F	R	O	R	T	S	C	L	U	R	T	Y
H	I	N	R	Y	C	S	I	T	S	L	S	K	H	E	C	A	V	H	I
T	C	T	O	E	B	M	A	L	G	D	H	B	G	Y	T	H	N	K	Y
E	H	K	I	Y	R	C	K	E	O	U	I	N	Q	S	N	I	G	A	U
K	I	N	G	D	O	M	M	A	B	H	A	T	H	T	A	E	D	O	N

100. A FINAL GREETING

M	K	I	N	W	A	B	R	A	L	C	H	O	L	X	G	I	M	U	S
A	E	K	M	A	Y	T	H	E	L	O	R	D	T	P	E	A	C	E	H
Y	C	G	R	A	C	I	O	U	S	H	P	S	L	V	O	T	H	A	T
T	A	I	C	H	U	N	R	C	H	T	I	N	G	S	D	E	G	U	C
H	P	V	L	N	B	Y	U	M	G	U	E	A	S	N	B	A	I	F	R
E	X	E	Z	I	K	F	A	V	O	R	O	I	E	L	H	W	V	H	C
L	Q	T	S	O	A	S	P	Y	M	T	C	R	C	P	E	I	E	A	M
O	D	A	I	Y	G	Y	N	E	V	O	S	I	M	R	N	C	Y	I	R
R	K	S	W	D	R	O	V	A	F	S	I	H	U	O	Y	W	O	H	S
D	P	L	S	A	E	U	N	T	Z	U	E	R	O	T	N	I	U	G	I
U	D	G	U	L	F	R	D	N	W	T	F	S	L	E	M	A	H	T	R
A	Q	U	I	R	A	T	M	X	C	L	E	N	T	C	P	N	I	U	S
O	E	M	L	D	N	J	C	Q	Z	Y	S	S	E	L	B	E	S	O	H
C	S	R	W	T	F	L	V	E	O	R	P	K	W	A	G	R	P	T	M
G	O	W	O	E	N	D	I	G	T	N	H	T	E	M	S	G	E	N	S
S	V	E	H	A	C	B	L	E	U	O	S	L	A	Y	O	B	A	F	L
R	G	U	S	K	C	L	B	I	H	M	R	C	O	H	C	R	C	U	O
Y	R	P	C	N	B	I	N	E	C	A	E	P	I	N	S	U	E	K	I
E	U	T	M	A	Y	T	H	E	L	O	R	D	O	P	F	T	S	D	G
G	R	A	C	I	O	U	S	T	O	Y	O	U	B	J	F	A	V	O	R

ALSO AVAILABLE

Bible Sudoku

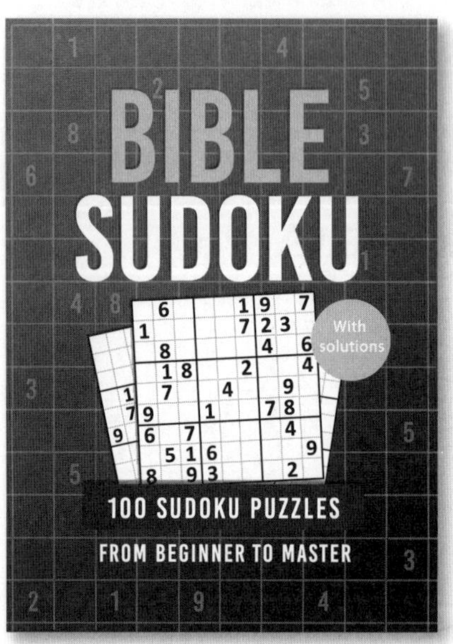

978-0-638-00036-8

Solve 100 sudoku puzzles that span 5 levels of difficulty with Bible clues for beginners and some serious brain teasers for masters.

Are you looking for a fun way to challenge your mind and stay mentally sharp? Boost your brain power with Bible sudoku! No need to be a math genius or sudoku master – all you need is your Bible.

Featuring 100 sudoku puzzles with 5 levels of difficulty, ***Bible Sudoku*** is perfect for everyone, no matter how experienced a puzzler they are. Clues from the Bible make it easy for beginners to solve puzzles while sudoku masters are challenged with tricky brain teasers. The answers to all puzzles are also included.

Whether it's your first time playing sudoku or you're a veteran looking for a new challenge, ***Bible Sudoku*** promises to give your brain the mental exercise it's been craving.